누구에게나 힘

지치는 우리 마음도 당연해요

그렇지만 잊지 마세요

당신이 용기 내어 한번 더 해내게 될 이번 결심으로

당신은 기쁘고 참 좋은 순간을 만끽하게 될 것입니다

박 성 혁

이토록
공부가
재미있어지는
순간

마음이 펼쳐나갈 '놀라운 힘'을 믿으세요.

나의 소중한 사람 ________________ 인생 앞에

『이토록 공부가 재미있어지는 순간』을 선물합니다.

우리가 오늘을 오래도록 기억하게 될 것만 같습니다.

뜨거운 응원을 담아,

________________ 드림

공부에 지친 청소년들을 위한 힐링 에세이
이토록 공부가 재미있어지는 순간
박성혁 지음

『이토록 공부가 재미있어지는 순간』을 추천하는 독자 후기 ①

이 책을 읽고 처음으로 공부의 심장이 뛰었습니다!

- 최수현(부림중학교 3학년)

중학교 3학년으로 올라가는 겨울 방학에 『이토록 공부가 재미있어지는 순간』을 처음 만났습니다. 그동안 초등학교와 중학교 1·2학년 공부는 박성혁 작가님이 말했던 '잉여짓'으로 망쳤던 것 같아요. 왜 공부를 해야 하는지를 몰라서 부모님이 시키는 대로, 학교에서 선생님이 하라는 대로 책상에 앉아 있기는 했지만, 자꾸 딴생각이 들고 공부는 하기 싫어서 시간만 때웠습니다.

서점에서 이 책을 집어 든 그날도 '그냥 책이나 많이 읽어서 국어 공부라도 잘하자'는 생각이었습니다. 어디서부터 어떻게 공부를 시작해야 할지 하나도 모르겠고, 막막했습니다. 그렇게 제 마음과는 정반대인 책 제목에 궁금증을 가지고 독서를 시작했는데 너무 재밌어서 시간 가는 줄도 모르고 끝까지 다 읽어버렸습니다.

박성혁 작가님이 책에 써준 한 문장 한 문장이 모두 와닿았습니다. 힘내라고, 나도 그랬으니 할 수 있다고, 용기를 내라고 계속 응원해 주셔서 공부할 의욕이 생겼습니다. 무엇보다 저는 이 책을 읽고 왜 공부를 해야 하는지 그 이유를 자세히 알게 되었습니다. 성적보다 중요한 것은 제 마음이라는 것도요. 이 책의 마지막 페이지를 넘기던 그날, 처음으로 제 '공부의 심장'은 두근두근 뛰었습니다.

정말 진심으로 열심히 공부해 본 적이 없었던 저는 처음에는 어리둥절했습니다. 책상 앞에 앉기까지는 했는데 어떤 과목부터 시작해야 할지, 문제부터 풀어야 할지, 교과서부터 읽을지 막막했습니다. 그래도 『이토록 공부가 재미있어지는 순간』을 읽고 나서 들었던 생각대로 한번 시작해 보기로 하였습니다. '일단 손에 잡히는 책부터 펼쳐서 계속 읽자!' 그렇게 하다 보니 처음에는 30분, 1시간 집중하는 것도 힘들었는데 7시간, 11시간 동안 앉아 있어도 공부가 즐거웠습니다. 제가 이렇게 변할 수 있다니 신기하고 놀랍습니다. 박성혁 작가님을 세상에서 가장 존경한다고 말할 수 있을 정도예요.

작가님, 저는 작가님 덕분에 처음으로 서울대에 가고 싶다고 생각했습니다. 용기를 낼 수 있도록 도와주셔서 진심으로 감사합니다. 나중에 기회가 된다면 꼭 작가님을 만나 뵙고 싶습니다.

『이토록 공부가 재미있어지는 순간』을 추천하는 독자 후기 ②

교사 생활 6년 차, 이 책으로 인생의 관점을 바꾸었습니다.

- 권세영(충남 소재 고등학교 교사)

『이토록 공부가 재미있어지는 순간』을 끝까지 읽고 난 이 순간, 어떻게 해서든 제가 느낀 감동을 기록하고 싶어서 독자 후기를 보냅니다. 책의 표지를 열던 시점부터 마지막 장을 덮게 될 때까지, 책 속 모든 문장을 놓치지 않고 하나하나 읽고 또 읽었습니다.

'어떻게 하면 아이들이 공부를 더 열심히 할 수 있을까?' 단순히 교사로서 궁금증을 가지고 접했던 이 책이 저에게 이리도 큰 감동을 선물할 줄은 미처 몰랐습니다. '공부'의 의미가 학업의 목적으로만 보이지 않고, 진정한 삶의 의미를 찾아가는 여정으로 비쳤기 때문이지요.

이 책을 읽는 내내 저는 학창 시절의 어린 세영으로 돌아갔습니다. 교사를 꿈꾸던 그날의 저는 미처 신경 쓰지 못했던 부모님의 마음처럼, 공부하느라 놓치고 살았던 모든 순간을 다시 한번 떠올릴 수 있었습니다.

남들이 보기에는 그저 평범한 영어 교사일 수도 있지만, 이 책을 계기로 제게 주어진 가르침이라는 소명을 다잡으며 한 발 한 발 나아가려고 합니다. 그럼에도 힘든 순간이나 후회되는 날들이 있겠지만, 교단에서 아이들과 고군분투하며 살아갈 앞으로의 삶이 무척 기대됩니다. 이 책 덕분에 인생의 시작점을 고쳐볼 수 있었습니다.

고단한 오늘 하루를, 인생의 자양분을 쌓아가는 여정으로 받아들일 수 있게 해준 이 책에 감사의 말을 전합니다. 작가님 덕분에 삶을 바라보는 새로운 관점을 얻을 수 있었고, 단어의 힘이 이토록 누군가의 마음속에 큰 불꽃을 지필 수 있다는 사실을 새삼 깨달았습니다. 저 또한 학생들에게 선한 영향력을 끼치는 사람이 되겠다고 다짐해 봅니다. 좋은 사람이 돼 좋은 교사로 남을 수 있도록 늘 노력할 것입니다.

나이와 관계없이 이 책이 다양한 연령대의 독자들에게 읽혔으면 하는 바람입니다. 공부하는 여정에서 학생들도 종종 권태기를 느끼곤 하지요? 어른들의 삶도 마찬가지라고 생각합니다.

잠시 삶의 의미를 놓치는 순간들이 찾아올 때, 이 책을 통해 잊고 있던 열정을 되찾기를 진심으로 기원합니다.

내일 더 나아질 당신에게 전하는

박성혁의 편지

결심의 순간마다
함께하고 싶습니다

수첩을 고른 제가 분주한 계산대 앞 길게 늘어선 줄 끄트머리에 도착했을 때였습니다. 제 바로 앞에서 줄을 선 가벼운 차림의 남학생이 옆에 있던 친구에게 말을 걸었어요.

"아주 좋~으셨겠다. 공부가 아주 그냥 꿀이었다는 거 아냐."

그 말에 친구는 휴대폰에서 눈도 떼지 않은 채 간단명료하게 대답했지요.

"꿀 아니고 '개꿀', 완전히 개꿀이셨다고 합니다!"

흥미로운 대화에 무심코 고개를 들어 두 사람을 본 순간, 저는 깜짝 놀라지 않을 수 없었습니다. 두 친구의 손에는 다름 아닌 이 책 『이토록 공부가 재미있어지는 순간』이 하나씩 사이좋게 들려 있었으니까요. 그러니까 이 둘은 제가 쓴 책을 사려고 여기에 서 있는 거였어요.

'헉, 이런 우연이 있나! 그럼 방금 전 개꿀(?) 얘기는 내 얘기? 그것도 바로 내 앞에서?'

놀라움과 동시에 한편으로는 '그런데 나도 공부가 마냥 꿀처럼 달콤하기만 했던 건 아닌데……' 싶어 겸연쩍은 마음도 들었습니다. 아마 두 친구는 자신들이 하는 '박성혁 이야기'를 바로 뒤에서 실시간으로 '박성혁'이 듣고 있는 줄은 꿈에도 몰랐겠지요. 저는 저절로 귀가 쫑긋해져 친구들의 말에 집중할 수밖에 없었습니다. 괜히 찔리는 마음에 관심 없는 척, 무심한 척 시선을 마구 다른 곳으로 돌리면서요.

“부럽다~ 대충대충 쪼금만 공부해도 시험지에 스윽~ 손만 갖다 대면 정답이 싹 다 나오는 거지.”

– 네? 제, 제가요? 언제요?

“공부 때문에 스트레스 받아본 적 있을까 몰라. 엄마한테 잔소리 한번 안 들어봤겠지?”

– 아이고, 억울해라! 그럴 리가요!

계산을 끝마친 사람들이 하나둘 빠져나가고 조금씩 앞으로 걸어가는 와중에도 둘의 대화는 한참 이어졌습니다.

“누구를 부러워해본 적도 없지 않겠냐?”

– 그랬더라면 저도 참 좋았겠습니다만, 아쉽게도 말이죠…….

“학교 다니면서 걱정도 고민도 해본 적 없을 거야.”

이 말에 이르러서는 몰래 엿듣고 있는 줄도 까맣게 잊고 하마터면 입 밖으로 “아니에요, 절~대 아니라고요!”라는 말이 튀어나올 뻔했어요. 저에 대한 엉터리 추측들을 아무 말도 못하고 듣기만 하느라 분하고 답답했습니다. 그러나 한편으로는 어린 친구들이 짠하고 마음 아팠습니다. 그만큼 공부가 잘 안 되고 힘이 들어서, 그런 막막한 자신의 마음을 빙 둘러 쏟아내는 것 같아 가슴 한구석이 저릿했습니다. 그러던 중 한 친구가 한숨을 내쉬듯 "어휴, 나도 이번 시험기간에는 제발 좀 공부가 재미있어봤으면 좋겠다……"라고 말끝을 흐릴 때는 저도 따라 마음속으로 중얼거렸습니다.

'꼭 그렇게 되기를 바라요.'

결심이 필요한 순간에 이 책과 만난 두 친구가 지금쯤 공부와 조금 더 친해져 있다면 저로서는 참으로 기쁘고 감사하겠습니다.

포기하지 않는 마법 같은 결심

'세상에, 저 사람은 얼마나 공부가 쉬웠으면 저런 책을 다 썼을까?'

'공부 때문에 단 한 번도 힘들어본 적 없는 사람이 쓴 책일 거야.'

『이토록 공부가 재미있어지는 순간』이라는 제목 때문에 그간 이런 오해를 종종 받았습니다. 그러나 읽어보신 분들은 잘 아시겠지만 저는 늦은 출발 탓에 남부럽지 않게 고생도 많이 했고, 공부가 마음처럼 잘 안 되어 받은 상처도 큰 사람이었습니다. 시간이 흘러 공부가 좋아지기 전까지는 홀로 웅크리고 앉아 다리 사이에 얼굴을 폭 파묻은 채 긴 한숨을 내쉴 때도 참 많았지요. 모두들 멀쩡히 앞으로 쭉쭉 나아가고 있는데, 유독 나만 뒤처졌고 늦었다는 열등감과 패배감에 스스로를 쓸모없다고 느낀 적도 있었습니다.

저는 공부의 '꿀맛'을 잘 알아서라기보다는 공부의 '쓴맛'을 더 잘 알기에 8년이라는 긴 시간 동안 이 책을 썼는지도 모릅니다. 제가 겪은 괴로움과 시행착오를 당신은 조금이라도 덜 겪으면 좋겠다는 바람에서였지요.

저는 과거의 저처럼 흔들리고 휘청거리는 당신이 손을 내밀 때 그 손을 잡아줄 한 사람이 되어주고 싶었습니다. 힘들어도 털썩 주저앉지 않고 다시 일어서려 애쓰는 당신을 돕고 싶었습니다. 누구나 그렇듯이 아직은 마음먹기에 서투르고 때로는 도망치고 싶겠지만, 하루씩 실력과 내공을 쌓고 또 쌓기를 반복하며 한 뼘씩 무럭무럭 성장해나갈 당신의 마음과 함께하고 싶었습니다. 당신이 필요로 할 때마다 당신의 결심에 동행하고 싶어 저는 이 책을 썼고, 그렇게 우리는 만났습니다.

결심이 필요한 순간인가요? 이번에야말로 제대로 된 다짐을 씨앗 삼아 힘껏 달려보고 싶나요? 그렇지만 저와 함께 새로운 결심을 세우러 가기에 앞서 이 사실만큼은 꼭 먼저 알려드리고 싶습니다. '모든 결심은 언젠가는 깨지고 마는 항아리와 같다'는 것을요. '좀 더 빨리' 깨지느냐 '한참 후에' 깨지느냐의 차이만 있을 뿐 우리가 세운 모든 결심은 결국 조각난 항아리처럼 깨져버리고 말 것입니다.

기껏 마음 다잡고 새 출발해보려는데 이게 무슨 찬물 끼얹는 소리냐고요? 그렇지 않습니다. 제가 진짜로 하고픈 말은 바로 이것입니다.

"모든 결심에는 끝이 있습니다. 그걸 염두에 두고 결심하는 편이 장기적으로 봤을 때 훨씬 더 도움이 됩니다. 그러니 우리가 할 수 있는 일은 세상에 존재할 수 없는 '깨지지 않는 결심'을 만드는 것이 아니라, '조금이라도 더 오래갈 결심'을 만드는 것입니다."

언제든 다시 휘몰아쳐올 좌절과 낙심의 파도 앞에 내 마음이 흔들릴지언정 뿌리째 뽑혀버리지 않기 위해서라도, 내가 하는 '지금 이 결심'에는 언제가 반드시 끝이 있다는 걸 미리 알고 있어야 합니다. 내가 모자라거나 부족해서 그런 게 아니에요. 원래 모두가 다 겪는 자연스러운 일입니다.

그러다 보니 누구에게든 가장 좋은 결심은 '완벽한 결심'이 아니라 용기 내어 '한 번 더 해내는 결심'입니다. 처음 세웠던 결심이 허무하게 깨져버렸다고 너무 자책하거나 속상해하지 말아요. 가볍게 툭툭 털고 일어나 한 번 더 결심하면 됩니다. 거듭할수록 결심하는 실력도 부쩍부쩍 늘어갈 테니 이번에는 지난번보다 '더 나은 결심'을 하게 될 것이고요. 설혹 '이번 결심'이 언젠가 또 다시 무너진대도 그때 하게 될 '다음 결심'은 분명 이번 것보다 '더 좋은 결심'이 될 것입니다.

당신은 한 번 더 용기 내기를 결코 멈추지 않을 사람이니까요. 점점 좋아질 그 결심의 순간들에 이 책이, 그리고 제가 함께하게 된다면 참으로 기쁘고 좋겠습니다.

다시 한 번 힘주어 해주고 싶은 이야기

이 책은 출간 이후 지금까지 무척 많은 분께 놀랍도록 큰 사랑을 받아왔습니다. 공부를 주제로 다룬 책으로는 드물게 종합 베스트셀러 1위에까지 올랐고, 각 나라 언어로 번역된 『이토록 공부가 재미있어지는 순간』이 7개 나라(중국, 일본, 대만, 마카오, 베트남, 태국, 홍콩)에서 더 많은 독자들과 만나게 되었습니다. 열심히 읽어주시고 주변에 적극적으로 추천해주신 독자 여러분 덕분입니다. 부족한 책에 오랜 시간 뜨겁게 보내주신 사랑에 고개 숙여 감사드립니다.

'읽고 나면 공부하고 싶어진다'는 입소문을 타면서 세간에 이 책의 실용적인 측면이 지나치게 강조되었지만, 본래 이 책의 진짜 의도는 '공부의 본질'에 대해 생각해보자는 것이었습니다. 공부할 마음이 있든 없든 책상 앞에 앉아 하루 대부분의 시간을 보내야 하는 많은 이들에게 배움 자체의 기쁨을 발견하는 법과, 공부하는 동안 좀 더 의미 있는 순간들을 경험하는 법에 대해 알려주고 싶었습니다. 마지못해 억지로 하는 공부 말고, 유쾌하고 즐겁게 공부할 수 있도록 말이죠. 삶을 풍성하고 다채롭게 만들어줄 마법 같은 공부가 펼쳐지도록 힘껏 돕고 싶었습니다.

한편으로는 '공부'라고 하면 등수를 정하고 점수를 매기는 '경쟁'이 먼저 떠오르는 우리 사회의 잘못된 상식을 깨는 데에 아주 작은 보탬이라도 되고 싶었습니다. 지나친 경쟁 속에 던져져 너무도 어린 나이에 감당치 못할 스트레스에 짓눌려버린 어린 친구들의 상처받은 마음을 어루만져주고 싶었습니다. '남보다', '빨리', '당장' 잘하라고 다그치는 채찍질에 주눅 들어 초라해지고 작아진 당신의 마음에 '경쟁의 초조함' 대신 '배움의 즐거움'이 자리 잡게 된다면 참 좋겠습니다. 책을 읽는 동안 여러분 스스로 덧붙여보는 생각들을 통해 공부에 대한 편견과 선입견을 깨뜨리고, 바르고 건

강한 공부로 한걸음 내딛게 되신다면 저로서는 더없이 기쁘겠습니다.

이제 본격적으로 출발할 시간입니다.
과거의 제가 그랬듯 잘해보려고 애쓰지만
아직은 뜻대로 잘되지 않는 당신을 응원합니다.
당신은 점점 나아지고, 괜찮아지고, 좋아질 것입니다.

나는 당신을 믿습니다
당신은 틀림없이 결국
해내는 사람이 될 것입니다

이 길의 끝에 넌 세상에서 가장
환하게 웃게 될 거야.

유명수학학원
그러니
너, 절대로 포기하지 마.

차 례

PART 2
마음을 다지는 순간, 공부는 재미있어진다

PART 4

마음을 붙잡는 순간, 공부는 재미있어진다

프롤로그

유쾌하고 짜릿한 '공부가 재미있어지는 순간'을 위하여!

딩동!

『이토록 공부가 재미있어지는 순간』에 찾아오신 것을 환영합니다. 그런데 혹시 여러분에게 공부가 몹시 즐겁고 신나는 일이라 하루하루가 눈부신 천국 같다면, 혹은 공부하는 '이유'와 '의미'를 분명히 알아서 공부하는 일이 조금도 힘들지 않다면 지금 바로 이 책을 덮어도 좋습니다. 이미 '공부가 재미있는 순간'을 잔뜩 누리고 있는 거니까요.

하지만 단 한 번이라도 공부 때문에 힘들어본 적 있다면, 공부를 해야겠는데 도무지 다잡아지지 않는 마음 탓에 애태워본 적 있다면, 공부하기가 진저리 날 만큼 싫어서 도망치고 싶었던 적 있다면 이 책을 통해서 공부를 누리고 만끽하는 법을 꼭 얻어 가기를 바랍니다.

하기 싫은 공부를 순간순간 억지로 견뎌내는 것 말고, 왜 하는지도 모르면서 공부의 압박감에 짓눌리는 것 말고요. '말랑말랑하고 달콤한 공부'에 홀딱 빠져 "나는 공부가 너무 재미있어!"라고 소리라도 지르고 싶어져보자는 겁니다.

『이토록 공부가 재미있어지는 순간』은 아주 단순한 진리를 소개합니다. 공부는 '머리'로 하는 게 아니라 '마음'으로 하는 거라서, 공부로 놀라운 기적을 일으키고 싶다면 끊임없이 내 마음을 돌보는 데 집중해야 한다는 것이죠. 공부하고 싶은 마음이 가득하면, 누가 시키지 않아도 스스로 '공부하는 재미'에 푹 빠지게 되는 건 당연하니까요. 이 진리를 깨달은 후, 제 인생 또한 믿어지지 않을 만큼 빠르고 놀랍게 달라졌습니다. 고작 '마음' 하나 바꿔 먹었을 뿐인데요. 하지만 이 진리는 제가 만들어낸 게 아니라, 아주 오래전부터 존재하던 것입니다.

心不在焉 視而不見 聽而不聞

심부재언 시이불견 청이불문

마음이 없으면 보아도 보이지 않고, 들어도 들리지 않는다.

2500년 전, 대학(大學)이라는 책을 쓴 공부의 고수들은 이렇듯 '마음'의 중요성을 정확하게 꿰뚫어 보았습니다. 꾸역꾸역 책상 앞에 앉아 마지못해 멀뚱멀뚱 쳐다보고만(視, 시) 있으면 제대로 본(見, 견) 게 아닙니다. 무심코 흘려들은(聽, 청) 선생님 말씀은요? 똑바로 들은(聞, 문) 게 아니죠. 마음 없이는 열 시간을 책상 앞에 앉아 있어도 공부한 게 아니잖아요. 공부에는 진짜 제대로 된 '마음 자세'가 필요해요.

지금 당장 '공부 안 됐던 날'을 머릿속에 떠올려보세요. 마음이 온통 엉뚱한 곳으로 쏠려서, 지긋지긋 귀찮고 내키지 않아서, 힘 빠지고 지친 마음이 축 늘어져서, 가슴을 뛰게 만들 긴장감이 눈곱만큼도 없어서, 투덜대고 불평불만하느라, 근거 없는 자만에 빠져서, 울컥 치밀어 오르는 짜증에, 밑도 끝도 없이 내 자신을 깎아내리느라 바빠서, 풍선에서 바람 빠지듯 결심과 다짐이 줄줄 새어나가서, 하고픈 마음이 전혀 들지 않아서……. 따져볼수록 백이면 백, 모든 게 다 '어수선한 마음' 때문이었습니다.

반대로 '공부 잘됐던 날'을 머릿속에 떠올려볼까요? 비틀대거나 흔들리지 않는 '묵직한 마음'으로, 찌꺼기 같은 잡념들이 섞일 수 없는 '온전한 마음'으로, 들뜨지도 고꾸라지지도 않은 '차분한 마음'으로 공부했던 날이었습니다. 이 모든 게 오로지 '질끈 동여매놓은 마음' 덕분이었습니다.

누구든지 연습만 하면 스스로 마음을 질끈 동여매놓을 수 있습니다. 내가 공부하는 '이유'와 내 공부의 '의미'를 조금 더 깊이 생각하다 보면요.

'지금 하는 공부가 내 인생에서 왜 꼭 필요한 걸까?'
'어떻게 하면 재미있고 즐겁게 공부할 수 있을까?'
'내가 꿈꾸는 삶을 살기 위해서, 나는 지금 무엇을 해야 할까?'

저는 믿습니다. 그 누구라도 '공부하는 이유'를 붙들고 고민하다 보면 틀림없이 '공부할 마음'이 생긴다는 것을요.

그래서 이 책에는 '마음'으로 공부하기 위해 한번쯤 골똘히 고민해보아야 할 주제들을 곳곳에 넣어두었고, 지치고 힘들 때 위로가 되어줄 '뜨거운 응원'도 듬뿍 담아놓았습니다. 누구나 느끼고 경험하고 고민했을 이야기들을 여러분과 도란도란 나누고 싶습니다.

공부를 하다 잠시 짬이 나는 시간에 편한 자세로 술술 읽어보세요. 다만 절대로 한꺼번에 다 읽지는 마시고, 한 챕터를 읽고 나면 반드시 책을 덮어주세요. 한 번에 딱 한 가지 주제씩만 읽는 겁니다. 그래야 '내가 공부하는 이유'를 곰곰이 생각해볼 수 있어요. 나에게 딱 맞는 나만의 '공부할 마음'을 만들어가는 시간이지요. 번거롭다고 호로록 읽어버리지 말고, 중간중간 '내 생각'을 꼭 덧붙여보세요. 가족들 또는 친구들과 함께 읽고 이야기를 나눠도 더욱 좋습니다.

도움 드리고 싶은 의욕이 앞서다 보니 본의 아니게 이래라저래라 하는 잔소리가 많았던 것 같습니다. 진심으로 잘됐으면 하는 동생에게 시시콜콜한 충고를 속사포처럼 쏟아내는, 그런 형이나 오빠의 오지랖으로 너그럽게 받아들여주기를 부탁드립니다.

책 속에 제 이야기를 들려드리기가 주저되기도 했습니다. 잘못한 일은 부끄러워서, 잘한 일은 쑥스러워서 될 수 있는 한 감추고 싶었던 게 제 솔직한 심정이었습니다. 한편으로는 아직 배운 것보다 배울 게 많은 '덜 배운 사람'으로서 공부에 대해 이야기하는 것이 머뭇거려지기도 했습니다. 그러나 부족한 저의 '있는 그대로의 경험담'과 '겪어본 만큼의 조언'이 누군가 '공부할 마음'을 갖고, 공부가 재미있어지는 데 조그마한 불씨가 되기를 바라는 마음으로 조심스레 용기를 내봅니다.

'어떻게' 공부하는지에 대해서는 별로 드릴 말씀이 없습니다. 사방이 산으로 둘러싸인 바닷가 촌구석에서 공부한 저에게는 '뾰족한 비법'도, '거창한 방법론'도 없었습니다. 그저 마음을 다지고 키우고 붙잡아둘 궁리만, 독한 각오를 뿌리박는 다짐만, 꿈과 목표를 좇는 절실함만 품었습니다. 공부하는 '이유'와 공부의 '의미'만 집요하게 파고들었습니다. 그런데 놀랍게도 그것만으로도 충분히 공부가 재미있어졌습니다. 그 어떤 조건이나 특별한 비법 없이, 마음만 있으면 되는 거였어요.

그래서 저는 이 책에서 '어떻게' 공부하는지 말고, '왜' 공부하는지에 대한 이야기를 해보려고 합니다. 사실 '왜' 공부하는지만 알고 나면 '어떻게' 공부하는지에 대한 답은 자연스럽게 찾을 수 있기도 하고요.

세상 모든 일이 다 마음먹기에 달려 있겠지만, 공부는 더욱 그렇습니다. 한발 더 나아가 제가 해본 공부는 오직 마음먹기에'만' 달려 있었습니다.

> '공부'하는 일에는 다른 게 없다. 잃어버린 '마음' 찾는 것 말고는.
>
> \- 맹자(孟子)

마음을 다지고, 키우고, 붙잡아두는 것. 어쩌면 공부하는 일이란 이 세 가지가 전부일 수도 있습니다. 자, 그럼 유쾌하고 짜릿한, '공부가 재미있어지는 순간'을 향해 출발해볼까요? 그 전에 먼저 조금 무거운 이야기부터 시작해봅시다.

PART 1

한 번은 힘주어 해주고 싶은 이야기

공부는 마음이 먼저입니다. 공부가 잘되는 날에도 '마음' 덕분, 공부가 안 되는 날도 '마음' 때문이지요. 마음을 다지고, 키우고, 붙잡아두는 것. 어쩌면 공부하는 일이란 이 세 가지가 전부일 수도 있습니다. 마음가짐을 제대로 갖추기만 하면, 하루하루가 "공부가 이렇게 재미있다니!"라는 감탄이 나오는 순간들로 채워질 것이고, 그러다 보면 분명 놀라운 기적이 눈앞에 펼쳐질 것입니다. 지금부터 만들어봅시다. 우리에게 찾아올 '이토록 공부가 재미있어지는 순간'을.

\- 01 -

늦었다, 아니다, 늦지 않았다

너는 움츠러들기보다 활짝 피어나도록 만들어진 존재다.
\- 오프라 윈프리 Oprah Winfrey, 미국의 방송인

패배자는 머뭇거리고 망설이느라 에너지를 허비하지만,
이기는 사람은 우왕좌왕하지 않고 자신 있게 뛰어든다.
\- 카를 크라우스 Karl Kraus, 독일의 시인

대한민국 학생들이 '가장 많이 물어보는 질문 1위'가 무엇인지 알고 있나요. "지금 공부를 시작하기에는 너무 늦어버린 것 아닐까요?"라고 합니다. 학습컨설팅 전문가에게 들어보니, 질문자 나이도 가지각색이라 솜털 보송보송한 중학교 1학년짜리부터 이제 갓 고등학교에 입학한 파릇파릇한 신입생, 수능이 100일 앞으로 성큼 다가온 재수생까지 너나 없이 비슷한 질문을 한답니다.

아니나 다를까, 인터넷 카페며 블로그 게시판마다 비슷한 질문들

이 넘쳐납니다. 수백만 명의 사람들이 걱정스러운 표정으로 조심스레 묻고 또 물어보고 있습니다. 지금 이 순간에도요.

"저는 몇 학년이고, 무슨 학교에 들어가고 싶은데요. 공부를 시작하기에 너무 늦은 건 아닐까요?"

◇

늦었다

달려 있는 댓글들을 보니, "더 늦게 시작하고도 뒤집은 사람이 있다던데요, 뭘", "얼마든지 할 수 있죠!", "늦었다 싶을 때가 가장 빠른 때라잖아요", 거기에 빼놓지 않고 덧붙여지는 말. "힘내세요. 파이팅!"

거.짓.말.

마시면 마실수록 갈증 나는 바닷물 같은 위로, 말하는 사람도 듣는 사람도 믿지 않는 무책임한 소리. 진짜로 궁금해서 물어본 거 아니잖아요. 그저 내가 딱 듣고 싶은 말 해줄 사람을 기다리고 있었을 뿐이잖아요. '거짓말해줘! 내가 늦지 않았다고. 달콤한 위로 듣고 싶어!'

본격적으로 공부에 뛰어드는 건 좀 더 미루고, 나 자신을 되돌아보는 건 무서워서 싫으니까, 초조하고 걱정스러운 내 마음만 살짝 달래주고 말았으면 싶은 겁니다. 지금까지 늘 그랬듯이.

'늦었다'는 진실을 마주하긴 두렵고, 초라해질 나를 마주하긴 싫고, 뼈아픈 깨달음은 얻고 싶지 않고, 얼마 못 가 또 도돌이표처럼 느슨해지고 나태해질 나를 너무나도 잘 알면서, 이번에도 흐지부지될 거라는 걸 잘 알면서, 나는 모르는 척 물어보는 겁니다.

나는 알고 있어요. 어쩌면 다른 누구보다도 내가 가장 잘 알고 있는지도 몰라요. 내가 늦어버렸다는 사실을요. 마음속에서 비쭉비쭉 고개를 드는 불길함 탓에 나도 모르게 자꾸만 주저돼서, 누구라도 붙잡고 물어보고 싶은 거잖아요. 거짓말이라도 듣고 싶어서요. 물론 들어봤자 내가 그 거짓말 믿지도 않을 테지만요. 나는 알고 있습니다. 내가 늦었다는 것을요. 늦지 않은 사람은 자신이 늦었는지 늦지 않았는지 궁금해하지도, 불안해하지도 않습니다. "너무 늦어버린 것 아닐까요?"라는 질문 자체가 내가 늦었다는 가장 강력한 증거입니다. 나는 정말로 늦어버린 것, 맞습니다.

이 모든 게 내 잘못입니다. 다른 친구들 밤잠 설쳐가며 눈 부릅뜨고 공부하던 그때, 나는 그렇게 공부 안 했잖아요. 그들이 자신을 돌아보고 다독여가며 바짝 뛰느라 바쁠 때, 난 망설이고 주저하느라 숱한 시간을 허비했어요. 무수한 기회를 날려버리는 동안 나는 정직한 노력이 지닌 가치를 무시했고요. '적당히', '대충', '어영부영'했던 건 다름 아닌 바로 나 자신이었습니다. 오늘의 결과는 내가 만든 것입니다. 그들과 나 사이에 벌어져버린 엄청난 격차를 보세요. 이 차이를 뒤집는 일이 호락호락하다면 반칙입니다. 절대로 손쉽게 뛰어넘을 순 없어요.

일단 그들과 나 사이에는 '진도 차이'가 벌어져 있습니다. 내가 오늘부터 공부한다 해도, 내가 이제야 들여다보려는 내용들을 그들은 이미 꼼꼼하게 공부해놓았습니다. 나는 뒤늦게 헐레벌떡 뛰게 될 것입니다. 더군다나 내가 공부하는 동안 그들이 손 놓고 기다려줄 리도 없고요. 또다시 나보다 한발, 아니 다섯 발, 열 발 앞서 새로운 내용들을 공부하고 정복할 것입니다. 나는 뒤처져서 이제야 운동화 끈을 고쳐 매고 있는데, 내 경쟁자들은 한참 앞을 뛰고 있습니다. 한번 벌어져버린 이 '진도 차이'를 좁히기란 팍팍할 수밖에 없어요.

그러나 '진도 차이'는 '능력 차이'에 비하면 아무것도 아닙니다. '능력 차이'야말로 훨씬 더 심각해요. 나의 1시간은 그들의 1시간과 똑같지 않습니다. 나는 1시간 만에 그들처럼 많은 양을 공부할 수 없어요. 나는 '공부 경험'이 부족하니까요. 그러나 그들은 다릅니다. 엉덩이 딱 붙이고 한참 동안 집중하는 것도 익숙하고, 수업을 듣고 핵심을 쭉쭉 뽑아내는 능력도 탁월합니다. 요점정리는 어찌나 야무지게 잘하고 문제는 또 어찌나 귀신같이 꿰뚫어 보고 풀어내는지요. 경험은 사람의 능력을 놀랍도록 발전시키거든요. 그들은 나보다 앞질러 달리고 있는 것도 모자라 나보다 빠른 속도로 달리고 있습니다. 나는 아직 그들만큼 빠르게 달릴 수가 없어요. 내 속도가 총알처럼 빠르다고 해도 벌어진 격차 탓에 역전할까 말까인데 말이에요.

'점수 차이' 또한 결코 무시할 수 없습니다. 결국 승부는 '점수'를 놓고 갈릴 테니까요. 나는 올려야 할 점수가 많습니다. 내가 받고 싶은 혹은 받아야 할 점수는 한참 높아요. 그에 비해 지금 내 점수는 아직 보잘 것 없이 부족합니다. 나는 알고 있어요. 뒤늦은 진도에 허덕이고 똑같은 1시간도 그들만큼 잘 쓰지 못하는 내가 '점수'를 뒤집기란 만만치 않다는 것을요. 사소한 습관부터 시험 보는 기술에 이르기까지 나는 모든 면에서 꼬박꼬박 뒤처져 있습니다. 따져보면 따져볼수록 불리한 게임입니다.

적당히 덕담이나 좀 던져주고 무책임하게 등 토닥거려주는 것, 저는 못하겠습니다. 거짓말하기 싫습니다. '점수 차이'를 극복하려 해봐도 '진도 차이'와 '능력 차이'가 발목을 잡을 겁니다. '나름대로' 열심히 해보아도 잘 안 될 겁니다. 포기하세요. 미안하지만 늦었습니다.

◇ ◇

아니다, 늦지 않았다

방법이 딱 하나 있기는 합니다. '점수 차이'든 '능력 차이'든 '진도 차이'든 내가 다 돌파해버리고야 말겠다는 독한 각오. 그까짓 걸림돌 따위 깡그리 없애버리고 나를 힘껏 일으켜 세우리라는 '뚝심' 말입니다. 터져버릴 듯 뜨거운 마음으로, 넘쳐흐르는 절실함으로 반격의 칼날을 뽑아 든다면 나는 이길 수밖에 없습니다. 그래요. 단 하나뿐인 돌파구는 바로 '내 마음속'에 있어요.

아직 아무도 모르잖아요. 나 혼자만 알잖아요. 지금도 내 안에 꿈틀거리는, 활화산처럼 뜨겁게 타오르는 내 가능성을요. 내가 얼마나 무섭게 달릴 수 있는 사람인지, 내가 얼마나 화려하게 날아오를 사람인지, 내가 얼마나 지독한 역전을 이뤄낼 사람인지 꺼내 보여준 적 없어 나는 알고 있지만, 다른 사람은 아직 아무도 모르잖아요. 내 안에 꽁꽁 가두어놓은 '진짜 나'를 세상에 보여주세요. 악바리처럼 덤벼들 준비된 '진짜 나'에게 한 번만이라도 기회를 주세요. 뜨거운 힘 한번 발휘도 못해보고 싸늘하게 식어버리고 굳어버리기엔 너무 아깝잖아요. 내가 나한테 너무 미안하잖아요.

맞아요. 그들이 나보다 앞질러 가고 있긴 합니다. 그래서 뭐 어쩌라고요. 뛰고 달리다 미끄러져 자빠지고 무릎 좀 까지면 뭐 어떻습니까. 가끔 좌절할 때 있고 속상할 때 있어도 뭐 어때요. 탈탈 털고 일어나 다시 힘껏 달리기만 하면 되잖아요. 그런 상처들이야말로 나를 더 강하게 만들어줄 텐데요. 그까짓 이유로 이렇게 얼어붙어 있으면 어떡합니까. 끝날 때까지는 끝난 게 아닙니다. 늦었느니 뒤처졌느니 초조해하는 자체가 잘못입니다. 될 때까지 악착같이 매달리는 놈을 그 누가 당해낼 수 있겠습니까. 나는 반드시 이길 수 있습니다.

여기서 잊지 말아야 할 사실은 공부의 본질이 '경쟁'이 아닌 '성장'이라는 점이에요. 다른 놈 이기는 건 그다지 중요하지 않아요. 이 모든 과정을 통해 '나를 성장시킬 수 있느냐'가 무엇보다 중요합니다. 그러니 늦었느니 아니니 하는 소리가 얼마나 얼토당토않은 소리입니까. 나에게 중요한 건 오로지 '끝끝내 내가 열망하는 바를 이뤄내는가'뿐인데요.

나약한 변명 뒤에 숨지 말고, 어설픈 위로에 덥석 안기지도 말고 눈 딱 감고 이 악물고 한 번은 힘껏 밀어붙여보세요. 시도조차 '안 한 거'면서 '못한 거'라고 자신을 속이지 말고, 내가 가진 혼신의 힘을 다해서 말입니다. 나는 비겁한 겁쟁이가 아니니까요.

나는 알아요. 어쩌다 내가 '늦어버린 건 아닐까' 하며 두려워하게 됐는지, 내 공부의 발목을 잡는 훼방꾼은 무엇인지, 내가 어떤 버릇을 도려내고 어떤 마음을 뽑아내야 힘껏 달릴 수 있는지 내가 가장 잘 알아요. 이제껏 해왔던 것처럼 고만고만한 노력을 '나름대로' 해가지고는 어림도 없습니다. 그럴 거라면 늦었습니다. 포기하는 게 나아요.

그러나 인생에서 꼭 한 번 멋지게 날아올라보고 싶다면, 내 속에 잠들어 있는 '진짜 나'를 흔들어 깨워보고 싶다면 과감하게 뛰어들겠다고 선언하세요. 최고의 내가 만들어낼 놀라운 기적을 목격하고, 내가 열망하는 삶을 이뤄내고 싶다면 '내 인생 첫 번째 관문'을 정면으로 마주하고 돌파해봅시다.

한 번도 진짜로 다 쏟아부어본 적 없었잖아요. "이보다 더한 노력은 있을 수 없다"라고 단언할 정도로 최선을 다해본 적, 한 번도 없었잖아요. 꼬박꼬박 조금씩 여지를 남겨두었잖아요. 더 꺼내 쓸 수 있었던 내 에너지, 더 들일 수 있었던 내 시간, 더 이끌어낼 수 있었던 내 치열함까지, 진짜로 다 쏟아부어본 적, 이제껏 한 번도 없었잖아요.

저만치 앞질러 달리는 경쟁자들을 향해 두리번거리지 마세요. '남의 것' 부러워하지 마세요. 그거 말고 '내 안에 이미 들어 있는 것', 내가 아직 다 끄집어낸 적 없던 '내 잠재력'만 다 꺼내 쓰세요. 그것만으로도 최고가 되기에 넘치도록 충분합니다. 나를 막아서는 건 경쟁자들이 아니거든요. 나 자신이지요. 내가 진짜로 내 모든 힘을 다 쏟아붓기 시작하는 순간, 그 어떤 것도 날 막을 수 없습니다. 나를 온전히 다 쏟아보지도 않고 이러쿵저러쿵 떠들어대는 건 '엄살'을 부리는 것뿐이에요. 한 번이라도 나 자신을 넘어본 사람은, 나 자신을 이겨본 사람은 반드시 강해집니다. 단단한 마음을 얻게 되고 인생을 대하는 태도가 달라집니다.

한번 앉으면 몇 시간이고 꼼짝 않겠다는 독한 각오, 내 심장박동 소리가 귀에 들릴 정도로 팽팽하게 당겨놓은 긴장감, 모르는 내용은 알 때까지 물고 늘어지는 집요함, 나쁜 습관은 모조리 끊어내겠다는 단호함, 1분 1초를 치열하게 채워나가는 절박함을 갖추기만 한다면 지금 내 성적표 따위는 의미 없는 '종이 쪼가리', 그 이상도 그 이하도 아니게 됩니다. 세상에 보여준 적 없는, 그래서 아직 나 혼자만 알고 있는 내 안의 가능성을 잘라버리지 마세요. 내 안에 들어 있는 '진짜 나'에게는 이기지 못할 절망 따윈 없습니다. 내 잠재력을 이대로 묻어버린다면 두고두고 내가 나한테 아주 '나쁜 놈'이 될 겁니다.

늦지 않았습니다. 절실한 사람은 결국 강해집니다. 마음은 모든 것을 뛰어넘습니다. 가슴으로 뜨겁게 원하면 기필코 해낼 수 있습니다. 절대로 포기하지 마세요. 내가 포기하지만 않는다면, 나는 결코 늦지 않았습니다.

열다섯 살, 나는 딱 유치원생 수준이었다

창피하게도 저야말로 공부할 마음이 전혀 없었습니다. 하루 동안 어떤 일을 하느냐를 따져 한 사람의 직업을 결정한다면, 중학교 시절 저에게는 다섯 가지의 직업이 있었지요. 수업시간, 쉬는시간 할 것 없이 노는 데에만 온통 정신이 팔려 있던 저는 '플레이어(Player)'였고, 하루를 통틀어 10시간도 넘게 아무 데서라도 꾸벅꾸벅 졸고 자기 일쑤였던 저는 잠에 취한 '슬리퍼(Sleeper)'였습니다. 매일 2시간씩은 텔레비전을 챙겨 보는 '시청자'였고, 두 눈이 빨갛게 되도록 온라인 게임에 새벽을 통째로 갖다 바치는 '게이머(Gamer)'였으며, 인터넷에 존재하는 모든 웹툰을 섭렵한 '웹툰 독자'였습니다.

저는 공부하는 사람이 아니었습니다. 중학생이라기보다는 플레이어, 슬리퍼, 시청자, 게이머, 웹툰 독자에 더 가까웠습니다. 솔직히 말하자면, 그게 제 직업이었어요. 저는 학생이었지만 학생이 아니었습니다. 교복을 입고 책상 앞에 앉아 있었지만, 실제로는 공부하지 않았습니다. 눈치껏 어른들 눈 밖에 나지 않을 만큼만 딴짓해 가면서 귀한 시간을 '잉여짓'으로 줄줄 흘려보내던 시절이었어요. 공부에 대한 마음가짐이나 인생을 대하는 태도가 딱 '유치원생' 수준이었습니다.

잉여짓에도 레벨이 있다고 하잖아요. 저는 꽤 높은 등급의 잉여짓도 많이 했습니다. 교실에 멀쩡히 날아다니는 파리를 잡아 실로 다리를 묶어 먹이 줘가며 키우기, 비 오는 날 학교 옥상의 물 고인 웅덩이에 종이배 띄우기 같은 건 밥 먹듯 자연스럽게 하는 짓이었고, 짝꿍이랑 나란히 앉아서 수업 듣는 척하며 수학책 두 권을 커터칼로 최대한 잘게 쪼개 모으기 시작한 게 1교시 수업 때였는데, 학교 끝날 때쯤 되니 가방 하나가 빵빵하게 채워진 적도 있었어요. 일명 '뽁뽁이'라고 부르는 에어캡을 우연히 터뜨려 보니 앉아 있기 덜 지루하길래, "이거다!" 하고는 친구와 멀리 지물포까지 1시간 넘게 걸어간 적도 있었습니다. 만 번도 넘게 터뜨릴 양이 돌돌 말아진 '뽁뽁이 더미'를 돈 내고 사서 양팔 가득 뿌듯하게 안고는, 헤벌쭉 웃으며 좋다고 돌아오던 길이 지금도 눈에 선합니다. 그러고는 다음 날부터 수업시간마다 엄지로 꾹꾹 눌러 몰래 터뜨려댔죠. 별의별 잉여짓을 해보아도 다시 또 심심하고 지루하던 시절이었습니다.

그런데도 '공부해야겠단 마음'은 눈곱만큼도 들지 않았습니다. 공부하는 척만, 흉내만, 시늉만 했을 뿐 솔직히 한 달에 1시간도 공부하지 않았어요. 엄마는 모르셨을 거예요. 말 그대로 앉아는 있었으니까요. 멍 때리고 앉아 있는 데는 제가 좀 소질이 있었거든요. 1년 365일 통틀어 공부하는 날이라고는 고작 10일 정도, 그러니까 죄다 시험 전날밖에 없었어요.

공부……. 하라고는 하는데 저에게는 그저 뜬구름 잡는 소리 같고, 멀게만 느껴지더라고요. 도대체 왜 해야 하는지, 무슨 의미가 있는지도 잘 모르겠고요. 그렇다고 멋진 곳에서 짜릿한 경험을 하며 노는 것도 아니고, 마음이라도 홀가분한 것도 아니고, 언제 어디서 어떻게 놀든 빚지고 도망 다니는 사람마냥 왠지 모를 불안감이 떨쳐지지 않았어요. 내 할 일로부터 도망쳐 숨어 다니는 사람만의 주눅이라고나 할까요. 스스로에게 떳떳하지 못하니 어깨 활짝 펴지 못하고 움츠러들어 있었던 거죠.

멍하니 살았습니다. 무덤덤하게 시간을 흘려보내고, 공부는 가끔 건성으로 좀 만지작거리고, 무슨 일이든 대강대강, 얼렁뚱땅. 마치 내일이 없는 하루살이처럼 무턱대고 아무렇게나. 활기차게 인생을 준비해야 할 '봄 같은 시기'에 제 인생은 녹슬어가고 있었습니다. 조금씩 가라앉는 배처럼. 수업시간에도, 자습시간에도 몸은 교실에 있었지만 그것은 빈껍데기뿐이었고, 마음은 교실에 없었습니다. 저는 축구경기를 구경하는 관중처럼 교실 맨 뒷자리에 앉아 넋 놓고 친구들을 구경했습니다. 땀을 뻘뻘 흘리며 그라운드를 누벼야 할 선수였던 저는 축구화를 집어던진 채 관중석에 멍하니 앉아 있었습니다. 저는 축구장에 나와는 있지만 구경만 할 뿐 경기를 뛰지 않는 선수였습니다.

허공에 흩뿌려지는 선생님 목소리와 알겠다는 듯 끄덕이는 친구들의 고개, 갑자기 다 같이 책장 넘기는 소리, 깔깔대는 웃음소리, 사각사각 연필 소리, 느닷없이 "감사합니다!" 하는 합창과 함께 스피커에서 울려 퍼지는 종소리. 저는 어쩌다 중학교 교실에 구경 나온 '유치원생'이었습니다.

내 인생이 엎질러진 물인 줄 알았다

세상 바라보는 눈도 좀 삐딱했습니다. 저에게는 하루하루가 아무 의미 없는데, 어른들은 참 열심히 살더라고요. 어쩌다 마주치는 동네 형, 누나들도 제 눈에는 지나치게 아등바등 공부하는 걸로만 보였어요. 참으로 건방진 생각이었죠. 열심히 사는 사람들을 우스워했다고나 할까요. 정작 그들의 노력은 눈여겨보지도 않았습니다.

'어차피 별 의미도 없는 짓인데, 왜 저렇게 빡빡하게 사는 걸까? 대충 좀 살지~.' 심드렁한 냉소를 쿨하다고, 멋지다고 제멋대로 착각했었거든요. 실은 뜨거워지기를 두려워했던 것뿐인데. 겉으로는 쿨한 척했지만 속으로는 '겁쟁이'였습니다. 세상은 참 잘도 돌아가더라고요. 나만 빼놓고요. '그렇다면 나는 있으나 마나 한 존재인가?' 가끔 그런 생각도 들었습니다. 내일의 제가 오늘보다 나은 사람이 될 거란 기대가 조금도 없었거든요. 이대로 살아가는 게 행복하지도 않았고요. 스스로 제 자신을 마음에 들어 하지 않았으니까요. 하루하루가 아무런 의미 없이 흘러갔어요.

그렇다고 공부에 본격적으로 뛰어들고 싶지는 않았습니다. 제 인생 전체를 놓고 고민해본 적이 없어서 그런지 매 순간 덜 귀찮거나 더 자극적인 일에만 마음이 가더라고요. 저에게 공부는 귀찮고 재미없는, 그래서 될 수 있는 한 절대로 하고 싶지 않은 일이었습니다. 마치 안개가 자욱이 펄펄 끓는 사우나에 들어가 숨을 꾹 참는 것처럼, 아무 이유 없이 그저 꾹 참아야만 하는 '멍청하기 짝이 없는 고생'처럼 말이지요.

그럴 수밖에 없었던 것이 제 마음속에는 공부에 대한 잘못된 생각들이 진드기처럼 들러붙어 있었어요. '공부하는 일은 얕잡아 봐도 될 만큼 쓸모없는 짓이야.' 그러면서도 정작 뛰어들 엄두가 나지 않을 만큼 공부가 두려웠습니다. 한편으로는 '언젠가 공부하게 된다면, 엎질러진 물쯤이야 주워 담을 수 있을지도 몰라. 그러니까 서두를 필요 없지'라는 밑도 끝도 없는 무모함까지 가지고 있었죠. 절대로 동시에 존재할 수 없는 모순된 생각들인데, 제 마음속에는 한꺼번에 자리 잡고 있었습니다. 공부에 대해 깊이 생각해본 적 없었을 뿐더러, 무엇보다도 공부하기 싫었으니까요. 그러고는 공부에서 멀찍이 떨어져 빙빙 겉돌기만 했어요. 뛰어들지를 않고요. 수업이 시작되면 대놓고 엎드려 잤고, 숙제를 내주면 답지를 베꼈고, 공부

하라는 잔소리에는 철저하게 귀를 닫았습니다.

건방지게도 저는 고작 열다섯이라는 나이에 제 인생을 '엎질러진 물'처럼 여겼습니다. 주워 담을 수 없다고, 늦어버렸다고, 글러먹었다고만 생각했습니다. 아직 인생의 막도 올리지 않은 주제에, 80년 인생을 반으로 접고 또 반으로 접어도 그것조차 다 채우지 못하는 열다섯 살 꼬맹이 주제에 마음은 일흔 살 할아버지보다 더 주름져 있었습니다.

'내 인생은 엎질러진 물.'

지금 돌이켜보면 어이가 없어 쓴웃음이 다 나오는 헛소리지만 쪽팔리게도 그때 저는 그렇게 믿었습니다. '내 인생은 이미 망쳐버린 게임 아닌가', '난 멍청하니까, 시작해봤자 할 수 없을 거야', '에잇, 될 대로 되라지!' 핑계일 수도, 단순히 스스로를 믿지 못하는 것일 수도 있었습니다만 불행하게도 저는 아무것도 깨닫지 못했습니다.

머리가 쩍 갈라지는 것 같은 충격

공부할 마음이 전혀 없던 저에게 우리 학교는 천국이었습니다. 한 학년이라고 해봐야 스무 명 남짓의 작은 시골 중학교였죠. 중간고사, 기말고사 전날이면 선생님들은 어김없이 다음 날 볼 시험문제를 미리 복사해 나눠주셨습니다. 친절하게 답까지 다 달아서 주셨죠. 하도 공부를 안 하니까 '이렇게라도 하면 공부 좀 하겠지' 싶어 그러셨던 것 같은데요. '뛰는' 선생님 위에 '나는' 우리들이었습니다.

1번 문제에 3번, 2번 문제에 5번 하는 식으로 답만 달달 외우는 '편법'을 꼬박꼬박 동원했으니까요. 과목이 달라져도 그 수법은 똑같았습니다. 내일 볼 시험지라고 받아 왔어도 국어 지문, 영어 지문 같은 건 읽어보지도 않았어요. 빨간 색연필로 답만 큼지막하게 써 놓고 콕콕 집어 외웠습니다. 그런데도 성적은 다 같이 100점을 맞는 게 아니라 제각각이었어요. 저를 포함한 대다수는 그것조차도 제대로 들여다보지 않았으니까요.

하루는 성적표를 나눠주시던 담임선생님이 한숨을 푹 쉬시고는, 학교 끝나고 하루에 한 시간이라도 남아서 공부할 사람이 있으면 손 들어보라고 하셨는데요. 손 드는 사람이 아무도 없었습니다. 그래도 수업시간만큼은 공부하는 친구들이 몇몇 있었는데, 저는 그마저도 아니었어요. 저는 그저 하기 싫은 공부 안 해도 되는 우리 학교가 천국인 줄로만 알았습니다. 무뎌질 대로 무뎌졌던 거죠.

저는 천국 같은 학교에서 온갖 '잉여짓'해가며 적당히 그럭저럭 지내고 있었어요. 딱히 무척 즐겁지도, 그렇다고 몹시 지루하지도 않은 하루하루. 그런데 열다섯 살 가을 무렵부터 별안간 마음 한구석에 '어, 이게 아닌데?' 하는 '돌연변이 마음'이 싹트기 시작했습니다. 마치 빨갛게 불이 들어오면서 사이렌이 요란하게 울려대는 것처럼, 마음이 '위험 경보'를 알려왔다고나 할까요. 어쩌면 남들 다 겪는 사춘기였을 수도, 아니면 약도 없다는 '중2병'이었을지도요. 어쨌거나 중요한 건 내 마음이 "나 여기에 있어! 나 좀 돌봐줘!" 하는 신호를 보내왔다는 거였어요. 이전까지 무엇이든 깊고 진지하게 생각해본 적 없던 저로서는, 마음에서 들려온 소리 앞에서 당황스럽고 묘한 기분에 휩싸일 수밖에 없었습니다.

처음에는 몸에 힘이 좀 빠지면서 '노는 것도 맨날 똑같고, 그렇다고 할 일이 있는 것도 아니고, 좀 지겹네' 하는 마음에 잉여짓하는 재미가 시들해지는 가벼운 수준이었습니다. 감기에 걸린 것처럼 말이죠. 며칠 이러다 말겠지 싶었습니다. 그런데 그렇지가 않더라고요. 며칠이 지나고, 또 며칠이 지나도 차츰차츰 마음에 '더 강력한' 고민들만 깃드는 거예요.

하루는 '휴~ 나중에 나는 뭐하고 사냐. 초등학생 땐 뭐든지 다 될 수 있을 것만 같았는데' 하는 뒤늦은 후회가 밀물처럼 밀려드는가 하면, 다음 날에는 '내 인생도 뭐, 별거 없겠구나' 하는 절망감이, 그 다음 날은 '그건 싫은데! 내 인생 별거 없으면 안 되는데!' 하는 반발심이 번갈아 들락날락거리는 식이었어요. 빙하처럼 꽁꽁 얼어붙은 줄로만 알았던 제 마음에 조금씩 금이 가더니, 쩍쩍 소리를 내면서 갈라지기 시작했습니다.

그러다가 돌연변이 마음이 '그런데, 난 지금 뭐하고 있는 거지?'에 멈추던 날, 느닷없이 머릿속이 캄캄해지더니 조금씩 금 가던 마음이 쩌렁쩌렁한 '와지끈' 소리와 함께 가루가 되어 와르르 부서졌습니다. 망치로 '땅!' 얻어맞은 것처럼 눈물이 핑 돌았고, 온몸의 힘이 모조리 빠져나간 것처럼 허무하고, 답답하고, 도망치고 싶었습니다. 아무리 머릿속을 비워보려 해도, 돌연변이 마음을 지워내려 해도, 오히려 그럴수록 가루가 된 마음속은 더욱더 한 가지 생각만으로 가득 채워졌습니다.

'난 지금 뭐하고 있는 거지?'

태어나 처음으로 머리가 터질 듯 진지하게 고민했습니다. 괜히 속도 더부룩해서 밥도 별로 맛없는 것 같고, 밤에 누우면 잠도 잘 안 왔어요. 전에는 한 귀로 듣고 한 귀로 흘려버리던 이러쿵저러쿵 공부하란 잔소리가 가슴을 깊숙이 찔러 온종일 귓가에 맴돌았고, 아무렇게나 널브러져 있는 제 모습이 자꾸만 머릿속에서 떨쳐지질 않았습니다.

저는 다섯 살 때나, 열 살 때나, 열다섯 살인 지금이나 '하는 짓'

이 거기서 거기였지만, 그러는 동안 다른 사람들은 조금씩 발전해왔기 때문에 결과적으로 제가 제자리에 머물러 있는 게 아니라 조금씩 뒤로 떠밀려가고 있던 거였습니다. 그걸 정작 저 혼자만 눈치채지 못한 거였고요. 하지만 억울할 것도 없는 것이 저는 살면서 한 번도 무언가를 열심히 해본 적이 없었습니다. 단 한 번도 내 인생에 대해 진지하게 고민해본 적이 없었습니다. 스스로가 마음에 들지 않았지만, 그렇다고 뭘 바꿔보겠다고 결심한 적도 없었습니다. 그러니 속수무책으로 떠밀려가고 있었던 겁니다.

1주일 내내 끙끙대며 고민하다가 한번은 학교 쉬는시간에 머리도 식힐 겸 세수를 하려고 거울 앞에 섰는데, 거울 속에 비친 제 모습이 한심스럽기 짝이 없기도 하고, 좀 비참한 기분도 들더라고요. 그런데 불쑥 뜬금없이, '나는 평생 얘를 데리고 살겠구나' 하는 생각이 솟아올랐습니다. 정말 맞는 말이었죠. 하지만 싫더라고요. 얘랑 사는 것. 얘 말고 다른 멀쩡한 애를 데리고 살 순 없을까 싶을 만큼요. '머리가 쩍 갈라지는 것' 같은 충격이었습니다.

도저히 못 믿겠더라고요. 순간순간 편한 대로만 굴고, 해야 할 일 앞에선 구렁이 담 넘어가듯 슬그머니 도망쳐버리고, 무엇보다도 하루하루가 즐겁지도 않은 저를 믿을 수가 없겠더라고요. 공부를 엉망진창으로 대해온 제 '삶의 태도'를 저는 다 목격해왔잖아요. 찬물로 어푸어푸 세수를 하면서 다시 따져보아도 저를 너무 잘 알아서,

그래서 더욱더 저를 못 믿겠더라고요. 공부해야 하는 지금, 팔짱 끼고 구경만 한다는 건 내 인생도 팔짱 끼고 구경만 하고 있다는 거니까요. 이렇게 스스로를 아무렇게나 내팽개쳐버리는 저를 어떻게 평생 믿고 살아가나 막막함이 밀려왔어요. 세수를 마치고 고개를 들어 물이 뚝뚝 떨어지는 얼굴을 거울에 비추어 보는데, 다시 슬그머니 돌연변이 마음이 고개를 들어 제게 물었습니다.

'그런데 난 지금 뭐하고 있는 거지?'

지금도 또렷이 기억납니다. 그날 학교가 끝나기만을 기다렸다가, 헐레벌떡 집까지 한달음에 달려온 저는 가쁜 숨을 몰아쉬며 다짜고짜 아버지께 말했습니다.

"아빠, 나 서점 좀 데려가주세요!"

느닷없는 제 이야기에 아버지는 눈만 끔뻑끔뻑하셨고요. 차 타고 30분 걸려 도착한 읍내 서점에서 저는 닥치는 대로 문제집을 골랐습니다. 그러고는 아버지와 나란히 양팔 가득 책 더미를 안고서 뿌듯하게 서점 문을 나섰습니다. 헤벌쭉 웃으며 좋다고 돌아오던 길에는 첫눈이 내리고 있었어요. 첫눈답지 않게 펑펑 쏟아지는 함박눈이었습니다. 들뜬 마음으로 자동차 유리 너머를 바라보며 처음으로 결심했습니다.

'내가 나를 좀 믿게 해줘 보자.'

기껏 해놓은 결심이 말라버리기 전에

후다닥 사온 문제집들을 꺼내, 방바닥에 주르륵 펼쳐놓았습니다. 초등학교 5학년, 6학년 수학문제집 학기별로 다섯 권씩 스무 권과, 중학교 1학년 국어, 영어문제집들. 아까의 '번드르르한 의욕'이 사그라지기라도 한 듯 절로 한숨이 새어 나왔습니다. 당장 3학년만 마치면 저는 고등학교에 들어가야 했지만, 공부에 손 놓은 지 오래되어 쪽팔리게도 한참 동생들이나 보는 책을 뒤늦게 공부해야 했으니까요. 차라리 안 하려면 모를까, 할 거라면 어정쩡하게 말고 똑 부러지게 해보자는 다짐 한편에는 막막함과 걱정이 비에 젖은 낙엽마냥 나뒹굴고 있었습니다.

그러나 호기롭게 "테스트도 할 겸, 몇 문제 풀어볼까?" 한 지 1시간도 채 되지 않았을 때, 막막함과 걱정은 어느덧 절망감과 패배감으로 바뀌어버리고 말았지요. 수학문제를 풀려고 하면 '분수끼리 곱하는 법', '원 넓이 구하는 공식'조차도 어리둥절할 뿐이었고, 고작 국어 지문 한 페이지를 읽는 동안 '무슨 뜻인지 감도 못 잡겠는 단어'가 10개씩 출몰했습니다. 영어는 더 최악이었죠. 중학교 1학년 영어책인데, 딱 '검은 건 글씨, 흰 건 종이'라는 것만 알겠더라고요. 아는 영어단어는 지문 한 줄당 1~2개 수준으로 도대체 'be동사의 현재형'이 'am, are, is'라는 건 뭔 소리인지……. 머리가 지끈거리다

못해 몽롱할 지경이었습니다.

이대로 넋 놓고 있다가는 기껏 해놓은 결심, 다 휩쓸려버리겠더라고요. 그래서 나름대로 큰맘을 먹고, 책상 앞에 '나는 늦지 않았다!'라고 큼지막하게 글씨를 써 붙여두었습니다. '이게 어떻게 한 결심인데!' 싶어서이기도 했지만, 거울 앞에 마주했던 '한심하기 짝이 없는 나'로 곤두박질치는 것만큼은 끔찍했기 때문이기도 했습니다. 물론 남들은 진작 다 배웠을 내용을 뒤늦게 본다는 게 창피하기도, 걱정스럽기도 했습니다. 그렇지만, 나도 한번 해보고 싶었습니다. 무너질 대로 무너져 내린, 비참하게 내동댕이쳐진 '내 자존심'을 일으켜 세워주고 싶었습니다. 절망감과 패배감에 제대로 한번 덤벼들어보고 싶었습니다.

그리고 며칠째 계속해서 머릿속에 지긋지긋하게 '리플레이'되고 있는 장면 하나. 멍하니 있는 나에게 불쑥 말을 걸어오는 어른들, 화들짝 놀라 묻는 말씀에 대답하는 나. 꼼짝없이 붙들려, 쏟아지는 몇 가지 질문에 웅얼대다 보면 언제나 마지막 질문은 "그래서 넌 꿈이 뭔데?". 바보같이 귀까지 새빨개져가지고는 우물쭈물 대답을 얼버무리는 내 모습, 그런 나를 한심하다는 듯 '쯧쯧' 하는 표정으로 훑어보시다가 하시는 말씀은 늘, "녀석아, 젊은 놈이 그래도 꿈은 있어야지!" 불쌍하다는 듯 어깨도 몇 번 툭툭. 리플레이될 때마다 넌덜머리가 나도록 울컥할 수밖에 없는 '그 장면', 부르쥔 주먹을 허공에 내지르며 버럭 소리라도 치고 싶지만, 혼자 속으로 삼켜야만 했던 그 순간.

나라고 어떻게 꿈이 없겠어? 나도 꿈 있어! 되고 싶은 것, 하고 싶은 것, 갖고 싶은 것, 멋지게 살고 싶은 꿈, 나한테 어떻게 하나도 없겠어? 나도 꿈 있어! 말할 수가 없을 뿐이라고. 말했다가는 당장 한심하다는 표정 대신, '미친놈' 보는 표정으로 훑어볼 거란 걸 나도 아니까. 당해봤으니까. 당연한데, 뭘. 나 같은 '형편없는 놈'에겐 당치도 않고, 어울리지도 않는 '그럴싸한 꿈', 한심했겠지. 내가 들었대도 어이없어서 웃음을 참지 못했을 거야. 그래서 꿈 없기로 했다고. 일찌감치 하나씩 쳐내고, 하나씩 접으면서 깊숙이 묻어버리기로 했다고.

그런데 아예 없는 건 아냐. 나도 있어. 한마디로 콕 집어 말할 수는 없어도. 한번 놓쳐버린 공부, 좀처럼 끼어들어볼 타이밍이 보이질 않아서, 모질지 못하고 게을러서, 머뭇거리고 미루다 보니 아직은 당당하게 말할 수는 없지만, 그렇다고 내가 아무런 꿈도 없는 놈은 아니라고! 모의고사 30점짜리, 50점짜리 성적표 때문에 자신 없어 그렇지, 나도 여전히 꿈 있다고!

나도 한번 자신 있어져보고 싶었습니다. 결심이 말라버리기 전에, 한발 늦었지만 조금이라도 빨리!

오직 '해볼래!' 하는 마음 하나로

곧장 공부에 돌입했습니다. 집으로 돌아와 곧바로 책상 앞에 앉는 건 머리털 나고 처음이었죠. 제대로 된 공부법이나 계획표 같은 것도 없었습니다. 그저 '해볼래!' 하는 마음 하나만 가지고 무작정 달려들었을 뿐. 수학문제 하나를 두고 3~4시간씩 풀어보겠다고 낑낑댔고, 고작 영어단어 하나를 못 외워 외워질 때까지 쓴다고 '무대뽀'로 100번씩 써댔습니다. 돌이켜보면 머리라도 한 대 쥐어박고 싶을 만큼 '단순무식', '효율성 제로'의 공부였지만, 그래도 무언가를 시작한다는 두근거림만큼은 참 좋았습니다.

공부에 뛰어들기로 작정하면서, 저 나름대로는 진지하게 각 잡고 앉아 몇 가지 유치한 '목표'를 정해두기도 했습니다.

첫째, 공부하다가 코피가 나보는 것. 단, 코딱지 파지 말고.

둘째, 엄마 아빠로부터 "아들, 공부 그만하고 제발 잠 좀 자주라!"라고 부탁받아보는 것.

그리고 무엇보다도, '잉여짓'을 조금씩 줄여가는 것.

시시콜콜할뿐더러 어쩌면 공부와는 별 관련 없을 수도 있는 목표도 섞여 있던 것 같은데, 대체로 재미는 있었습니다. 코피가 처음 나던 날은 '나중에 자랑해야 하는데!' 싶어 휴지로 코를 틀어막을 정신도 없이 부랴부랴 '피 뚝뚝 떨어지는 셀카'를 찍느라 바빴고,

새벽에 화장실 가시던 아버지가 "내일은 학교에 가야 하니, 그만하고 자거라"라고 하셨을 땐, 목표로 잡은 '부탁할 테니 제발 자다오!'까지는 아니었으나 저는 너무 좋아서 어쩔 줄 모르겠더라고요. 어쩌면 공부하는 '폼' 잡는 데 더 관심이 많던 시절이었습니다.

그래도 '잉여짓' 끊자는 목표만큼은 두고두고 도움이 됐습니다. 가장 이루기 어려운 목표였지만요. 습관이라는 게 참 무섭더라고요. 독하게 결심한 줄 알았는데 잠깐만 정신을 놓아도 또다시 잉여짓에 발을 들여놓고 있었어요. 처음에는 차츰차츰 잉여짓하는 시간을 줄여보자는 게 목표였는데, 한 달쯤 해보니까 이건 '이룰 수 없는 목표'구나 싶었어요. 텔레비전, 게임, 웹툰은 한번 발을 들여놓으면 빠져나올 수가 없어서 하루 공부를 다 망치고, 졸다 보면 시간은 훌쩍 지나 있고, 그래서 목표를 살짝 바꾸기로 했어요.

앉아서 조는 것, 텔레비전 보는 것, 게임하는 것, 웹툰 보는 것. 잉여짓을 줄이지 말고 모조리 끊자고요. 차라리 그게 더 쉽겠더라고요. 얼마 전까지만 해도 숨 쉬고, 밥 먹듯 직업처럼 하던 일들이라 그런지 줄이기에는 만만한 상대가 아니었어요. '내가 그 좋아하는 게임까지 끊어가면서 공부하기로 했는데!' 하는 아까움 때문에라도, 나중에 공부를 때려치우지 못하게 작전을 짠 것이기도 했고요. 모처럼 공부하기로 마음먹은 게 깨져버릴까 봐 여전히 전전긍긍하고 있었거든요.

독하게 결심했습니다. 그날부터 수능이 끝날 때까지 4년 동안 수백 번, 아니 수천 번 위기가 있었지만 이 목표만큼은 집요하게 지켜나갔습니다. 맹세코 단 한 번도 어긴 적 없었을 만큼요. 손해나는 장사가 아니더라고요. 좀 힘들긴 했지만, 참느라 고생한 것에 비해 얻은 건 훨씬 더 많았으니까요.

마음을 바꾸었을 뿐인데 공부가 재미있어졌다!

허둥지둥, 위태위태, 헐레벌떡 달리다 보니 어느덧 찬바람 쌩쌩 부는 겨울방학이 되었고, 그때서야 저는 드디어 공부하는 꼴을 좀 갖추게 되었습니다. 여전히 '단순무식'에서 크게 벗어나진 못했지만요. '해볼래!' 하는 열정만큼은 고3 막바지 때보다 더 뜨거웠던 시절이었어요.

공부, 뛰어들기까지가 어렵지 막상 또 해보니까 할 만하더라고요. 추운 겨울날 30층 높이 빌딩에서 철골 작업을 하는 것도 아니고, 뙤약볕 아래 쪼그리고 앉아 손톱 닳아져라 밭매는 것도 아니니까요. 제가 하는 일이라고는 책상 앞에 앉아 고작 종잇장 만지작거리면서 연필 끄적거리는 게 전부잖아요.

물론 처음에는 공부가 '물속에 고개를 처박고 잠수할 때처럼 숨

을 꾹 참는 일'인 것 같아 힘들기도 했어요. '그래도 재미있어질 만한 구석이 조금이라도 있을 거야'라는 막연한 마음으로 무작정 버티기만 할 때도 있었고요. 그런데 참는 시기가 조금 지나니까 또 재미있어 좋아할 만한 구석이 금세 찾아지더라고요.

그건 점점 '달라지는 나'였어요. 순간순간을 조금이라도 더 잘 써보려고 고민하는 나, 충실하게 하루하루를 채워가는 나, 좋아지고 있다는 확신이 마음속에 자리 잡은 나, 똑같은 1시간일지라도 어제보다 더 많은 내용을 공부해내는 나, 뿌듯한 하루를 마치면 기분 좋게 피곤한 나. '난 멍청해서 해봤자 안 될 거야'라는 생각으로 공부에 뛰어들지 않으려 했던 저라, 똑똑해지는 듯한 느낌이 가장 근사했어요. '달라지는 나'를 지켜보는 맛 때문에라도 공부라는 놈, 더욱 더 끈질기게 매달려보고 싶어졌습니다. 무의미하게 하루하루를 날려버리던 때는 상상도 못해본 재미였어요.

눈치채셨겠지만, 저에게 별다른 비법 같은 건 이때도 없었고 나중이라고도 다르지 않았습니다. 그저 '내가 나를 좀 믿게 해주자!' 하는 마음 하나로 단순무식하게 덤벼들었을 뿐이죠. 이후로도 마음을 다지고, 키우고, 붙잡아두는 데만 집중했습니다.

겨울방학 첫 주에는 '새벽 1시까지만 졸지 않고 버텨도 만족!'이었지만 어휴, 할 게 너무 많아서 그것 가지고는 어림도 없더라고요.

뭣 좀 해볼까 싶으면 벌써 잘 시간이었거든요. 남들보다 한발 늦은 주제에 잘하지도 못하면서, 시간이라도 들이부어야지 이래 가지고는 안 되겠다 싶었습니다. 그래서 태어나 처음으로 '계획'이라는 걸 세워보았습니다. 이름하여 '매일 5분만 더!' 월요일에 1시 5분까지 공부했으면, 화요일에는 1시 10분, 수요일에는 1시 15분처럼 말이지요. 마음이 붙들어져 있고 공부에 재미도 슬슬 느껴가던 차라 계획도 잘 지켜졌습니다. 겨울방학이 끝날 때쯤에는 새벽 4시를 넘겨 공부해도 피곤한 줄 모르겠더라고요. 한 주 연속으로, 보름 연속으로 서너 시간씩 자도 조금도 졸리지 않았어요. 신기할 정도로요! 전에는 10시간씩 졸고 자도 허구한 날 '피곤해!'라는 말만 입에 달고 살았는데요.

자꾸만 어디선가 알 수 없는 힘이 콸콸 샘솟는 것만 같았습니다. 머릿속이 공부로 흠뻑 젖어드는 동안, 마음에서는 에너지가 불끈불끈 솟는 느낌이랄까요. 공부가 저를 확 사로잡아버리고는 옴짝달싹 못하게 절대로 놓아주지 않는 기분이었어요. 참 좋더라고요. '남들은 진작부터 이 재미를 알고 있었을 텐데!' 싶어 살짝 억울할 정도로요.

그해 겨울, 딱히 목표로 정해둔 건 아니었어도 저는 초등학교 5학년부터 중학교 2학년까지의 국어, 영어, 수학 공부를 모두 마무리할 수 있었습니다. 마음 하나 바꾸었을 뿐이었지만, 공부에 푹 빠져들고 재미를 느끼는 데에는 그거 하나면 충분하더라고요. 공부 시작하기 늦은 줄로 알았지만, 전혀요. 늦지 않았던데요.

공부를 기분 좋게 끝마친 새벽녘, 잠들기 직전 이따금씩 거울 앞에 서보곤 했습니다. 거울 안에는 헝클어진 머리에 볼이 발갛게 상기된 '지친 내 모습'이 있었습니다. 피곤에 찌들었지만 '내 눈빛'은 그 어느 때보다도 반짝반짝 빛나고 있었습니다. 제 그런 눈빛은 살면서 처음 보았어요. 약간의 자신감과 약간의 만족감, 약간의 당당함과 약간의 기대감이 뒤섞인 묘한 눈빛. 그럴 때면 제 자신에게 미안해졌습니다. '충분히 이렇게 할 수 있었는데, 왜 나는 너에게 기회도 줘보지 않고 내버려두기만 했을까…….' 그렇게 가끔 감당할 수 없는 후회가 번져갈 때면 저는 제 자신에게 약속했습니다.

'다시는 널 내팽개쳐두지 않을게.'

그때 이후로 하루가 멀다 하고 휘청거리던 제 '공부할 마음'이 날아가버리거나 얼어붙은 적 없었던 이유는 거울 앞에서 보았던 피곤에 찌들었지만 반짝거렸던 '내 눈빛', 그리고 다시는 나를 내팽개치지 않겠다는 '나와의 약속' 때문이었습니다.

그렇게 저는 지옥 같던 '잉여짓'의 늪에서 빠져나와 '공부하는 사람'이 되어 인생의 그림을 처음부터 다시 그리기 시작했습니다. 비록 아직은 물감이 뚝뚝 떨어지는 붓을 이제 막 손에 쥔 게 다였지만, 그것만으로도 제 가슴은 뜨겁게 달아올랐습니다.

공부의 심장이 미친 듯 뛰기 시작했습니다.

Beyond Story

한 번은 힘주어 해주고 싶은 이야기

조심스런 마음에 돌려 말해볼까 했지만, 그래도 한 번은 힘주어 말해주고 싶어요.

너, 절대로 포기하지 마.

왜냐면 내가 너였으니까. 늦어버린 줄로만 알고, 하마터면 포기할

뻔 했었으니까. 나도 너처럼 방황했고, 나도 너처럼 고민했고, 나도 너처럼 힘들었으니까. 나도 너랑 똑같은 마음이었으니까.

뒤늦게 공부 좀 해보려는데 불안하고 초조해 마음을 다잡기 어려웠어. 내 공부가 늦어버렸다는 걸 스스로가 너무 잘 아는데, 제대로 하는 방법을 몰라 속상했어. 남들보다 갈 길은 멀기만 한데, 도통 오르지 않는 성적 탓에 자신감은 뚝뚝 떨어지고. 그래도 늦지 않았다는 그 한마디가 너무 듣고 싶어서 조르다시피 듣고 나면 얼어붙은 마음이 사르르 녹듯 기쁜데, 뒤돌아서면 또다시 내가 나태해지더라고.

그래서 결심했어. 차라리 늦었을 수도, 늦지 않았을 수도 있다고 생각해버리자. 모든 일은 나 하기에 달린 거니까. 늦었다는 패배감에 주저앉지도 말고, 늦지 않았다는 달콤한 위로에 어물쩍 넘어가지도 말고, 현실을 똑똑히 직시하자. 독한 마음을 품고 '되게 할 방법'을 찾자.

돌이켜보면 아찔해. 너처럼 고민하던 그때 포기해버렸더라면, 나는 지금 어떻게 됐을까. 나 정말 포기하고 싶었거든. 나는 둘 중 하나를 선택해야 했어. 깨끗이 포기하든지, 아니면 독한 각오를 세우든지. 오랫동안 고민한 끝에 한 번쯤 '진짜 나'를 내달리게 해주자 결심했어. 그리고 그 길의 끝에서 결국 내가 열망하던 걸 움켜쥘 수 있었지.

그때 난 마음이 어려서 잘 몰랐어. 처음 겪어보는 막막함 앞에 잔뜩 겁먹고 우왕좌왕했지. 나는 지금도 안타까워. 그때 누군가 나에게 힘주어 말해주었더라면, 내 마음을 꽉 붙들어 매주었다면 조금 덜 두려워하고 조금 더 자신 있게 첫발을 내딛지 않았을까.

그때의 나에게, 그러니까 지금의 너에게 꼭 들려줘야겠어. 지나고서야 얻게 된 내 작은 깨달음을. 절대로 포기하지 말라고. 누구든지 모든 출발은 너와 똑같다고. '불리'한 것과 '불가능'한 건 너무나도 다르다고. 그러니 늦었는지 늦지 않았는지 따위는 신경 쓰지 않아도 좋다고. 네가 포기하지만 않는다면 어느 쪽이든 상관없으니까.

덧붙이자면, 사실은 좀 늦었대도 괜찮아. 자로 잰 듯 준비된 사람만 이기라는 법은 없어. 하지만 누군가 널 일으켜 세워주길 우두커니 기다리지는 마. 스스로 일어설 수 있단 걸 너도 잘 알잖아.

틀림없어. 넌 할 수 있어. 뛰기 전까지는 까마득하겠지만, 막상 또 해보면 별 것 아냐. 네 속에 이미 들어 있는 힘만으로도 충분할 정도로. 그 힘 다 끄집어내기만 한다면. 무엇보다도, 달리는 동안 만나게 될 '진짜 너'를 너 자신도 분명 좋아하게 될 거야. 이 길의 끝에 넌 세상에서 가장 환하게 웃게 될 거야. 두고 봐. 틀림없다니까. 세상에서 가장 환하게 웃게 될 거야.

그러니 한 번은 힘주어 말해주고 싶어요.

너, 절대로 포기하지 마.

PART 2

마음을 다지는 순간,
공부는 재미있어진다

◇ ◇ ◇

대한민국 국가 대표 양궁 선수들은 '어떡하면 활쏘기를 더 멋지게 할까?'를 고민하지 않습니다. 대신 마음을 가다듬는 훈련에 몰입하죠. 징그러운 뱀이 꿈틀대는 방 안에 가둬져 다리를 타고 뱀이 기어오르는 섬뜩함을 참아내고, 1분도 자지 않은 채 뜬눈으로 꼬박 3일씩 버티기도 하고요. 경기 중 벌어질지도 모를 온갖 상황 속에서도 흔들리지 않고 평정심을 유지하기 위해서입니다. 막상 경기장에 나서면, 진짜 승부는 활 쏘는 솜씨가 아니라 마음가짐에서 판가름 나거든요. 이토록 마음을 지독하게 단련하는데, 우리나라 대표팀이 전 세계 1등을 휩쓰는 건 당연한 결과겠지요. 활쏘기뿐만이 아니라 분야를 막론하고 고수의 경지에 오르는 사람들이라면 누구나 마음을 갈고닦는 데 열중합니다. 모든 일은 '마음먹기'에 달려 있으니까요.

- 02 -

내 인생은 오직 한 번뿐이기 때문에

나는 내 의지대로 된다.

- 쇼펜하우어 Arthur Schopenhauer, 독일의 철학자

할 수 있다고 믿든, 할 수 없다고 믿든, 믿는 대로 될 것이다.

- 헨리 포드 Henry Ford, 미국의 경영인

공부할 마음이 별로 없다고요? 해도해도 안 되는 공부에 진저리가 난다고요? 그렇다면 '하던 공부'를 잠시 멈추고 먼저 '내 인생'에 대한 '고민'부터 골똘히 해보는 건 어떨까요. 공부할 마음이 '있느냐, 없느냐'의 차이는, 내 인생을 놓고 치열하게 '고민해봤느냐, 안 해봤느냐'에서 비롯되거든요. 앞으로 80년도 넘게 펼쳐질 '한 번뿐인 내 인생'에 대해 말입니다.

'엥? 공부가 재미있어지려면 인생부터 고민해봐야 한다고? 무슨

뜬금없는 소리지?' 언뜻 듣기엔 뜬구름 잡는 것처럼 엉뚱하게 느껴질지도 모르겠습니다. 그렇지만 이런 고민이야말로 무척 중요해요. '내 인생'과 '공부'는 떼려야 뗄 수 없는 '환상의 콤비'거든요.

돌이켜보면, 공부에 마음 붙이지 못하던 시절 저는 '내 인생'을 두고 깊게 고민해본 적이 없었습니다. 순간순간 즐거움만 좇아 허투루 하루하루를 날려 보냈죠. 막연한 아쉬움과 죄책감이 들긴 했지만 "벌써 어두컴컴하네? 그럼, 잠이나 자야겠다!" 하는 식이었어요.

어쩐지 그래도 될 것 같았다고나 할까요. 뭐랄까, '인생'이라는 건 지금의 나로부터 까마득하게 멀리 존재하는 것처럼만 느껴졌고, 그러니 오늘 하루를 마구 낭비해봤자 내 인생에 별다르게 나쁜 영향 같은 건 안 줄 것 같았거든요. 사실은 하루하루가 이미 '내 인생'을 이루는 작은 조각들인데도요. 별 뜻 없이 저지르는 잘못들이 내 인생을 야금야금 갉아먹고 있었지만, 안타깝게도 저는 조금도 눈치채지 못했습니다.

중학교 시절을 줄줄 흘려보내고 난 후에야 퍼뜩 정신 차린 제가 가장 안타까웠던 점은, 그 모든 잘못이 아주 단순한 진리 하나만 깨달았어도 '결코 하지 않았을 짓'이라는 거였어요. 이것을 뒤늦게 깨달은 저는 '뺀질댄 값'을 아주 톡톡히 치러야 했습니다. 더없이 당연하고, 그래서인지 더없이 쉽게 잊혀져버리고 마는 '아주 단순한 진리.'

'내 인생은 단 한 번뿐이고, 나는 세상에서 내 인생을 가장 귀하게 여겨야 할 사람이다.'

아까워요. 이토록 단순한 진리를 아무렇지도 않게 놓쳐버리고 쓸데없는 짓에만 몰두했던 시간들. 귀하게 써서 내 인생이라는 그림을 한 뼘씩 채워야 했어요. 내 인생 귀하다는 걸 잊지 말아야 했습니다.

순간순간 '지금 뭘 할까?'를 정하는 작고 사소한 판단이 모여 내 하루를 이루고, 그 하루가 결국 내 인생을 결정짓는다는 걸 그때 알았더라면 지금의 나를 좀 더 강하고, 좀 더 지혜롭고, 좀 더 행복하게 만들 수도 있었을 텐데 말입니다.

저는 내 인생을 하찮게 여겼고, 나를 그다지 사랑하지도 않았고,

나에게 거는 기대도 별로 없었어요. '내가 돌보아주지 않으면 내 인생은 녹슬고 곪을 수밖에 없다'는 것을 알지 못했던 저는 어리석고 멍청했습니다. 결코 끝이 나지 않을 바퀴를 굴리는 햄스터처럼, 저는 옴짝달싹 못하고 '하던 짓'만 되풀이하고 있었습니다.

내 인생을 귀하게 여기지 않았던 저는 아무렇지도 않게 스스로를 놓아버렸고, 그러다 보니 차츰차츰 더 나빠질 수밖에 없었어요. 그럴수록 나빠지는 제 모습에 실망한 저는 더욱더 인생을 귀하지 않게 여겼던 겁니다. 결국 '내 인생이 엎질러진 물'이라고 자포자기해 버렸고요.

그러나 한 번뿐인 내 인생은 무척 귀해요. 나에게 이 기회는 절대로 두 번 주어지지 않거든요. 껐다가 다시 켤 수도, 되감을 수도, 멈출 수도 없이 오직 딱 한 번. 우리는 인생을 딱 한 번 살아볼 수 있습니다. 주눅 들지 말고, 머뭇거리지 말고, 멋지게 한 번 힘껏 내달려볼 필요가 있어요. 나를 놓아버리고 내팽개쳐두면 안 되는 겁니다. 내 인생에게 미안하잖아요. 몇 년 후, 혹은 삶의 끄트머리에 가서 뉘우친들 그렇다고 다시 시작할 수 없는 게 인생이니까요.

내 인생을 귀하게 여겨주세요. 엄마 아빠 말고, 나를 위해서. 내게 주어진 기회를 귀하게 써주세요. 나를 위해서. 한 번뿐인 내 인생을 귀하게 채워주세요. 다른 누군가 말고, 오직 나를 위해서.

공부하지 않기에는 내 인생에게 미안하니까

뒤늦게라도 내 인생 귀하단 걸 마음에 새기고 나니까, 공부하고 싶어지더라고요. 한 번뿐인 내 인생에게 미안했고, 한편으로는 불쌍했어요. 주인이 챙겨주지 않고 내버려두는 동안, 내 인생은 얼마나 무섭고 외로웠을까 싶었습니다. 마땅히 귀하게 돌봄 받았어야 할 내 인생이 버려져 있었으니까요.

공부를 시작해보니 자꾸만 내 안에 좋은 것들이 차곡차곡 쌓이는 느낌도 좋았지만, 내 인생을 귀하게 보살피고 착실하게 미래를 준비하는 것 같은 기분이 더 근사하고 신났어요. 나빠지기는커녕, 하루하루 내가 좋아지고 있다는 확신이 들어 즐거웠습니다. 해보니까 알겠더라고요. 공부가 오롯이 나를 위한 일이란 걸.

내 인생을 귀하게 여기기로 마음먹고 나자, 공부를 대하는 제 태도가 완전히 달라졌습니다. 공부하는 게 나를 갈고닦는 일로 느껴져 기꺼이 해보고픈 마음이 솟구칠뿐더러, 무엇보다도 우선 공부하는 게 재미있어졌어요. 공부하는 시간이 '놀라운 것들을 하나씩 발견해가는 탐험'처럼 느껴졌으니까요. 공부란 내 인생을 보다 다채롭게 만들어줄 '지식'을 얻는 탐험이자, 풍성하게 만들어줄 '지혜'를 얻는 탐험이었습니다. 그전에는 간혹 공부한다고 앉아 있을 때조차 그 짧은 시간마저 쥐어짜내듯 억지로 공부했는데, 공부가 내 삶에 도움과 보탬이 되리라는 마음으로 하기 시작하면서부터는 눈에 띌 만큼 급격하게 공부가 좋아졌어요.

잘 생각해보면, 공부의 본질은 '점수 몇 점', '등수 몇 등'이 아니에요. 그것보다는 일찍이 이 세상을 거쳐 간 무수한 사람들이 몸으로 부딪치고, 느끼고, 깨달아 겨우겨우 알아낸 지식과 지혜를 마침내 '내가 갖게 되는 것'이 바로 공부의 본질입니다. 다음 세대를 위해 그들이 지식과 지혜를 남겨둔 덕분입니다. 내가 읽고 외우는 교과서의 한 줄 한 줄에는 누군가 평생을 바쳐 치열하게 깨달은 지식과 지혜가 곳곳에 녹아들어 있습니다.

내가 과학 교과서로 우리 몸의 구조를 속속들이 알기까지는 전염병에 옮을 위험을 무릅쓰고 맨손으로 시체를 더듬어가며 해부하기를 마다하지 않던 수많은 사람이 있었고, 내가 국어 교과서에서 인생의 괴로움을 극복하는 시 한 줄을 배우기까지는 폐가 찢어져 비참하게 죽은 젖먹이 자식을 차마 잊지 못해 밤마다 몸부림치던 아버지 시인이 있었습니다. 수학 교과서 공식 한 줄에는 30~40년 동안 하루도 제대로 쉬지 못하고 연구에 연구를 거듭하던 한 수학자의 열정이 담겨 있고, 한국사 교과서 한 줄에는 휘몰아치듯 쏟아지는 수천 발의 화살에도 아슬아슬하게 살아남아 끝내 전쟁을 승리로

이끈 장군과 병사들의 치열한 삶이 담겨 있습니다.

그들의 인생이 담긴 내용을 나는 짧은 시간인 5분, 10분이면 단박에 공부할 수 있습니다. 그들이 평생을 바친 뒤에야 비로소 얻게 된 깨달음을, 나는 너무도 쉽게 얻어요. 그러니 교과서에는 "함부로 공부해도 좋아"라고 말해도 될 만한 내용은 단 한 줄도 없습니다. 하나라도 더 궁금해하고, 알고자 하는 마음이 마땅합니다. 그들에 대한 예의이기도 하지만, 내 인생에 대한 예의이기도 합니다. 내가 얻은 지식과 지혜는 내 인생을 빛나게 해줄 것이고, 내 인생은 공부하지 않기에는 너무도 귀하니까요.

점수 때문에, 등수 때문에 마지못해 공부하지 마세요. 공부는 내 인생을 반짝반짝 빛나게 해줄 '멋진 탐험'입니다.

공부는 내 마음을 한 뼘씩 성장시킨다

'멋진 탐험'인 공부는 내 인생에 더 멋진 일도 해줄 수 있는데요. 어디까지나 '내가 어떻게 하느냐'에 달려 있습니다. 지금부터 이 이야기를 나누어보죠.

공부가 해줄 수 있는 더 멋진 일이란 바로 '내 인생을 성장시킨다'는 것입니다. 결론부터 말하자면, 공부하는 일이란 마음을 다스리는 일의 연속이라서 '공부하는 동안 마음의 힘이 점점 강해지고 내 인생 또한 한 뼘씩 자라난다'는 뜻입니다. 이것이 공부의 핵심이지요.

공부를 잘하려면, 매 순간 내 마음을 잘 다스려야 합니다. 책상 앞에 앉아만 있어봤자 마음이 딴 데 있으면 말짱 꽝이니까요. 너무 흥분된 마음으로도, 혹은 너무 우울한 마음으로도 똑바로 공부할 수 없어요. 우쭐한 마음은 가라앉히고, 머뭇거리는 마음은 다독여 주고, 가끔 때려치우고 싶은 마음은 좀 참기도 하고, 은근슬쩍 숨고 싶은 마음은 다그쳐가면서, 다들 그렇게 공부합니다. 그러다 보면 어느샌가 '내가 나를 좀 알겠다' 싶은 때가 딱 옵니다. 다른 사람들은 내 마음까지 들여다볼 수 없지만, 나는 숨 쉬는 순간마다 내 마음을 훤히 들여다보고 있으니까요. '이 정도로 속상한 일이면 지금쯤 마음은 만신창이가 됐겠네. 얼른 달래줘야겠다', '딱 좋아! 차분하고 평온한데 금상첨화로 잡념도 없어. 오늘 공부 좀 달려야겠는걸!' 하는 식으로요. 내 마음 다루는 솜씨가 부쩍부쩍 좋아지는 거죠. 내 마음이 어떻게 작동하는지를 내가 잘 알게 되니까요.

이러는 사이에 마음의 힘이 점점 강해집니다. 어쩌다 한번씩 마음이 무너질 만한 날에도 벼랑 끝에 철퍼덕 주저앉지 않게 될 만큼. 공부하는 동안 이미 그런 경우를 겪어보았고, 그때마다 어떻게 대처해야 나를 일으켜 세울 수 있는지를 내가 잘 알고 있거든요. 내가 한 뼘씩, 한 뼘씩 성장해왔던 것이지요.

그런데요. 마음의 힘으로 헤쳐 나가는 건 공부뿐 아니라 인생도 마찬가지잖아요. 인생의 내공이라는 게 '삶이 굴곡져 흐르는 고비마다 얼마나 단단한 마음으로 딛고 일어서느냐'에서 판가름 나는 거거든요. 공부를 통해 마음을 키워왔다면, 본격적인 인생의 무대에 올라서도 그 마음의 힘을 발휘할 수 있다는 겁니다.

자기 공부는 엎질러진 물이라는 둥, 되도 않는 푸념이나 해대다가 눈곱만큼 힘들면 나 몰라라 도망쳐버리는 식으로 공부할 시기를 다 날려버려서는 결코 얻을 수 없는 것이 '마음의 힘'입니다. 제가 믿는 공부의 '진짜 목적'이지요. 제가 해본 공부는 내 인생에 보탬이 될 지식과 지혜를 손쉽게 '득템'하는 '멋진 탐험'이기도 했지만, 더 본질적으로는 조만간 막이 오를 본격적인 내 인생을 위한 '마음 단련'이었습니다. 이게 진짜 목적이었음을 훗날 깨달았습니다.

'몸 나이'는 매년 설날에 떡국을 먹을 때마다 자동으로 한 살씩 올라가지만, '마음 나이'는 내가 애쓰고 정성 들여 가꾸지 않으면 그대로 멈춰 있을 뿐이라는 것도 알게 되었죠. 두 눈 똑똑히 뜨고 내 마음을 꾸준히 들여다보고, 가라앉혀도 봤다가 띄워도 봤다가, 다독거리고 달래가면서 마음을 한 뼘씩 키워온 사람에게만 '인생의 성장'이라는 멋진 선물이 주어진다는 것도요.

공부의 진짜 목적은 '공부를 잘해야 좋은 직업을 얻는다' 혹은 '많은 돈을 벌 수 있다'거나 '점수를 높이고 등수를 높여 좋은 학교에 들어갈 수 있다'가 아닙니다. 공부의 진짜 목적은 인생이란 마음의 힘으로 살아가는 것이고, 마음은 내가 키워줘야만 자랄 수 있는데 공부하는 지금이야말로 그 마음의 힘을 키울 수 있는 '절호의 기회'라는 데에 있습니다.

어떤가요? 나와 평생 함께할 마음, 한번 키워볼 만하지 않은가요?

꿈, 목표, 그리고 욕망은 각각 다르다

◇

꿈

저는 한때 '되고 싶은 직업'만 꿈이라 할 수 있는 줄로 잘못 알았습니다. 친구들은 다들 되고 싶은 직업이 있다는데, 저는 그마저도 없었어요. 혹은 너무 많았거나. 아빠 따라 낚시터에 가면 낚시터 사장님이 되고 싶었고, 엄마 따라 노래방에 가면 가수가 되고 싶었어요. 하루에도 몇 번씩 되고 싶은 게 바뀌어대는 통에 딱히 꿈을 정해둘 수 없었습니다. 그러다가 초등학교를 졸업할 무렵이 되니까 그 많던 꿈이 온데간데없이 사라져버리기도 했고요. 그 이후로도 제 꿈은 있다가도 없고, 없다가도 있고를 반복했습니다. 중학생 땐 '꿈도 없는데, 공부는 해서 뭐해!' 하는 삐딱한 마음이 든 적도 있었고, '꿈은 있지만 어림도 없는 성적 때문에 창피해서 아무에게도 내 꿈 얘기를 못하겠어'라며 의기소침한 적도 있었습니다.

다 틀린 생각이었어요. '꿈≠직업'이라는 겁니다. '되고 싶은 직업'은 꿈의 아주 작은 일부에 불과하니까요. 꿈이란 내가 되고 싶은 직업이 아니라, 내가 '살고 싶은 모습'이거든요. 내가 어떤 모습으로, 어떤 사람들과, 어떤 곳에서, 어떤 목적을 갖고, 어떤 방식으로 살고 싶은지를 담아놓으면, 그것이 꿈입니다. 물론 거기에 직업이 포함될 수도 있지만, 그게 전부는 아니죠.

또렷하거나 희미한 정도의 차이는 있겠지만, '살고 싶은 모습'이 아주 없는 사람은 없습니다. 말하거나 구체적으로 적을 수 있어도 꿈이지만, 막연한 느낌으로 머릿속에 그림을 그릴 수 있거나 영화처럼 상상할 수만 있어도 꿈이니까요. 한 번에 딱 정해놓는 게 멋져 보이긴 하지만, 큰 줄기만 그려놓고 구체적인 그림은 '공부'하면서 서서히 신중하게 채워 넣어도 괜찮아요. 중간에 내 생각이 달라졌거나, 자신감이 붙었거나, 좋은 걸 봤거나, 멋진 이야기를 들었거나 할 때마다 바꾸어도 좋아요. 심지어 꿈을 여러 번 고칠수록 좋아지는 경우도 많고요.

대신 '꿈'에 대한 고민을 멈추지만 않으면 됩니다. 당장은 되고 싶은 직업이 없을지라도 "난 꿈이 없는데!" 해버리지 말고, 나 자신의 특성과 다양한 선택지를 놓고 고민만 멈추지 않으면 됩니다. 내가 어떤 모습으로, 어떤 사람들과, 어떤 곳에서, 어떤 목적을 갖고, 어떤 방식으로 살고 싶은지에 대해 곰곰이 생각해보는 것을 포기하지만 않으면 됩니다. 공부를 하다 보면, 꿈에 점점 더 가까이 다가갈 수 있어요. 공부하면서 잘 고민해보기만 하면, 되고 싶은 직업도 살고 싶은 모습도 어렵지 않게 찾을 수 있습니다. 그러니 제가 그랬던 것처럼 그걸 핑계로 공부에 뛰어들기를 주저하는 어리석음만큼은 범하지 마세요. 아직은 명확하지 않아도, 조만간 내가 살고 싶은 모습이 생겼을 때 그 꿈 앞에 부끄럽지 않도록 말입니다. 지금 이 순간에도 시간은 흐르고 있으니까요. 째깍째깍.

◇ ◇

목표

목표와 꿈은 분명 다릅니다. 꿈이 '대장'이라면 목표는 '부하'예요. 꿈이 '어른이 되어 살고 싶은 내 모습'이라면, 목표는 그렇게 되기 위해 '지금의 나는 무엇을 할 것인가'입니다. '나는 오늘 하루를 어떻게 쓸 것인가'라든지 '나는 지금부터 1시간 동안 무엇을 어떻게 얼마나 공부할 것인가'처럼 나를 당장 움직이게 만드는 구호가 '목표'입니다.

그래서 꿈은 또렷하거나 희미할 때가 있어도 괜찮지만, 목표만큼은 언제나 '명확'해야 합니다. 만약 지금 내 꿈이 희미하다 못해 마치 없는 것처럼 느껴질지라도, 목표만큼은 단 한순간도 없어서는 곤란합니다. 목표가 듬성듬성 빠지다 보면 나중에 꿈이 또렷해졌을 때, 후회할 수밖에 없으니까요.

공부 분량을 정해두는 것도 목표지만, 좀 더 나은 나를 만들기 위해 '바른 자세로 30분 이상 앉아 있기', '이어폰 꽂고 공부하는 것 금지' 혹은 '집에 도착하자마자 일단 책상 앞에 앉기'처럼 습관을 다루는 것도 목표입니다. 내게 부족하거나 고칠 점이라 생각되는 것들을 그때그때 목표로 정해서 하나씩 바꾸어나가면 됩니다. 더 좋은 내가 되기 위해 '정성 들여 이루어내고자 정해두는 것'은 거창한 것이든 시시콜콜한 것이든 다 목표입니다. 물론 나중에 말고 지금 당장 실천할 수 있어야 목표겠지요.

꿈 따로 목표 따로가 아니에요. 크든 작든 목표를 정하고 그것을 지독하게 지켜내려고 노력하는 동안 나는 꿈에 점점 가깝게 다가서게 됩니다. 그래서 꿈이 대장이면, 목표는 부하라는 겁니다. 꿈이 내 가슴을 뜨겁게 달궈주기는 하지만, 뭔가 좀 막연하고 먼 듯한 느낌이 있죠. 이런 빈틈을 목표가 보완해주는 거예요. 그래서 목표는 '구체적'으로 정할수록 좋습니다. 작은 목표를 하나씩 이룰 때마다 내가 느끼게 될 뿌듯함은 덤입니다.

◇ ◇ ◇

욕망

그러나 욕망은 목표와 아주 다릅니다. '목표'와 친하게 지내는 사람은 꿈과 점점 가까워지지만, '욕망'과 친하게 지내는 사람은 꿈과 점점 멀어집니다. 목표를 한마디로 '내가 정성 들여 이루어내고자 하는 것'이라 한다면, 욕망은 '운 좋게 얻으면 땡큐라는 막연한 바람'이라고 할 수 있어요. 정면으로 맞닥뜨려 정성 들이는 건 귀찮거나 힘들고, 그러면서도 포기하기는 자존심 상하고 싫으니까 그저 무턱대고 바라기만 하는 것, 이것이 욕망입니다. 딱 '도둑놈 심보'죠. 그래서 얘랑 놀면 놀수록 꿈이랑은 멀어져요.

욕망으로 가득 찬, "되면 좋고, 아님 말고!" 하는 태도로는 절대로 꿈을 이룰 수 없습니다. 목표와 욕망을 잘 구별하세요. 우리가 추구해야 할 것은 욕망이 아니라 '목표'이어야 합니다.

내가 '목표형 인간'인가 '욕망형 인간'인가를 알고 싶다면, 목표를 정하고 나서 그것을 지켜나가는 내 태도를 보면 됩니다. 정할 때는 목표였지만, 지켜나가는 태도가 "되면 좋고, 아님 말고!"라면 나는 '욕망형 인간'입니다. '목표형 인간'은 지켜나가는 태도가 지독하고 치열할 수밖에 없거든요.

* * *

꿈이 대장이라면 목표는 부하입니다. 우리는 하루하루 목표를 지독하게 지켜나가는 과정을 통해 꿈에 더 바짝 다가설 수 있어요. 그러나 때때로 스스로를 돌아보세요. 나는 '목표형 인간'인가, '욕망형 인간'인가. '목표형 인간'은 꿈을 이룰 수 있지만, '욕망형 인간'은 언제까지고 목표를 그저 욕망으로 내팽개쳐둘 뿐이라서, 결코 꿈을 이룰 수 없습니다.

'공부가 재미있어지는 순간'은 하늘에서 '뚝' 하고 떨어져 나에게 주어지지 않습니다. 내가 만들어내야 합니다. 한 번뿐인 내 인생을 위해서, 내 꿈을 이루기 위해서, 보다 나은 사람으로 성장하기 위해서. 다른 누군가 말고, 먼저 나를 위해서.

나는 믿습니다. 당신은 틀림없이 '한 번뿐인 인생을 귀하게 여기는 사람'이 될 것입니다.

Beyond Story

'뿌리의 시절'을 기꺼이 받아들이는 사람

'모죽'이라는 대나무가 있어요. 이 대나무는 씨를 뿌리고 나서 흠뻑 물을 주고 아무리 정성껏 돌봐줘도 싹 하나 돋아나지 않죠. 잠잠하기만 합니다. 자그마치 5년 동안요. 그러다가 5년이 지난 어느 날부터 느닷없이 쑥쑥 자라나기 시작하지요. 하루에 80센티미터씩 거침없이 올라가요. 30미터가 될 때까지 멈추지도 않습니다. 30미터는 남자 열여덟 명의 키를 합한 높이예요.

'하늘을 찌를 듯 높이 솟은 저 대나무가 혹시 푹 쓰러져버리지 않을까?' 위태위태한 대나무 줄기를 걱정하던 사람들은 모죽의 뿌리를 파보았습니다. 그리고 깨달았어요. 쓸데없는 걱정이었다는 것을요. 모죽의 뿌리는 사방팔방으로 얽히고설켜 땅속 깊이 박혀 있었거든요. 그 길이를 모두 합쳐보니 무려 4000미터에 이르는 게 아니겠어요? 모죽은 5년 동안 땅속에 꼼짝없이 갇혀만 있던 게 아니었던 겁니다. 아래로, 땅속으로 깊이 파고들어 치열하게 내공을 다지고 있었던 것입니다. 때를 기다리며 준비하고 있었던 것이지요.

'힘을 쌓으리라. 깊이를 더하리라. 작렬하는 태양을 향해 당당히 오를 수 있도록, 그리하여…… 끝끝내 기적을 만들어내리라!'

깊이를 다지고 내공을 쌓는 과정은 분명 지루할 거예요. 한 치 앞이 보이지 않는 동굴 속에 홀로 갇힌 느낌일 수도 있습니다. 그러나 단단하게 다져둔 뿌리의 힘이 없으면, 나는 결코 하늘로 쭉쭉 뻗어나갈 수 없습니다. 어쩌다 높이 올라간다 쳐도, '깊이가 없는 높이'는 바람에 쉽게 흔들리고 쓰러질 수밖에 없어요. 높이 오를 힘은 오르는 동안 길러지는 게 아니거든요. 땅의 힘과 물의 힘을 내 몸에 끌어모으는 '뿌리의 시절', 바로 그때 인생의 태풍이 휘몰아쳐도 끄떡없을 단단한 힘이 생겨나는 거니까요. 지금 이 순간은 내 인생에 있어 '뿌리의 시절'입니다. 아직은 뿌리의 시절을 겪어내야 하는 나를 괜한 조바심으로 괴롭히지 말고, 힘이 충분히 붙을 때까지 조금만 더 기다려주세요.

더 깊이 땅을 뚫을수록, 뿌리가 더 단단해질수록, 나는 더 높이 뻗어 오를 테니까요. 놀랍도록 높이 뻗어 오를 테니까요.

- 03 -

결심하는 순간, '지켜질 결심' 따로 '후회할 결심' 따로 있다

최선을 다하지도 않으면서 최고가 되려고 하지 마라.

- 유재석, 방송인

진실로 마음을 견고하게 세워 한결같이 앞으로 나아간다면
태산이라도 옮길 수 있으리라.

- 다산 정약용, 조선의 실학자

공부를 하지 않던 그때, 저는 무슨 뜻이 담긴 말인지조차 제대로 알지 못하면서 쉽게 말을 내뱉곤 했습니다. 그저 멋있게 보이는 말을 적당히 써먹었죠. 그러다 보니 못난 변명을 잡다하게 늘어놓을 때, '최선'이나 '열심' 같은 말을 즐겨 썼습니다. 정작 공부는 별로 하지도 않은 주제에 "그래, 난 '최선'을 다했어", 그러다가 중간고사, 모의고사를 망치면 "에잇, '열심'히는 했는데……"라고요.

'최선'을 다했다는 말은 "나름대로 좀 해보긴 했어! 나라고 노력

을 아주 안 한 건 아니라고!"의 뜻으로 내뱉었고, '열심'히 했다는 말은 "그동안 쭉 해오던 수준과 비슷하게 했어. 내가 원래 좀 그렇잖아?"의 뜻으로 내뱉었습니다. 말에 담긴 뜻을 까맣게 몰랐던 거죠.

"최선을 다했다는 말, 함부로 쓰지 마라. '최선'이라는 말은 내 자신의 노력이 나를 감동시킬 수 있을 때 비로소 쓸 수 있는 말이다."

- 조정래, 대하소설 『태백산맥』의 저자

'최선(最+善)'이 무서운 말이었더라고요. '선(善)' 한 글자만으로도 '최고'라는 뜻인데, 여기에 '최(最)' 한 글자를 더 붙여서 '최고 중의 최고'라는 뜻이 된 거니까요. 최고의 노력들만 모아놓은 것 중에서 가장 으뜸가는 최고를 골라 다시 한 번 뽑아놓은 '최고 중의 최고', 이게 '최선'의 진짜 뜻이었습니다.

'열심(熱+心)'도 무서운 말이긴 마찬가지였어요. 뜻풀이를 하면 '온 정성을 다 쏟아 골똘하게 힘쓰는 마음'이 되는데요. '온 정성', 즉 "나로서는 이 이상의 정성은 결코 있을 수 없다"라고 할 만큼의 노력을 100퍼센트 쏟아서, "머릿속도 마음속도 그 한 가지 말고는 아무것도 없어!"라고 할 정도로 힘쓰는 상태여야만 '열심'이라고 말할 수 있다는 겁니다. 그리하여 가슴에서 뜨거운 열이 날 만큼(熱, 뜨겁다 열+心, 마음 심), 놀랍도록 노력할 때만 쓸 수 있는 말이었어요.

내 결심이 '작심3일'이었던 이유

말하는 건 쉬웠습니다. 내뱉고 나면 그만이니까요. 그러다 보니 저는 "그래, 결심했어!"라는 말도 함부로 남발하곤 했습니다. 말로만 외치고 내팽개쳐버린 다짐들이 참 많았어요. 하나 마나 한 '무늬만 결심'과 지키지도 않을 '빈껍데기 약속들', 3일만 지나면 사르르 녹아버려 흔적도 없이 '증발해버릴 다짐들'. 그렇게 '작심3일'이 되풀이될 때마다 저는 의지력 부족을 탓하며 "다음부터는 좀 더 참고 버텨봐야겠다"라고 떠들어댈 뿐, 혹시 문제의 뿌리가 '결심' 그 자체에 있는 건 아닐까 의심해본 적이 없었습니다. 그러나 수십 번쯤 지긋지긋한 작심3일에 나가떨어져본 후로는 결국 무릎을 칠 수밖에 없었습니다.

'아, 내가 다져온 결심들이 딱 3일짜리였구나!'

어느 정도는 의지력 부족도 있었겠지만, 진짜 문제는 애당초 결심부터가 잘못됐다는 거였어요. 별다른 고민도 해보지 않고 충동적으로 뽑아낸 '반짝 결심', 정해둘 때 나조차 지키지 못하리라는 불길함에 휩싸이는 '거창한 결심', 잘못된 결과에 대한 핑계와 변명이 마구 뒤섞인 '스리슬쩍 결심'처럼, 딱 3일짜리 결심들만 다져왔기 때문에 잘될 수가 없었던 거죠.

더군다나 죄다 '말로만 중얼대는 결심들'뿐이었어요. 공부결심이잖아요. 그런데 그 결심을 '공부'로 지키지 않고, '말'로만 했던 겁니다. 친구나 엄마에게 자랑스럽게 떠들어대거나, 아니면 혼자서 속으로 중얼거리거나. 피가 거꾸로 솟는 기분이 들 만큼 시험을 망쳐버려 심각하게 결심을 세우는 날조차도, 이러쿵저러쿵 다짐만 늘어놓고는 안녕히 잘 자고, 안녕히 잘 놀았다니까요. "공부는 내일부터!"를 외치면서요. 내가 나 자신을 강 건너 불구경하듯 했던 겁니다. 싹수가 노란 결심이었죠. 물론 그런 결심들, 얼마 못 가 죄다 무너졌고 망가졌습니다.

뭐라고 결심했는지 적어놓지도 않았어요. 달달 외우지도 못할 거면서 침 뱉듯, 껌 뱉듯 결심을 그저 말로만 내뱉어버리고는 하루 이틀 사이에 다 까먹어버렸습니다. 그러니 결심의 수명이 짧을 수밖에요. 여러 모로 '3일짜리'가 될 수밖에 없는 결심들뿐이었어요.

'반짝 결심' 말고, '뿌리 깊은 결심'이어야 합니다. 결심할 때 이미 수명이 긴 결심으로 세워야 합니다. 나에 대해 쭉 지켜본 바를 바탕으로 곰곰이 고민한 끝에 정해둔 결심, '이번만큼은 진짜다!'라고 나를 밀어붙일 만한 자신만만한 결심, 그리고 핑계와 변명으로 얼룩지지 않은 정직한 결심이어야만 나를 내달리게 할 수 있어요. 몇 초 만에 대충 입으로 내뱉어버리지 말고 꼼꼼하게 적어서 잘 간직해두는 결심, 마음속으로 꾹꾹 다져두는 결심, 무엇보다도 다짐하는 즉시 나를 책상 앞으로 향하게 하는 결심이어야만 '3일짜리 결심'이 되지 않아요.

뜨겁게 달구어진 결심이라도 시간이 흐르다 보면 천천히 식어가게 마련입니다. 그러니 미루지 말고 곧장 움직여야 '결심의 온도'를 유지할 수 있어요. 나 자신에게 뜨거운 결심을 보여주세요. 공부를 통해 결심을 증명하는 겁니다. 결심은 '말로만 잠깐 떠들고 마는 것'이 아니라, '엉덩이 붙이고 앉아 진득하게 지켜내는 것'이니까요.

내 인생에서 가장 후회되는 일

한번은 MBC 방송사에서 다양한 나이의 대한민국 국민들에게 물어보았습니다.

"당신의 인생에서 가장 후회되는 일은 무엇입니까?"

방송사에서는 은근히 기대했지요. 후회라는 게 남자 다르고 여자 다를 테고, 나이마다 관심사도 다른 만큼 조사결과만 잘 정리해도 다채롭고 풍성한 방송을 만들어낼 수 있을 거라고요. 아무래도 교복 입은 여고생의 후회와 50대 중년 아저씨의 후회가 같을 순 없을 테니까요. 그러나 막상 해보니, 조사를 하면 할수록 결과는 점점 더 예상을 빗나가기만 했습니다. 결국 조사를 끝마칠 무렵, 뜻밖의 결과를 얻게 되었지요. 10대 남녀, 20대 남녀, 30대 남녀, 40대 남녀, 50대 남자들이 대답한 '내 인생에서 가장 후회되는 일'이 놀랍게도 다 똑같았던 겁니다.

"공부 좀 할걸……."

한창 공부할 때인 10대와 20대는 그렇다 쳐도, 30대, 40대, 50대 어른들과 심지어는 60대, 70대 할머니, 할아버지들도 후회하고 있었습니다. "공부 좀 할걸.", "배우고 싶었는데." 그리고 그 뒤에 붙는 "……." 이 "찜찜찜" 속에 담겨 있을 구구절절한 사연은 얼마나 눈물겹도록 아쉬운 것이었을까요. 힘겨운 밥벌이 탓에 놓쳐버린 '공부할 때'를 되돌릴 수도 없는 노릇이었을 겁니다. 지워지지도, 떨쳐지지도 않는 '지독한 후회'는 평생 마음을 휘저어놓았을 테고요. 그렇지 않고서야 어떻게 모든 나이에서 '배움에 대한 후회'를 토로할 수 있겠습니까.

가슴을 먹먹하게 만드는 조사결과입니다. 무엇보다도 70년도 넘는 인생을 살아오신 할머니들의 "배우고 싶었는데……"라는 회한을, 우리는 마음에 새겨야겠습니다.

지금의 나를 되돌아보세요. 나는 서른, 마흔, 쉰, 예순, 칠순의 나이가 된 뒤 '오늘의 나'를 떠올리면서 "그때 조금이라도 더 공부 좀 해놓을걸……"이라고 후회하지 않을 수 있을까요.

내 인생에서 후회되는 일 (남자)

순위	10대	20대	30대	40대	50대	60대	70대
1	공부 좀 할걸	공부 좀 할걸	공부 좀 할걸	공부 좀 할걸	공부 좀 할걸	돈 좀 모을걸	아내 눈에 눈물나게 한 것
2	엄마한테 대들지 말걸	엄마 말 좀 잘 들을걸	돈 모아 집 사둘걸	술 어지간히 먹을걸	겁 없이 돈 날린 것	술 줄이고 건강 챙길걸	노후 자금 모아둘걸
3	친구랑 다투지 말걸	그 여자 잡을걸	그 회사 그냥 다닐걸	땅 좀 사둘걸	아내한테 못할 짓한 것	아내한테 못할 짓한 것	배우고 싶었는데
4	게임 끊을걸	돈 좀 아껴쓸걸	그 여자 잡을걸	그 여자 잡을걸	인생 대충 산 것	배우고 싶었는데	애들 공부 더 시킬걸
5	욕 배우지 말걸	사고치지 말걸	아랫 사람에게 잘해줄걸	아내한테 못할 짓한 것	부모님께 효도할 걸	노는 것 좀 배워둘걸	술 줄이고 건강 챙길걸

내 인생에서 후회되는 일 (여자)

순위	10대	20대	30대	40대	50대	60대	70대
1	공부 좀 할걸	공부 좀 할걸	공부 좀 할걸	공부 좀 할걸	애들 교육 신경 더 쓸걸	애들에게 더 잘할걸	배우고 싶었는데
2	엄마한테 거짓말한 것	엄마 말 좀 잘 들을걸	이 남자랑 결혼한 것	애들 교육 신경 더 쓸걸	결혼 잘못한 것	배우고 싶었는데	죽은 남편한테 더 잘해줄걸
3	친구랑 싸우지 말걸	친구랑 싸우지 말걸	전공 선택 잘못한 것	내 인생 즐겨볼걸	공부 좀 할걸	돈 좀 모아놓을걸	돈 좀 모아놓을걸
4	학교 잘못 고른 것	더 화끈하게 놀걸	결혼 후 직장 그만둔 것	결혼 잘못한 것	남편 바가지 긁은 것	이 집안에 시집온 것	부모님께 잘할걸
5	좋은 친구 사귈걸	사표 낸 것	부모님께 잘할걸	부모님께 잘할걸	돈 좀 잘 굴릴걸	부모님께 잘할걸	평생 고생만 한 것

너 진짜 이러고 있을 때가 아니다

고등학교를 졸업하고 얼마 지나지 않아, 제가 선생님의 명령으로 한 후배를 만났을 때의 일입니다. 이야기 나눈 지가 5분도 안 됐는데, 그 친구가 저더러 대뜸 "선배, 저는 딱 1년 전으로만 돌아갈 수 있으면 좋겠어요"라고 하더군요. 뜬금없는 소리에 '뭔 말인가' 싶어 어리둥절했지요. 더 이야기를 나눠보니, 마음 다잡고 본격적으로 공부 시작한 지 얼마 안 된 친구였어요. 이제껏 시간 아까운 줄 모르고 흥청망청 놀기만 해왔는데, 뒤늦게 공부를 시작해보니 허투루 날려버린 작년 한 해가 무척 후회스럽다는 뜻이었습니다. 점수는 모자라는데 시간은 부족하고, 몰아서 하려니 고생스럽기도 하고요. 1년 전으로 돌아가면 '뭘 어떻게 하고 싶은지' 궁금해서 물어보려다가, 질문을 살짝 바꾸어보았습니다.

"1년 전 너를 만나면 무슨 이야기를 해주고 싶은데?"

대답이 없었어요. 무거운 정적이 흘렀습니다. 그런데 이 후배가 덩칫값도 못하고 대답 대신 난데없는 눈물을 뚝뚝 흘리는 거예요. 저도 놀라서 이 친구 표정을 살펴보다가 다시 물어보았습니다.

"나를 1년 전 너라고 생각하고 한번 말해 봐."

말할 듯 안 할 듯 주저하다가 한참 만에 겨우 입을 열더군요.

"공부해라. 너 때문에 내가 지금 얼마나 힘든 줄 아냐. 내가 많이

후회하고 있다. 너, 자식아. 진짜 이러고 있을 때가 아니다……."

얼굴이 눈물콧물로 범벅이 되어 진지하게 말하더라고요. 이때다 싶어 그 친구에게 질문 하나를 더 던져보았습니다.

"1년 후의 네가 지금의 널 만나면 무슨 이야기를 해주고 싶을까?"

살아가다 보면, 문득 지나간 세월을 되돌아볼 때가 있습니다. 10년 후, 20년 후, 아니 50년 후에 되돌아보았을 때 나의 '오늘'은 어떤 시간으로 추억될까요. 인생에 보탬이 된 '고마운 하루'일까요, 아니면 후회로 가슴이 적셔지는 '지우고 싶은 하루'일까요.

나 자신을 속이지 않는 사람

가수 보아는 연습생 시절, 하루 종일 춤 연습을 하다가 밤늦게 잔 뒤 다음 날 일어날 때 온몸에 뻐근하고 욱신대지 않는 곳이 한 군데라도 있으면 '내가 어제 연습할 때 대체 뭘 잘못한 거지?' 하고 되돌아보는 버릇이 있었다고 합니다. 그 정도로 자기 자신에게 혹독하리만큼 철저하게 연습했던 겁니다. 그런데도 그런 연습을 고통스럽다고 느꼈거나, 그만두고 도망치고 싶었던 적은 한 번도 없었다고 합니다. 오히려 안무 선생님이 안 보는 곳에서일수록, 더욱더 지독하게 연습하는 데에 정신이 팔려 있었을 뿐.

'내 하루의 가치'를 잘 알았기 때문입니다. 지금 흘리는 땀방울 하나하나가 모여 결국 '내 꿈'이 이루어진다는 걸, 그녀는 잘 알고 있었던 것입니다. 그랬기에 다른 사람의 눈이 있는 곳에서든, 없는 곳에서든 한결같이 마음을 다잡을 수 있었습니다. '신독(愼獨)'을 잘 실천한 것이지요.

'신독'이란, 주위에 아무도 없이 홀로 있을 때도 지켜보는 사람들로 가득할 때처럼 마음을 다잡을 줄 알아야 한다는 옛 어른들의 가르침입니다. 혼자 있을 때야말로 그 사람의 진짜 모습이 다 드러나게 마련이잖아요. 한마디로, 나 자신을 속이지 않는 '정직함'과 '자제력'을 갖춰야 한다는 말입니다. 신독은 공부하는 사람에게야말로 무척 필요한 덕목입니다. 공부는 철저하게 '홀로'일 수밖에 없거든요. 누군가가 나를 억지로 앉혀놓을 수는 있겠지만, 그렇게 앉아 있는 동안 '무엇을', '얼마나' 해낼지는 전적으로 내 마음에만 달려 있으니까요.

정직한 노력을 충분히 쏟기만 하면 나는 반드시 됩니다. "이번만큼은 진짜다!"라고 할 만큼 자신만만한 결심이라면 나는 반드시 됩니다. 후회하지 않을 결심, '먼 훗날의 나 자신' 앞에 당당한 결심이라면 나는 반드시 됩니다.

나는 믿습니다. 당신은 틀림없이 '뿌리 깊은 결심을 만드는 사람'이 될 것입니다.

Beyond Story

답은 내 안에 있다

미켈란젤로가 시스티나 성당의 천장 벽화를 그릴 때의 일입니다. 벽화는 183평방미터나 되는 대작이었습니다. 하루는 그가 사다리 위에 올라가서 천장 구석에 인물 하나하나를 꼼꼼히 그려 넣고 있었습니다. 한 친구가 이 모습을 보고 이렇게 물었습니다.

"이보게, 그렇게 구석진 곳에 잘 보이지도 않는 걸 그려 넣으려고 그 고생을 한단 말인가? 그래봤자 누가 알겠는가?"

미켈란젤로가 대답했습니다.

"내가 알지."

- 전옥표, 『이기는 습관』 중에서

미켈란젤로는 자기 자신을 두려워할 줄 알았던 겁니다. 나는 나를 속일 수 없으니까요.

미켈란젤로뿐만 아니라 나도 잘 알고 있어요. 내가 '못'하는 것인지, '안' 하는 것인지. 내 공부가 무엇 때문에 발목 잡히고 있는지, 나의 어떤 버릇을 도려내고 어떤 마음을 뽑아내야 내 '공부의 심장'을 뛰게 할 수 있는지. 내가 진짜로 꿈꾸는 인생이란 과연 어떤 모습인지.

답은 내 안에 있습니다.

결심이란, 없던 답을 만들어내는 일이 아닙니다. 내 안에 이미 존재하는 답을 발견하는 일입니다. 나를 다독여 용기를 내봅시다. 답은 내 안에 들어 있으니까요.

- 04 -

공부는 나를
영혼이 강한 사람으로 단련시킨다

조금도 고통을 주지 않는 것은 진정한 즐거움도 주지 못한다.

- 미셸 몽테뉴 Michel de Montaigne, 프랑스의 철학자

집중하고, 마음을 다하고, 단련하지 않고서는, 어떠한 삶도 결코 탁월해질 수 없다.

- 해리 에머슨 포스딕 Harry Emerson Fosdick, 미국의 영성가

"두~웅, 두~웅, 둥둥둥!" 웅장한 북소리와 울려 퍼지는 나팔소리, 한바탕 벌어지는 춤판, 모두가 내뿜는 열광적인 에너지. 오늘은 '아프리카 성인식' 날입니다. 팽팽한 긴장감 탓에 표정마저 굳어버린 열다섯 살 소년, 나는 오늘의 주인공이고요. 나는 오늘 미션을 통과해야만 합니다. 깎아지른 듯한 절벽에서 망설임 없이 망망대해로 뛰어들어야 하고, 머나먼 섬까지 맨몸으로 헤엄치게 될 겁니다. 금방이라도 떨어져버릴 것처럼 아슬아슬한 나뭇가지에 대롱대롱 매

달려 꼭대기까지 기어오르고, 하마보다 더 큰 소들 사이사이로 점프해가며 연거푸 뛰어넘어야 합니다.

이 모든 일이 '한 사람의 어른으로 다시 태어난다'는 의미입니다. 까딱 잘못하면 가차 없이 탈락이죠. 나는 부족의 한 사람으로 인정받지 못하는 '쓰디쓴 굴욕'을 맛보게 될지도 몰라요. 아찔한 순간의 연속입니다. 더군다나 정신을 바짝 차리지 않으면 목숨을 잃을지도 모릅니다. 그렇다고 지켜보는 어른들이 도와줄 수 있는 것도 아니에요. 처음 준비에서부터 마무리 착지까지 오롯이 내 몫이지요. 엄마 아빠 도움 없이는 아무것도 할 수 없던 내가 '내 몫'을 온전히 해내도록 만들어주는 게 성인식이니까요. 두렵고 떨리는 마음을 가라앉히고, 연습하던 대로 침착하게 미션에 몰두할 수밖에 없습니다.

영토 다툼이 치열한 '검은 사막', 이곳 아프리카에서의 삶은 결코 호락호락하지가 않습니다. 끊임없이 전투가 벌어지는 건 둘째치고라도, 척박한 땅덩이 탓에 사냥과 유목만이 먹고살 길이죠. 그러다 보니 우리들에게 자존심, 담대함, 용감무쌍함, 결단력 같은 능력이 있는지 없는지는 즉시 생존으로 연결됩니다. 나약한 꼬맹이의 마음가짐 따위로는 사막에서 살아남을 수 없거든요. 엉뚱해 보이는 미션들에도 다 이유가 있는 겁니다. 흐리멍덩한 눈빛을 가진 나는 뼛속까지 '영혼이 강한 사람'으로 다시 태어나야 합니다. 아프리카 성인식은 '구경하는 어른들을 위한 것'이 아닌, '나 자신을 위한 것'입니다. 나에게 '영혼이 강해질 기회'를 틀림없이 주니까요. 어떻게든 통과하려고 애쓰는 동안, 내 몸도 마음도 강하고 담대해지거든요. 그래서일까요. 입이 딱 벌어지는 어마어마한 미션에 비해 탈락하는 친구는 좀처럼 없습니다. 성인식을 준비하는 동안 나 자신도 모르는 사이에 영혼이 훌쩍 성장하거든요.

나는 지독하고 혹독한 연습 속에서 넘어져보기도 하고, 깨져보기도 하고, 좌절감에 휩싸여보기도 할 겁니다. 온몸을 땀으로 흠뻑 적셔도 보고, 타는 듯한 갈증에 몸부림쳐보기도 하고요. 연습이 마음먹은 만큼 잘 안 될 때는 고민도 해보고, 어쩌다 잘될 때는 제자리에서 펄쩍펄쩍 뛰면서 기뻐도 할 겁니다. 그렇게 나는 한 명의 어른으로 우뚝 서는 것이지요. 놀랍도록 영혼이 강해진 사람으로요.

아프리카 성인식은 우리가 하는 '공부'와 닮았습니다. 아무도 주인공을 대신해줄 수 없다는 점과 소년을 어른으로 다시 태어나게 한다는 점에서 그렇습니다. 인생에 필요한 '자질을 갖춘 사람'으로 거듭나게 한다는 점도 마찬가지입니다. 그러나 무엇보다도 '영혼이 강한 사람'으로 탄생시킨다는 점이 가장 많이 닮았습니다.

내 운명을 뒤바꿔놓을 '도전' 앞에서, 어쩔 수 없이 몇 번은 만나게 될 '고난' 앞에서 '영혼이 강한 사람'과 '그렇지 않은 사람'은 어쩌면 생사(生死)를 갈라놓을 정도로 다를 수밖에 없습니다. 도전 앞에 움츠러들지 않고 "할 수 있다!"라고 외치는 당당한 사람, 실수를 하더라도 "또 하나 배웠어"라며 발전을 멈추지 않는 사람, 파도처럼 덮쳐오는 삶의 고통 앞에서 "이 정도쯤이야, 뭘!"이라고 소리칠 수 있는 사람, 두리번거리지 않고 자기 몫을 묵묵히 해내는 사람, 그리하여 내 인생을 우뚝 세우는 사람. 바로 '영혼이 강한 사람'입니다. 아프리카 성인식도, 우리가 하는 공부도 내 영혼을 강렬하게 성장시킵니다. 나에게 인생을 연습할 기회를 제공합니다. 평생 내 안에 담고 갈 '마음의 밑바탕'을 뿌리부터 튼실하게 채워놓을 수 있도록 말입니다.

공부의 본질은 나를 '영혼이 강한 사람'으로 단련시키는 데 있습니다. 자꾸만 맥없이 주저앉으려 하는 '약해빠진 나'를 뜨겁게 타오르는 사람으로 거듭나게 하는 데 있습니다. 인생에서 겪게 될 환희와 좌절을 연습하고, 필요한 덕목들을 두루 갖추게 하는 데 있습니다. 그리하여 결국 내 마음을 성장시키는 것이지요.

공부의 본질은 '성장'입니다. 넘어져보고, 깨져도 보고, 기꺼이 좌절도 해보세요. 그러고는 툭툭 털고 일어나는 겁니다. 부러진 뼈가 붙고 나면 더 단단해지듯이, 내 영혼이 점점 강해짐을 느껴보세요. 무럭무럭 자라날 내 마음을 믿고 지켜봐주세요.

내 인생살이에 필요한 덕목을 익히는 기간

공부하기로 처음 마음먹고 얼마 동안은 힘껏 내달려도 지치지 않았지만 고등학교 1학년 무렵, 무더위가 슬슬 기승을 부릴 때쯤 저는 맥이 탁 풀려 주저앉아버리고 말았습니다. 영혼이 강해지는 과정 중에 넘어진 것이지요. '어떻게 하면 다시 에너지를 솟구치게 할 수 있을까?' 골똘히 고민해보았지만, 잘 모르겠더라고요. 그래서 하루는 학교 선생님을 찾아가 여쭈어보았습니다. 그런데 선생님은 '뜻밖의 답'을 주시더라고요.

"이 녀석아! 네가 공부를 통해 점수만 따려고, 등수만 높이려고 하니까 그 에너지가 약해져서 한계가 온 거지. 점수! 점수! 하면서 집착할수록 오히려 점수는 더 멀어지게 되어 있다고."

저는 마음이 쿡 찔려서 뜨끔했죠.

"그러지 말고, 이렇게 해보는 건 어때?"

"어떻게요?"

"노트에 쭉 적어보는 거야. 공부를 통해 너에게 어떤 능력이 생길지. 너의 어떤 점이 더 좋아질 수 있을지를 말이야. 공부라는 게, 따지고 보면 결국 어른 될 준비를 하는 거잖아."

"!!!"

마음에 쏙 드는 아이디어였어요. 제가 느끼는 제 자신에게는 마음에 쏙 드는 부분도 있었지만, 모자라고 부족해서 고쳐보고 싶은 점도 많았거든요. 그 길로 큼지막한 포스트잇을 하나 사서 밤이 늦도록 두서없이 내키는 대로 쭉 적어놓고는 책상 앞에 '턱'하니 붙여두었습니다. 의지력, 뚝심, 부지런함 등등 욕심껏 많이도 적어놓았어요. 적어놓은 것들만 다 갖춘다면 진짜 '괜찮은 놈'이 되겠더라고요. 적어놓기만 해도 기분이 무척 좋아졌어요. 그러고는 점수에 대한 집착을 슬며시 놓아보았습니다. 당장 그날 밤부터 다시 공부할 수 있었죠.

적어둘 땐 그럴듯했지만, 쳐다볼수록 별로라서 나중에 지운 것도 있었고, 미처 떠올리지 못했다가 하나둘 추가한 것들도 있었습니다. 그렇게 해서 저만의 '공부 목표'랄까, '공부로부터 얻고 싶은 점'을 점점 완성시킬 수 있었죠. 눈에 잘 띄는 곳 여기저기에 붙여두고, 공부 안 될 때마다 고개를 들어 한번씩 읽어보면 '그래, 지금은 좀 힘들지만 나는 이 과정을 통해 이러저러한 능력을 얻게 되겠구나' 하면서 다시금 집중할 수 있었습니다. 공부는 나와 평생 함께할 '나 자신'을 가다듬는 일이니까요. 인생살이에 꼭 필요한 덕목들을 차곡차곡 얻어야지요. 그렇다면 공부하는 동안 우리는 어떤 능력을 얻게 될까요?

공부를 결심하는 순간 '열정'과 '도전정신'이 샘솟고, 내 공부를 주인 된 마음으로 주도해가다 보면 '적극성'과 '책임감', '추진력'이 생깁니다. 공부할 마음으로부터 도망가는 나를 붙들다 보면 '자기 설득능력'과 '의지력', '자기이해'와 '성찰력'이 상승하고, 공부를 위해 크고 작은 목표를 세우는 동안 '준비성', '판단력', '참을성', '체계성'이 길러지죠. 학교에서 배우는 내용은 '탐구력', '통찰력', '지적욕구'를 자리 잡게 하고, 배우는 과정을 통해 '집중력', '뚝심', '호기심', '기억력', '이해력', '부지런함', '성실함', '성취감'이 차곡차곡 쌓여요. 문제를 풀다 보면 '추리력', '비판력', '사고능력', '문제해결능력'이 익혀지고, 심지어 공부로 어려움을 겪을 때조차 '오기'와 '끈기', '감정조절능력', '회복탄력성'을 얻게 됩니다. 공부시간을 쪼개고 나누고 구조화하면서 '시간 관리능력'이 길러지고, 컨디션 조절을 위해 '체력 관리능력'도 갖추게 되며, 목표한 바를 달성했을 때는 '자신감', '자존감', '목표달성능력'을 갖게 됩니다. 이 모든 역량은 인생을 살아가면서 가장 중요한 '창조성'과 '독창성'을 마련하는 데 든든한 밑거름이 될 거예요. 공부하는 동안 한 사람의 전반적인 역량이 한꺼번에 폭풍 상승하는 겁니다.

반면에 '게으름', '나태함', '망설임', '자만심', '포기', '걱정', '근심', '귀찮음', '편견', '의지박약', '두려움', '열등감', '좌절감', '분노', '허영심', '조급함', '감정기복', '자기합리화', '시간 낭비', '불평불만' 따위의 잘못된 태도를 스스로 도려내게 됩니다. 내 힘으로 '나'라는 사람의 마음을 성장시켜나가는 겁니다.

사실 이게 공부하는 '진짜 목적'이죠. 고작 '점수 몇 점', '등수 몇 등' 올리는 것이 '일생일대의 목표'라도 되는 것처럼 안절부절못해 가지고는 무슨 놈의 에너지가 솟아나겠어요. 제가 지쳐서 주저앉았던 것처럼 말입니다. 그것보다는 공부를 통해 '내 마음을 성장시키고 나를 완성해가는 일'에 집중하는 쪽이 훨씬 더 이득인데요. 정작 얼마 후 본격적으로 인생의 무대에 올라설 나를 '갈고닦는 일'은 외면했었죠. 뭐가 진짜로 중요한 건지를 몰랐다고나 할까요. 점수 집착을 멈추고 '나'에게 집중할수록 스트레스는 줄어들고 공부가 점점 더 재미있어졌습니다. 자연스럽게 점수나 등수도 더 많이, 더 빨리 오르더라고요.

지금부터라도 '점수'에서 '마음'으로 공부의 초점을 바꾸어보세요. 공부하는 지금만큼 '내 마음 깎고 붙이고 다듬는 일'에 온전히 집중할 수 있는 기회는 잘 없습니다. 나이를 먹을수록 때때마다 해야 할 일투성이거든요. 어른들 대부분이 10대 때 만들어놓은 마음으로 평생을 살아갑니다. 지금 이 순간이 '절호의 기회'예요. 내 안에 좋은 것을 채우고, 나쁜 것은 덜어낼 기회. 공부를 통해 나에게 온전히 집중하면 할 수 있습니다. 나를 보다 나은 사람으로 만들어가는 일.

인생의 승패는 한 사람이 가진 '마음의 힘'이 얼마나 강한가에 따라 결정됩니다. 이 순간을 절대 놓치지 마세요. 내 안에 좋은 것을 채우고, 나쁜 것은 덜어낼 기회, '영혼이 강해질 절호의 기회'를요.

모든 과목에는 다 배울 만한 이유가 있다

한 번쯤 이런 푸념해본 적 있으신가요?

"읽을 줄 알고, 쓸 줄도 아는데 뭔 놈의 국어공부를 이렇게 빡세게 해야 되지?"

"난 뼛속까지 한국인이고, 외국에 나갈 마음도 전혀 없는데 대체 왜 영어공부가 필요해?"

"휴~, 내가 수학을 왜 배워야 되지? 나중에 어차피 쓸모도 없을 텐데."

저 역시 그랬습니다. 원뿔 부피 구하는 공식을 외우면서는 '살면서 앞으로 이걸 써먹을 일이 과연 있을까?' 싶었고, 머리가 지끈지끈하던 국어문법 시간에는 '아, 좀! 내가 국어 선생님 될 것도 아니고, 한국말만 잘하면 되잖아!' 하면서 투덜거렸어요. 좁디좁은 '써먹을 일이 있을까?'의 기준으로만 과목들을 바라보니 공부할 맛이 싹 사라지더라고요. 내가 뭐하려고 쓸데없는 짓하느라 애쓰고 있나, 스스로가 한심할 정도로요. 공부란 아무짝에도 쓸모없는 시간 낭비라는 생각이었죠. 이 모든 생각이 '잘못된 기준' 때문이었습니다. '써먹을 일이 있을까'가 아니라, 이걸 통해 내가 '무엇을 얻게 될까'를 기준으로 바라보았어야 했는데요.

모든 배움의 목표는 '세상을 살아갈 힘'을 얻는 것입니다. 특히 국어, 영어, 수학 같은 기초 과목들은 써먹기 위해 배운다기보다는 '인생을 살아가는 데 필요한 능력'을 키우려고 배우는 겁니다. 진작 알았더라면 참 좋았을 것을 그때 저는 잘 몰랐습니다. 국어도 수학도 딱 책에 '적혀 있는 내용'만큼으로만 바라봤었거든요. 그 과목을 배우면서 '내 인생에 보탬이 될 힘'이 길러지고 있는 줄은 까맣게 모르고요. 모든 과목에는 누구나 고개를 끄덕일 '배울 만한 이유'가 있습니다. 하나씩 살펴볼까요?

◇

국어

종종 내 언어구조의 초라함을 발견하게 된다. 이처럼 단출한 어휘력과 표현력, 그것이 느껴질 때 말은 갈피를 잃고 뇌는 맥락을 놓친다.

- 윤태호, 만화 『미생』 중에서

내가 무슨 일을 하건 간에 나는 내 꿈을 도울 사람들을 설득하고 누군가의 의견을 받아들이는 상황을 끊임없이 맞닥뜨릴 수밖에 없는데, 여기에는 반드시 말이나 글, 즉 '언어'가 필요합니다. 게다가 국어공부를 통해서만 쌓을 수 있는 '풍성한 어휘력'과 '생동감 넘치는 표현력'은 다른 사람과의 대화뿐만 아니라 내 머릿속의 생각을 다채롭고 풍요롭게 하는 일에도 필수적이고요.

> 사람의 생각은 언어로 고정되어 있고, 언어는 맥락이 있어야만 뜻이 형성된다. 언어, 즉 어휘가 부족하면 생각이 풍부할 수 없고, 언어를 맥락화할 수 없다면 체계적인 생각을 할 수 없다는 말과 같다.
>
> - 박경철, 『자기혁명』 중에서

읽고 곰곰이 생각해보면 아주 무서운 말입니다. 나는 딱 내가 아는 단어 내에서만 생각할 수 있다는 뜻이거든요. 맞는 말입니다. 생각이라는 것도 따지고 보면, 입 밖으로 소리 내지 않을 뿐 머릿속에서 단어로, 문장으로 중얼거리는 거잖아요. 듣도 보도 못한 단어를 짜맞춰내면서 생각할 수 있는 사람은 없어요. 반대로, 뜬구름처럼 아직은 손에 잡히지 않는 생각일지라도 탄탄한 어휘력이 있으면 더 구체적이고 명확하게 정리할 수 있고요. 이것은 치열한 국어공부를 통해서만 얻을 수 있습니다. 그러니까 국어공부에 담쌓고 살다 보면,

다른 사람을 설득하기는커녕 나 혼자서 하는 생각마저도 뒤죽박죽 되어버린다는 거예요.

중요한 순간마다 내 머릿속이 마구 뒤섞여버린다면, 내 인생을 제대로 꾸려나갈 수 없는 건 불 보듯 뻔한 일입니다. 풍성하고 다채로운 '깊고 넓은 생각'으로 내 인생을 멋지게 빚어내기 위해, 나에게 국어공부는 반드시 필요합니다. 통계청의 설문조사결과만 보아도 국어공부의 중요성을 새삼 깨달을 수 있어요. 응답자들을 직업별로 꼼꼼하게 나눈 다음 이렇게 물어보았습니다.

"국어능력이 당신의 직업에 결정적 영향을 줍니까?"

직업군	그렇다	아니다
영업 판매 관련직	72.7%	9.1%
경영 회계 사무 관련직	54.5%	9.1%
농림 어업 관련직	54.5%	9.1%
교육 연구 관련직	45.5%	27.3%
건설 관련직	72.8%	0%
노인	90.9%	0%
주부	100.0%	0%
학생	100.0%	0%

조사결과를 자세히 들여다보면, 국어랑은 별 상관없어 보이는 직업에서조차도 의외로 국어능력이 꼬박꼬박 필요하다는 것을 알 수 있습니다. 국어공부가 '국어 선생님 되려는 사람'에게만 필요한 건 아니라는 거죠. 무슨 일을 어떻게 하든지 간에, 말을 통해 다른 사람들과 끊임없이 의사소통해야 하니까요. 어른들이 오죽 답답했으면 '국어 실력이 밥 먹여준다'처럼 뒤늦게 다시 국어공부를 돕는 책들을 사고, 그런 책들이 나오는 족족 베스트셀러가 되겠습니까.

국어는 내 인생에 결정적인 영향을 미치게 될 겁니다. 내가 '무슨' 일을 '어떻게' 하든지 간에. 내 인생에 국어공부는 반드시 필요합니다.

◇ ◇

영어

「심리과학저널」에 소개된 한 연구결과에 따르면, 둘 이상의 언어를 배우면 하나만 배울 때보다 머릿속에서 언어를 처리하는 '속도'가 훨씬 더 빨라진다고 합니다. 우리의 '생각'이라는 것은 입 밖으로 소리 내지 않고 머릿속으로 단어나 문장을 중얼거리는 거잖아요. '언어를 처리하는 속도가 빨라진다'는 건 '내 생각을 빠르고 정확하게 정돈할 수 있다'는 걸 뜻해요. 한마디로 '똑똑'해지는 겁니다.

그런가 하면, 영어공부는 처음 겪어보는 어려움, 예상치 못한 돌발변수 앞에서 현명하고 유연하게 대처하는 능력, 즉 '인지적 융통성'을 강화시켜줍니다. 내가 인생을 살면서 위기를 만날 때마다 '짠' 하고 기가 막히게 써먹을 능력이에요. 영어를 그저 딴 나라 사람들과 의사소통하려고만 배우는 건 아니라는 겁니다.

아, 물론 영어가 국제어인 만큼 내가 앞으로 무슨 일을 하든지 영어능력이 필요한 것도 맞아요. 기업체 채용담당자 344명에게 조사한 결과를 보아도 그렇습니다. 이들에게 "신입사원을 뽑을 때, 어째서 영어능력이 합격의 당락을 좌우하는 겁니까?"라고 물어보았습니다. 그랬더니 자그마치 67.3퍼센트가 "하는 일에 영어능력이 필수라서"라고 답변했습니다. 게다가 27.4퍼센트는 "우리 회사에서 해외사업을 준비 중이라서"라고 답했고요. 이미 그만큼 세계가 서로 밀접해져버린 겁니다. 영어를 못하면 일할 수 없을 만큼.

당장 대학교만 들어가도 첫 장부터 끝 장까지 죄다 영어로만 뒤범벅되어 있는 교과서를 사용하는 수업이 많습니다. 전 세계에서 빠르게 연구되고 달라지는 내용을 그때그때 가르치기 위해서지요. 지금도 그렇지만 앞으로는 훨씬 더 심해질 겁니다.

내 인생의 목표를 이루려면, 영어능력은 필수입니다. 귀찮아서, 혹은 게을러서 미루다 보면 '영어'라는 문턱 앞에 내 인생이 가로막힐 수 있습니다. 그렇게 된다면 나는 내 인생에게 얼마나 미안해지겠습니까.

◇ ◇ ◇

수학

인생을 살아가는 경험과 지혜를 다루는 학문인 '철학'과 숫자와 도형의 세계를 다루는 학문인 '수학', 이 둘은 언뜻 보기에 별 관련이 없게 느껴집니다. 그러나 놀랍게도 고대 그리스를 대표하는 철학가 '플라톤'은 자신이 세운 '철학 학교' 정문에 큼지막한 글씨로 이렇게 써놓았다고 합니다.

"수학 모르는 놈은 여기 들어올 생각도 말아라!"

그저 말로만 그친 게 아니라, '철학 학교' 입학 시험까지 모두 수학 시험으로 치렀죠. 수학공부로 자신의 정신을 날카롭게 갈고닦아 보지 않은 사람은 철학으로 인생살이를 공부할 자격도 없다고 딱 자른 거예요. 플라톤은 알고 있었던 겁니다.

'사람은 수학을 배워야 똑똑해진다!'

맞아요. 수학공부는 내 정신을 단련시켜줍니다. 내 온갖 능력을 상승시켜요. 머릿속에 여러 수학공식을 담아두고 꺼내 쓰는 동안 '기억력'이 상승하고, 공식이 도출되기까지의 증명과정을 꼼꼼하게 따져보는 동안 '논리력', 문제에서 의도한 바를 짚어내고 낱낱이 살펴보는 동안 '관찰력', 이런저런 접근법을 골똘하게 고민하는 동안 '추리력'이 무섭도록 상승합니다. 가끔 문제 푸는 방법을 까먹어서 억지로 푸는 법을 쥐어짜낼 때조차 '창의력'이, 어려운 문제를 풀다 포기하고 해답지를 읽어본대도 '이해력'이 높아집니다. 지긋지긋한 단순 계산문제 하나를 풀더라도 '틀리기 싫어!' 하는 본능 때문에 '정확성'을 추구하게 되고, '인생을 대하는 태도' 역시 가다듬어집니다. 수학공부를 치열하게 하면 할수록 내 머릿속은 '부릅뜬 상태'가 되어갑니다. 정신이 또렷해져요.

비록 숫자나 도형의 세계를 다루는 건 사실이지만, 내 정신력을 갈고닦는 데 수학만큼 좋은 것은 없습니다. 이렇게 단련해놓은 내 정신은 수학을 초월한 다른 모든 분야에서도 언제나 나를 빛나게 해줄 테니까요. 우리는 수학을 통해 보다 현명해집니다. 현명한 인생살이를 준비합니다. 그리고 수학은 나를 그렇게 만들어줍니다.

인생을 살아가는 경험과 지혜를 다루는 철학가 플라톤이 그토록 수학공부를 강조했던 이유는 바로 이 때문입니다. 그는 이런 말도 남겼는데요.

"10년 동안은 반드시 수학을 공부하도록 법으로 못 박아놓아야 한다!"

자신을 '수학자'로 착각하는 엉뚱한 주장이 아니라, 과연 '철학가'다운 '마땅한 주장'입니다.

* * *

비단 국어, 영어, 수학 세 과목뿐만이 아닙니다. 모든 과목에는 분명 '배울 만한 이유'가 어마어마하게 숨겨져 있습니다. 배우려는 마음으로 내가 찾아내기만 하면 됩니다. 배울 만한 이유를 귀신같이 찾아내, 두고두고 곱씹어보세요. 그래야 내가 잔칫날 밥상처럼 풍성하게 차려진 '유익함'을 빼놓지 않고 듬뿍 얻어갈 수 있을 테니까요.

나는 강하고 단단한 사람이다

이쯤에서 조금 진지한 이야기를 꺼내볼까요. 여러분은 나 자신을 온전히 믿고 있나요. 내 삶이 다하는 날까지 가장 오래도록 함께 갈 사람은 바로 '나'잖아요. 그런데, 나는 나를 온전히 믿고 있나요?

대부분은 좀처럼 그러지를 못하죠. 저도 그랬으니까요. 제 자신을 절대로 못 믿었어요. 나를 오랫동안 지켜봤지만, 정작 '믿을 만한 근거'는 별로 없었으니까요. 반대로 '믿지 못할 근거'는 매일매일 쌓아가고 있었습니다. 기껏 시끄럽고 요란한 각오를 세워놓고도 언제 그랬냐는 듯 까먹어버리고 주저앉았던 나, 변명과 핑계와 거짓말 뒤에 비겁하게 숨어 뭉그적거렸던 나, 조금만 힘들어도 뺀질대며 이리 도망가고 저리 도망가던 나. 그러니 도무지 믿어주지를 못하겠더라고요.

내가 믿어주지 않으니 푹 꺼진 자신감 탓에 도전할 용기도 솟질 않고, 그러면 나는 또 나를 못 믿겠고요. 악순환만 빙글빙글 반복됐었죠.

한 번만 악순환의 고리를 '싹둑' 잘라낸다면, 그러니까 한 번만 내가 나를 '억지로라도' 온전히 믿어주었더라면 악순환은 멈췄을 텐데요. 단 한 번만이라도요. 나를 믿지 못하는 한 내 공부는 점점 무너져 내릴 수밖에 없더라고요. 왜냐하면 공부를 '닳아지는 법칙'으로 바라보게 되니까요.

닳아지는 법칙 | 쓰면 쓸수록 닳아져 끝내 못 쓰게 되어버리는 건전지처럼, 뜨겁게 타오르는 초가 점점 촛농이 되어 흘러내리는 것처럼 나 또한 공부를 하면 할수록 '에너지'와 '능력'이 점점 닳아지다가 결국에는 모조리 바닥 나버린다고 보는 법칙.

내가 나 자신을 믿지 못하고, 공부를 '닳아지는 법칙'으로 받아들이는 한 나는 내가 닳아질까 봐 걱정돼 공부를 두려워하게 됩니다. 내 '에너지'도, 내 '능력'도 딱 정해진 양이 있어서, 나 자신을 조금이라도 밀어붙였다가는 그나마 병아리 눈물만큼 남아 있는 '에너지'도 '능력'도 금세 끝장나버릴 것만 같습니다. 힘 있게 집중해 공부하는 것도 머뭇거려지고, 공부시간을 늘리는 것도 주저됩니다. 공부에 뛰어들기도 무섭고요. '겨우 요만큼' 공부하는 지금도 이렇게나 힘든데, 본격적으로 뛰어들면 얼마나 상상을 초월할 만큼 힘들어질까 싶어서요. 밤늦도록 공부하는 건 '내일 얼마나 힘들까' 싶어 무섭고요. 내 '에너지'와 '능력'은 딱 정해져 있는데요. 아까운 내가 닳아버리면 어떡합니까.

땡! 틀렸습니다. 눈치채셨겠지만, 공부에 관해서라면 '닳아지는 법칙'이 들어맞지 않습니다. 공부에는 '닳아지는 법칙'이 아니라, '단단해지는 법칙'이 적용되거든요.

단단해지는 법칙 | 무거운 물건을 번쩍 들어 올린 팔에 욱신거리는 통증이 그치고 나면 단단한 근육이 돋아나는 것처럼, 망치로 힘껏 두드릴 때마다 점점 더 단단하게 굳어지는 무쇠처럼 나 또한 공부를 하면 할수록 '에너지'와 '능력'이 부쩍부쩍 늘어나다가 결국에는 나 자신이 아주 강하고 단단해진다는 법칙.

공부에는 '단단해지는 법칙'이 적용됩니다. 나의 '에너지'와 '능력'의 한계는 정해져 있는 게 아니에요. 닳아지기는커녕, 오히려 쓰면 쓸수록 '에너지'가 늘어나고 '능력'이 불어납니다. 독하게 마음먹고 딱 한 달만 휘몰아치듯 공부해도, 한 달 전의 나와는 아주 다른 사람이 될 정도로요. 공부는 사람을 성장시키거든요. 여기에는 내 '에너지'와 '능력'도 포함돼요. 게다가 실제로 나는 '쓸데없이 걱정하던 것만큼' 나약하고 보잘것없지 않습니다. 나는 강하고, 힘이 세고, 단단한 사람이에요. 단지 내가 그 '강하고, 힘이 세고, 단단한 나'에게 기회를 줘본 적 없을 뿐이지요. 마음 좀 붙여보려고 어쩌다 밤늦게까지 공부한대도, 뛰어들었다가 좀 엎어지고 넘어진대도 나는 결코 닳아 없어지지 않습니다.

그러니까 나를 좀 믿어주세요. 나 그렇게 무르고 연약한 사람 아니라고, 강하고 단단한 사람이라 생각하고 나를 믿어주세요. 믿어달라고 조르기라도 해보세요. 그래도 못 믿겠다면 '믿을 만한 근거'를 보여줄 테니, 눈 똑똑히 뜨고 지켜봐달라고 밀어붙이세요.

"내가 이 시간까지 공부할 줄은 몰랐지. 이제 좀 믿음이 생겨?"

"내가 오늘 이렇게 많이 해냈어! 너 이래도 안 믿을래?"

내가 나를 믿을 수 있어야 오래 잘 달릴 수 있어요. '인생이란 나를 믿고 가는 것'이라는 말도 있잖아요. 내가 어디에서 무슨 일을 하든, 어떻게 80년 인생을 '자신에 대한 믿음' 없이 살아갈 수 있겠어요. 공부하는 과정을 통해 나 스스로 자신에 대한 믿음을 회복하세요. 내가 아주 강하고, 힘이 세고, 단단한 사람이라는 걸 경험으로 깨닫고 확신하세요. 이 뜨거운 깨달음만으로도 나는 어디서 무슨 일을 하든지 '반드시 해내는 사람'이 될 수 있을 테니까요.

마음을 다지기 좋은 날

새들은 바람이 가장 강하게 부는 날 집을 짓습니다. 강한 바람에도 견딜 수 있는 튼튼한 집을 짓기 위해서죠. 태풍이 불어와도 나뭇가지가 꺾였으면 꺾였지 새들의 집이 부서지지 않는 것은 바로 그런 까닭입니다. 그런데 바람이 강하게 부는 날 집을 지으려면 새들이 얼마나 힘들겠습니까. 바람이 고요히 그치기를 기다려 집을 지으면 집짓기가 훨씬 더 수월할 겁니다. 나뭇가지를 물어오는 일도, 부리로 흙을 이기는 일도 훨씬 쉽겠지요. 그러나 그 결과는 좋지 않을 겁니다. 바람이 강하게 부는 날 지은 집은 강한 바람에도 무너지지 않지만, 바람이 불지 않은 날 지은 집은 약한 바람에도 허물어져 버릴 것입니다.

- 2012년 4월 19일 동아일보 A30면, 「정호승의 새벽편지」 중에서

우리가 공부하는 일은 새가 집 짓는 일과 비슷합니다. 바람이 가장 강하게 부는 날, 즉 썩 내키지 않아 공부하고 싶지 않은 날이나 마음이 무너져 내리고 하루를 망가뜨리고 싶은 날이야말로 공부할 마음 다지기에 가장 좋은 날입니다. 그 어떤 상황과 조건에도 흔들리지 않는 단단한 마음을 만들 절호의 기회입니다.

의욕이 넘치고 컨디션이 좋은 날은 영혼이 강한 사람이든 그렇지 않은 사람이든 누구나 공부할 수 있습니다. 누구라도 마음을 붙들어놓을 수 있어요. 그러나 바람이 가장 강하게 부는 날에는 다릅니다. 바로 그날, 누가 '진짜 절실하게 열망하는 사람'인지, 누가 '흉내만 내던 사람'인지 다 드러나게 되어 있습니다. 강한 바람에도 견딜 수 있는 튼튼한 마음은 바람이 가장 강하게 부는 날 만들어집니다. 그렇게 단련되고 훈련된 마음만이 나를 영혼이 강한 사람으로 만들어줍니다.

나는 믿습니다. 당신은 틀림없이 '영혼이 강한 사람'으로 성장할 것입니다.

Beyond Story

영혼이 강한 사람들의 10가지 특징

영혼이 강한 사람들에게는 어떤 특징이 있을까요?

하나, 내 삶의 바른 목적을 정하고, 그 목적을 내 힘으로 이루어내기를 열망한다.
둘, 내 인생의 주인이 '나 자신'임을 알고, 공부의 초점을 철저하게 '성장'에 맞춘다.

셋, 나 자신을 깎고, 다듬고, 붙이는 일을 멈추지 않는다.

넷, 행동으로 결심하고 꾸준함으로 증명한다.

다섯, 나를 성장시키는 데 필요한 고통이라면 피하지 않고 기꺼이 받아들이고 즐긴다.

여섯, 믿을 만한 '근거'를 쌓고 또 쌓아 끝끝내 내가 나를 믿게 만든다.

일곱, 높이 오르는 데에만 급급하지 않고 '진득함'으로 깊이 파고든다.

여덟, 마지막 남은 땀 한 방울까지 몽땅 쏟아내는 '지독한 근성'이 있다.

아홉, 나 자신이 '세상에서 내 마음을 가장 잘 다루는 사람'이다.

열, 한 번뿐인 내 인생을 뜨거운 가슴으로 사랑한다.

다시 한번 말해주고 싶습니다. 공부하는 지금이야말로 놓쳐서는 안 될 '절호의 기회'입니다. 내 영혼을 강하고 단단하게 만들 '절호의 기회'인데, 허투루 날려버린다면 너무 아깝지 않나요.

이 기회를 어떻게 쓰느냐에 따라, 내 인생과 운명은 송두리째 뒤바뀔 수 있습니다. 그리고 이는 오로지 내 '선택'과 '행동'에만 달려 있습니다.

- 05 -

고생 좀 하기로 마음먹는 순간, 모든 것이 달라진다

마음에도 근육이 있어. 처음부터 잘하는 것은 어림도 없지.
하지만 날마다 연습하면 어느 순간 너도 모르게
어려운 역경들을 벌떡 들어 올리는 널 발견하게 될 거야.
- 공지영, 『아주 가벼운 깃털 하나』 중에서

쉽게 이루려 하는 꼼수를 버려야 한다. 앉아서 생각만 하지 말고 액션을 취하라.
죽자고 하면 반드시 된다. 죽기 살기로 해보지도 않고
자기 인생에 대고 변명하지 마라.
- 이영석, 『인생에 변명하지 마라』 중에서

여기, 대추 한 알에 대한 시가 있습니다.

저게 저절로 붉어질 리는 없다

저 안에 태풍 몇 개

저 안에 천둥 몇 개

저 안에 벼락 몇 개

- 장석주, 「대추 한 알」 중에서

붉게 물들기까지, 대추가 온몸으로 겪어냈을 고통을 떠올려보세요. 그렇습니다. 세상에 거저 얻어지는 일은 없습니다. 어쩌면 나에게 진짜로 필요한 건, '그까짓 고생 좀 해버리지 뭐!' 하는 식의 정신무장 아닐까요. 따지고 보면, 그동안 내가 고생하지 않으려고 부단히 도망 다니느라 오히려 몸도 마음도 더 고생스러워진 것일 수 있거든요.

지레 겁먹었던 것일 수도 있고요. 물에 빠져 죽은 사람 중 절반은 발만 똑바로 뻗었어도 일어설 수 있을 만큼 얕은 곳에서 사망한다고 합니다. 이들을 죽인 것은 물이 아니에요. '자신의 마음'이었죠. 눈앞의 물이 나를 집어삼키고 말 것이라는 '잘못된 두려움'에 끝내 압도되어버린 거예요. 즉, 내 마음은 나를 죽일 수도, 살릴 수도 있습니다.

도망가지 말고, 지레 겁먹지 말고 '내 몫의 고통'을 당당하게 겪어낼 줄 알아야 합니다. 붉게 물든 한 알의 대추처럼요.

번데기가 나비로 모습을 바꾸는 과정에서 나비는 살이 찢어질 것 같은 극한의 고통을 겪습니다. 통통한 번데기의 몸집에서 바늘구멍만한 틈새를 비집고 나와야 하니까요. 이때 안쓰러운 나비를 위한답시고 가위로 구멍을 잘라 크게 길을 내어주면, 불행하게도 그 나비는 평생토록 날지 못하게 됩니다. 힘없이 바닥만 나뒹굴 뿐이죠.

나비가 작은 구멍을 힘겹게 빠져나오려고 애쓰는 동안, 몸통에서 나온 액체가 날개를 적시고, 그렇게 단련되고 훈련된 날개라야 하늘을 날 수 있는 겁니다.

고생하는 과정 자체는 힘들 수 있어요. 그러나 그만큼 내가 성장합니다. 강해지는 겁니다. 내가 지금 힘든 '진짜 이유'는 그동안 내 몫의 고통을 당당하게 마주하는 대신 피해 다녔기 때문일 수 있어요. 그래서 아직 단련되고 훈련된 날개를 갖지 못한 것일 수도 있습니다.

물론 피할 수 있다면 피하고 싶은 게 고생이겠지만, 내 인생 전체를 놓고 보았을 때 지금 이 고생은 나에게 반드시 필요합니다. 요리조리 피해서 도망 다니는 건 영리한 행동이 아니라 '멍청한 짓'이에요. '나에게 필요한 고생이라면, 기꺼이 좀 해보지 뭐!' 하는 태도야말로 똑똑한 선택입니다. 그렇지 않고서는 내 인생에 발전이란 없을 테니까요.

셰익스피어도 이렇게 말했습니다.

"고통이여, 괴로움이여, 엎친 데 덮치며 오너라. 그 뒤에는 그만큼 즐거움이 있으리니!"

도깨비방망이나 요술램프는 현실에 없다

어릴 적 우리가 읽던 동화책에는 마법과 요술이 허다했습니다. 주인공은 그저 도깨비방망이를 휘두르거나 요술램프를 문지르는 것만으로도 원하는 것을 손쉽게 움켜쥐었어요. '짠!' 하고 소원이 이루어졌죠. 말 그대로 '동화 속 이야기'일 뿐입니다.

우리는 '동화 속 꿈나라'가 아닌 '현실'을 살아갑니다. 현실에서는 생각만으로 '짠!' 하고 이루어지는 일은 절대로 없어요. 마땅한 고생과 노력을 쏟아붓기 전에 저절로 얻어지는 것은 아무것도 없습니다. 내가 바라는 바를 이루기 위해서는 '딱 그만큼의 고통'을 버텨내야 합니다. 무게를 견딜 수 없는 사람에게 느닷없이 왕관을 씌워주는 일은 결단코 없습니다. 우연히 왕관을 얻었다 해도 그 왕관을 지킬 수 없을 테고요.

모든 꿈에는 일종의 '가격표'가 딸려 있습니다. 그 값은 오직 내가 쏟은 정직한 노력으로만 치를 수 있지요. 노력값을 감당하지 않으려는 사람은 꿈을 가질 수 없어요. 갖고 싶은 꿈을 이리저리 구경하거나 만져볼 수는 있겠지만요. 그러나 노력값을 지불하기 전에는 끝끝내 내 것이 될 수 없습니다. 합당한 고생을 해볼 생각이 없는 사람에게는 그 어떤 멋진 꿈이라도 그저 '헛된 욕심'에 불과할 뿐이에요. 고생할 각오 없는 목표는, '목표'가 아니라 '망상'이잖아요.

넋 놓고 하염없이 물만 바라봐서는 결코 바다를 건널 수 없습니다. 뚝딱뚝딱 배를 만들고 땀 흘리며 노를 젓고, 파도를 만나면 파도와 싸우고, 땡볕이 내리쬐면 그 땡볕을 견디는 '고생'을 겪어내야만 바다를 건널 수 있죠. "나 저 바다 건널 거야", "바다 한 번 건너보고 싶다"라고 입술이 마르도록 떠들어대면서도 속으로는 파도와 땡볕에 맞서 고생 좀 해보겠다는 마음이 전혀 없다면 결코 바다를 건널 수 없습니다. 꿈을 이루겠다는 건 그 꿈에 딸려 오는 '가격표'에 적힌 노력값을 모조리 치르겠다는 각오를 포함하는 것입니다. '내가 이루고자 하는 목표를 달성하기 위한 고생이라면 기꺼이 치르겠다'는 사람만이 꿈을 가질 자격이 있습니다.

운 좋게 공짜로 얻겠다는 심보로는 어림도 없습니다. 세상은 우리가 생각하는 것만큼 만만하지 않고, 지금도 경쟁자들은 저마다의 꿈을 향해 고통을 견디며 달리고 있으니까요.

목표를 이루는 과정은 솜사탕처럼 달콤하지 않습니다. 혀에 불이 난 것처럼 매운맛을 견디고 나면 바닷물을 입에 잔뜩 문 것처럼 짠맛이 밀려오고, 겨우겨우 짠맛을 버티고 있을 때쯤 혀 속 깊숙이 씀바귀 같은 쓴맛이 번져옵니다. 눈물콧물 쏟아가며 참고 또 참다가 '더 이상은 도저히 못 버티겠다!' 싶을 때야 비로소 입안에 달착지근한 맛이 감돌게 되어 있습니다. 그전까지는 불편하고 지루하고 고약한 순간들투성이입니다.

공부할 마음 있는 사람은 '마침내 감돌게 될 단맛'을 생생하게 상상할 줄 아는 사람이 아닙니다. '혀가 아리도록 매운맛', '소금만큼 짠맛', '씀바귀보다 쓴맛'을 꿋꿋이 참을 줄 아는 사람입니다. 내 몫의 고통을 정면으로 뚫고 지나가는 사람입니다.

맹자는 이렇게 말했습니다.

"하늘이 한 사람에게 앞으로 큰일을 맡기고자 하면 반드시 먼저 그 사람의 마음을 고통스럽게 하고, 뼈마디가 꺾이는 고난을 당하게 하며, 궁핍하게 몰아넣고, 그가 도모하는 일을 흔들어 어지럽게 하나니, 이는 그의 마음을 단련시키고 참을성을 길러주어 여태껏 할 수 없었던 일을 앞으로는 넉넉히 해내도록 돕기 위해서이다."

공부하는 지금은 '고통을 견디는 시간'입니다. 이루고자 하는 나의 꿈, 즉 마침내 얻게 될 달콤한 순간을 위해 기꺼이 고통을 견뎌봅시다. 견딤의 크기가 내 쓰임의 크기를 결정할 테니까요.

잘하기 전까지는 좀처럼 재미가 없는 법이다

공부의 재미는 '참을성'에서 판가름 나게 되어 있습니다. 내가 잘하게 될 때까지는 꼼짝없이 지루할 수밖에 없거든요. 하다못해 게임 하나를 시작해도 처음부터 잘하는 사람은 없잖아요. 룰도 제대로 모르고 스킬도 쓸 줄 모르니 좀처럼 재미를 느낄 수 없는 단계죠. 그래도 꾹 참고 무작정 로그인해 지루하고 재미없는 삽질도 좀 해주고, 잘하는 사람들 어깨너머로 도대체 어떻게 하는 건지도 쳐다보고 하다 보면 나도 모르게 점점 잘하게 돼요. 그러다가 일정궤도에 딱 올라서면 이제 게임이 너무너무 재미있어지는 거죠. 푹 빠져서 헤어나올 수 없을 만큼.

세상 어떤 일에도 처음부터 탄탄대로가 펼쳐져 있지 않습니다. 탄탄대로는 내가 펼치는 거예요. 그토록 즐거운 게임조차도 재미없는 단계를 참고 견뎌야 재미있는 단계로 접어드는데, 알량한 며칠 공부로 느닷없이 공부가 재미있어질 리 없잖아요. 처음 어떤 범위를 공부할 땐 모르는 것투성이거든요. 여기를 봐도 낯설고 복잡한 것, 저기를 봐도 생판 처음 보는 것뿐인데 무슨 수로 재미있을 수 있겠어요. 시간은 무진장 많이 쓴 것 같은데, 페이지는 별로 넘어가 있지 않아 한숨만 푹푹 나오죠. 해답지를 봐도 무슨 소린지 이해도 잘 안 되고, 요약정리를 외운답시고 들여다봐도 뒤돌아서면 다 까먹어버리니 도대체 재미라고는 하나도 없어요. 내가 멍청한 게 아니라 당연한 거예요. 처음 보는 거잖아요. 여기까지는 전교 1등부터 꼴등까지 누구나 마찬가지입니다.

그러나 이때 '어떻게' 하느냐에 따라 이기는 사람과 지는 사람이 갈리는 겁니다. 아직 내가 잘하지 못하기 때문에 당연한, '재미없고 지루한 단계'에서 어떤 액션을 취하느냐에 따라 결과는 하늘과 땅 차이가 되어버리죠. '이기는 사람'은 마음을 가라앉히고 이 단계를 견뎌냅니다. 지루하고 불편하고 귀찮기는 해도, 잘하게 되려면 지금 단계에서 고생을 좀 해야 한다는 걸 알아요. 고생하지 않으려고 도망가버리면 언제까지고 잘하게 될 수 없을 거라고 내 마음을 설득시키죠. 결국 이 고비를 멋지게 뛰어넘습니다.

그러나 '지는 사람'은 지루하고 재미없는 단계가 영원한 줄로 착각합니다. 지레 겁먹는 거예요. 맞닥뜨릴 고생보다 훨씬 더 어마어마한 괴물을 머릿속에 상상하니까요. 물론 잘하고 싶기는 해요. 하지만 고생할 생각을 하면 숨이 턱 막힙니다. 그렇게까지 해가면서 잘하고픈 마음은 아니거든요. 공짜로 잘하게 된다면 모를까, 내가 노력해서 얻는 것은 귀찮고 싫습니다. 그러다 보니 고비 앞에서 번번이 줄행랑을 치고 말아요. 그렇게 경쟁자 중 70퍼센트가 떨어져 나갑니다. 모르는 것투성이인 '처음 보는 내용을 한 번 공부하는 단계'에서요. 가장 재미없을 때를 못 버티는 거예요. 그러니 공부가 재미없는 줄로만 착각하게 되죠.

한 번 봤던 내용을 두 번째로 볼 때는 처음보다 훨씬 편해집니다. 온전히 알아놓지는 못했을지라도, 일단 전체적인 틀을 봐두었기 때문에 크게 볼 줄 아는 안목이 백발백중 길러져 있어요. 아무리 다 까먹었다 치더라도 한 번 외워본 내용은 전에 걸렸던 시간의 4분의 1이면 충분히 외울 수 있게 되죠. 지난번에 문제집을 풀어놓았다면 두 번째 볼 때는 틀렸던 문제 위주로 풀어보면 될 테니 시간이 절약됩니다. 처음 볼 때 4일이 걸렸던 범위라면, 두 번째는 하루 만에 다 정리할 수 있습니다. 무엇보다도 아는 내용들이 섞여 나오고, 이제야 비로소 머릿속에도 착착 정리되는 느낌이 드니 재미도 조금씩 붙습니다. 그러나 한편으로는 귀찮고 고생스럽기도 합니다. 그래서 남아 있는 30퍼센트 중 대부분이 '두 번째 단계'를 못 버티고 떨어져 나갑니다.

같은 범위를 세 번째, 네 번째 볼 때는 더욱 수월해집니다. 앞에 두 번을 제대로 봐놓았다면 이제 한 번씩 더 보는 데는 한두 시간으로도 거뜬합니다. 대체로 알고 있는 내용이 많으니 먹다 얹힌 사람마냥 가슴 답답한 느낌도 더 이상 들지 않고요. 이때는 첫 번째, 두 번째로 볼 때 어려웠던 내용과 틀렸던 문제를 중심으로 전체적인 내용을 정리해보는 단계입니다. 한 걸음 더 들어가보기도 하고 자세하게 들여다보기도 하죠. 덜 고생스러우면서, 슬슬 재미있다는 표현이 와 닿는 단계입니다. 그러나 우리가 한두 과목만 공부하는 게 아니기 때문에 웬만큼 시간을 오밀조밀하게 쓰지 않고서는 과목마다 이 단계를 끝마쳐놓기 어렵습니다. 진짜로 공부하려는 소수만

이 모든 과목의 정해진 범위를 다섯 번 이상 볼 수 있지요. 아직 잘 못해서 재미없는 건데, 잘하게 되기도 전에 고생스럽다며 다 도망가버립니다. 끝내 재미있어질 기회가 없을 수밖에요. 안타까운 일입니다.

다섯 번째 이후로는 이제 공부가 본격적으로 재미있어집니다. 두루 눈에 익혀두고 머릿속에 넣어둔 내용들뿐이라 처음 볼 때 4일씩 걸리던 내용을 30분이면 충분히 볼 수 있습니다. 공부가 딱 재미있어지는 순간입니다. 빠르게 훑어보면서 알고 있는 내용을 다시 정리하고 꾹꾹 다져두는 단계이거든요. 페이지를 넘길 때마다 내가 아는 내용들이 쏟아져 나오고, 눈에 닿는 문제마다 척척 답이 떠오르고, 관련된 개념들까지 훤하게 머릿속에 펼쳐지는 기쁨을 맛보게 될 겁니다. 저도 이 맛을 제대로 느껴보고 난 뒤로는 공부 의욕이 사그라지지 않더라고요. 잘하게 되면 재미있어진다는 진실을 제 경험으로 터득했으니까요. 이런 식으로 얻은 깨달음은 좀처럼 잊히지 않더군요.

잘하게 되기까지는 재미없는 게 당연합니다. 가볍고 짧은 시도만 가지고 날로 먹으려는 심보로는 잘하게 될 수 없고요. 좋아지기까지는 정성을 쏟아야 하는데요. 충분히 정성을 쏟기 전에는, 그 어떤 결과도 얻어낼 수 없으니까요. 기꺼이 고생 좀 해줘야지요. 그래서 공부의 재미는 대부분 '참을성'에서 갈립니다.

넘기 힘든 산과 넘지 못할 산은 다르다

내가 수학이나 영어처럼 '단계를 차근차근 밟아야 하는 과목'에서 학교 진도를 못 따라잡고 있다면, 과감한 결단이 필요합니다. 배웠던 내용을 다시 공부해야 하는 거죠. 지나간 학년에 익혔어야 할 내용이 머릿속에 제대로 자리 잡고 있지 않으면, 뭘 좀 배워볼까 할 때마다 자꾸만 발목이 잡히거든요. 제가 그랬던 것처럼 말입니다.

다른 과목은 작년까지 좀 대충 해왔더라도 올해 배우는 내용만 정신 바짝 차리고 공부하면 대부분의 문제가 풀립니다. 그런데 수학과 영어는 절대 그렇지 않아요. 기초가 받쳐주지 않으면 수업도 제대로 알아들을 수 없을 뿐더러 문제 풀 때에도 걸리적거리는 부분이 많습니다. 허투루 넘겨버리고 건너뛰었던 단원이 끝까지 나를 괴롭혀요. 내가 알기 전까지는 이 문제 저 문제에서 번번이 들쑤셔 나를 못살게 굴고요. 쪽팔린다고, 귀찮다고 무시해버리면 급기야 내 인생까지 발목 잡고 말 겁니다. '해볼래!' 하는 마음이 뒤늦게 들었다면 학교 진도에서 지나가버린 내용일지라도 다시 한번 꼼꼼하게 훑어볼 필요가 있습니다.

오랫동안 영어공부에 손 놓고 있다가 마음을 다잡고 시작하려면 일단 빠르게 어휘부터 익혀야 합니다. 쉬운 단어부터 내 학년 수준 단어까지요. 어휘 준비가 안 되어 있으면 듣기도, 독해도, 문법도 모두 다 할 수 없으니까요. 독하게 마음먹고 달려들면 안개가 걷히듯 앞이 훤하게 '뻥' 뚫리는 날이 반드시 옵니다.

수학도 마찬가지입니다. 모르는 부분이 있으면 이전 학년 문제집이라도 들춰가며 끝까지 파고들어야 합니다. '나에게 필요한 고생이라면, 기꺼이 고생 좀 해보겠다!'라는 태도가 필요한 거죠. 저도 아무런 기초가 없었던 시절, 쪽팔림을 무릅쓰고 초등학생용 문제집을 풀고 또 풀었습니다. 수학 때문에 힘들어하지 말고 방학 두 달간 하루에 10시간씩 무서울 정도의 노력을 쏟아부어보세요. 수학이 이기겠습니까, 내가 이기겠습니까.

영어와 수학 말고 다른 과목도 원리는 비슷합니다. 치열하게 뛰어들어 정성을 쏟으면 문제는 반드시 해결됩니다. 내가 그 과목을 '못'하는 게 아니라, 성과가 나올 만큼 아직 '안' 한 것뿐이니까요. 충분히 쏟아붓지도 않고 서둘러 얻으려고만 했던 겁니다. 뜸도 들지 않은 밥솥 앞에서 벌써부터 입만 벌리고 있는 사람처럼요. 공부할 마음 있는 사람의 태도가 아닙니다.

효율이 어떻고 하면서 영리한 척하는 대신, 지금 우리에게 절실히 필요한 것은 무진장한 에너지와 시간을 콸콸 들이퍼붓는 '살짝 무식해 보일 정도의 노력'입니다. 좀만 부지런하게 움직이면 나도 다 할 수 있는 걸 미루고 미루다 여태껏 해놓지 못한 게 얼마나 많습니까. 이게 어디 능력 부족인가요, '고생 부족'이지요.

넘기 힘든 산은 넘지 못할 산이 아닙니다. 산에 올라가려니 내가 좀 힘들 뿐이지요. 그러나 '좀 고생스럽더라도 내가 저 산에 한 번 올라가봐야겠어!' 하는 마음가짐이 없다면, 넘기 힘든 산은 나에게만큼은 넘지 못할 산이 되어버립니다. '할 수 있는 일'을 귀찮다고 자꾸 미루다 보면, 그것들이 모여 마침내 '할 수 없는 일'이 되거든요.

공부하는 일은 분명 넘기 쉬운 산이 아닙니다. 그러나 절대로 넘지 못할 산은 아닙니다. 만약 나에게 공부가 넘지 못할 산처럼 느껴진다면, 그건 내가 '그까짓 고생 좀 해버리지 뭐!' 하는 정신무장을 똑바로 갖추지 못했기 때문일 수 있습니다.

참 좋은 순간을 누려라

공부 잘되고 집으로 돌아가는 길은 발걸음이 가벼웠습니다. 찝찝하거나 불안하지 않아 마음도 홀가분했죠. 오늘처럼만 하면 아무리 남은 시간이 짧대도, 아무리 할 게 많대도 여유롭게 다 해낼 수 있을 것만 같아서요. 나를 기분 좋게 해주는 호르몬들이 몸속에서 불꽃놀이를 하듯 팡팡 터지는 느낌이었다고나 할까요. 오늘 하루

를 되돌아보아도 나는 더 잘할 수 없을 정도로 순간순간을 악착같이 썼습니다. 상쾌한 밤공기와 살랑살랑 불어오는 바람을 맞을 때면 뿌듯함이 가슴속 깊은 곳으로부터 묵직하게 솟구쳐 올라, 나도 모르게 노래까지 흥얼거렸죠. 집으로 돌아가는 길에 확신했습니다. 내 목표가 틀림없이 이루어질 거라고요. 그런 날은 자려고 누워도 잠도 잘 안 왔어요. 공부가 끝날 때까지 야무지게 깨워놓았던 뇌가 쉽사리 흥분을 가라앉히지 못해서요. 나 자신에 대한 대견함과 감탄에 가슴이 쿵쾅거리기도 했고요.

제가 공부하면서 경험해본 가장 빛나는 순간은 서울대 법대 합격자 발표 때가 아니었습니다. 가장 빛나는 순간은, 공부 잘된 날 하루를 마치고 뿌듯한 마음으로 가방을 싸던 순간이었습니다. 묵직한 확신에 휩싸여 집으로 돌아가던 순간이었습니다. 흥분을 가라앉히고 잠에 들려고 이부자리에서 몸을 뒤척이던 순간이었습니다. 물론 저도 늘 그러지는 못했습니다. 다 합쳐봐야 100번이 좀 못 됐을 겁니다. 그렇대도 저는 자신 있게 말할 수 있습니다. 그날들이 제가 살면서 경험해본 모든 순간 중 가장 빛나는 순간이었다고요.

기적은 시험 현장에서 일어나지 않아요. 시험장에서 갑자기 터져 오르는 예상치 못한 운수대통은 겪은 적도, 본 적도, 들은 적도 없습니다. 그렇다고 기적이 아예 없다는 말은 아닙니다. 기적은 결전의 순간이 아니라 '준비하는 과정'에서 일어난다는 것이죠. 못 따라가던 수업을 처음부터 끝까지 다 알아듣게 되고, 하나도 몰랐던 책 내용을 안 보고도 술술 설명하게 되고, 이 문제를 봐도 정답이 손 들고 있고 저 문제를 봐도 풀이과정이 훤히 다 드러나 보이는 기적. 기적은 '공부하는 동안' 넘치도록 경험할 수 있었습니다.

참 좋은 순간입니다. 여러분도 꼭 누려보면 좋겠습니다. 그러려면 나에게 필요한 고생만큼은 피하거나 도망가지 않고 당당하게 마주하겠다는 각오를 품고, 잘하게 될 때까지는 재미 좀 없더라도 참을 줄 알아야 합니다.

나는 믿습니다. 당신은 틀림없이 '참 좋은 순간을 누리는 사람'이 될 것입니다.

Beyond Story

망매지갈(望梅止渴) 이야기

어느 해 여름, 조조는 부대를 이끌고 적군을 토벌하러 갔습니다. 날씨는 찌는 듯이 무덥고, 태양은 불덩이 같은 데다 하늘에는 구름 한 점 없었죠. 구불구불 이어지는 산길을 행군하고 있는데, 정오가 되자 행군 속도는 눈에 띄게 느려졌어요. 몸이 허약한 군사 몇 명은 졸도하기까지 했고요. 속도가 점점 느려지자 조조는 적을 공격할 기회를 놓칠까 봐 무척 초조해졌습니다. 그러나 눈앞에 몇

만이나 되는 군사와 말들이 모두 물 한 모금 먹지 못해 허덕이고 있는데 무슨 수로 행군 속도를 빠르게 할 수 있단 말입니까?

…(중략)…

순간 그에게는 묘안이 떠올랐지요. 그는 말의 배를 세게 걷어차며 얼른 군사들 앞으로 나섰습니다. 그러고는 말채찍을 높이 들어 전방을 가리키며 말했어요.

"병사들이여! 앞쪽에 아주 탐스럽고 맛 좋은 매실이 우릴 기다리고 있으니 어서 길을 재촉하자! 이 산골짜기만 넘어가면 바로 매실 숲이다!"

그 말을 들은 군사들은 마치 그 순간 달콤하고 새콤한 매실을 맛보기라도 한 듯 침이 고였고, 그것을 꿀꺽꿀꺽 삼키며 정신을 번쩍 차렸습니다. 그 후 군사들의 발걸음이 훨씬 빨라진 것은 두말할 나위가 없고요.

– 왕춘용, 『삼국지 인문학』 중에서

여기에서 망매지갈(望梅止渴)이라는 사자성어가 나왔습니다. 오로지 '마음'만으로도 힘을 낼 수 있다는 뜻이지요. 공부하느라 힘든 때일수록 내가 나를 '망매지갈' 하도록 이끌어야 합니다.

공부할 마음 다지는 일이란 망매지갈의 연속일 수 있습니다. 때로는 고달프고 목마를지도 모릅니다. 그러나 기억하세요. 이 고생에는 반드시 끝이 있고, 그 끝에는 아주 탐스럽고 맛 좋은 매실이 나를 기다리고 있다는 것을요.

PART 3

마음을 키우는 순간, 공부는 재미있어진다

◇ ◇ ◇

유대인 가족과 한국인 가족이 낚시 대회에 참가했습니다. 아버지들은 둘 다 괜찮은 낚시 실력을 갖췄지만, 따라온 아이들은 오늘이 생애 첫 낚시였습니다. 먼저 유대인 아버지는 아이들을 앉혀놓고 낚시 수업을 열었습니다. 낚싯대 잡는 법부터 지렁이 꿰는 법, 잡은 물고기를 건져내는 비법이 전수되었죠. 지루하게 배우긴 했지만 아이들은 썩 괜찮은 낚시 솜씨를 발휘했습니다. 물론 아버지가 자리를 뜨기만 하면 딴짓하느라 바빴지만요. 그런데 한국인 아버지는 한참동안 낚싯대는 꺼내지도 않았습니다. 대신 첫 낚시의 설렘, 짜릿한 손맛, 펄떡대는 물고기를 건져 올리는 장면을 아이들 마음속에 그려놓았습니다. 통통하게 살이 오른 활어뱃살에서만 맛볼 수 있다는 고소한 육즙을 신나게 설명할 때는 침까지 꿀꺽 삼켰지요. 빨려들어갈 듯 열중해 듣던 아이들은 낚시 방법을 알려달라고 아버지를 졸랐어요. 그리고 드디어 낚싯대를 바다 깊숙이 드리웠습니다.

추측해보세요. 이날 낚시 시합의 승리는 어느 가족의 몫이었을까요?

- 06 -

다른 사람 말고,
자신의 과거와 경쟁하라

나의 유일한 경쟁자는 어제의 나다.
- 강수진, 발레리나

나를 넘어서는 그 순간이 바로 정상(頂上)이다.
- 허영호, 에베레스트를 정복한 산악인

공부라는 '경쟁'에서 이기는 법은 따로 있습니다. 그것은 바로 다른 이들과의 경쟁을 그만두는 것입니다.

'얼토당토않은 소리잖아. 상대가 있는 싸움에서 경쟁을 그만두라니!'

엉뚱하게 들릴지 모르겠지만, 경쟁에서 '크게' 이겨본 사람이라면 누구든지 고개를 끄덕일 만한 진실입니다. 나와 비슷비슷하고 고만고만한 라이벌과의 쫓고 쫓기는 소모전을 그만두고, 나와의 싸움에 절대적으로 몰입하라는 뜻이니까요.

물론 공부하면서 다른 사람들을 의식해야 할 때도 있습니다. 그렇대도 어디까지나 딱 '목표를 정하고 계획을 짜는 단계'까지입니다. 내가 뒤처졌다면 얼마나 뒤처졌는지, 앞질렀다면 어느 정도 앞서 있는지 다른 사람과 비교하며 꼼꼼하게 들여다봐야 하는 건 맞아요. 그래야 내가 무슨 공부를 '어느 정도로, 얼마만큼' 해야 할지 감이 잡히니까요. 내 강점과 약점을 파악할 때도 그렇습니다. 다른 사람과 비교해볼 필요가 있어요. 내가 남들보다 잘하는 점, 부족한 점을 따져보아야 어디에 집중할지를 정할 수 있습니다. 이런 경우에는 나와 다른 사람을 적극적으로 비교해보아도 좋습니다. '비교'를 나를 잘 알기 위한 도구로 쓰는 겁니다.

그러나 본격적으로 공부하는 단계라면 이야기가 아주 달라집니다. 경쟁자 같은 건 마음속에서 깡그리 지워버려야 돼요. 내 마음 챙기기도 부족한 시간을 여기저기 두리번거리느라 날려버리는 건 바보짓입니다. 오로지 '나'와 '내 공부'에만 철저하게 마음을 쏟아야죠.

라이벌은 공부할 마음을 빨아먹는 뱀파이어다

라이벌이 있어야 공부 잘된다는 말은 거짓입니다. 오기가 발동해

순간적으로 공부가 잘될 수는 있지만, 오기는 기대와 달리 '수명이 짧은 감정'인데다 경쟁심으로 공부하는 건 '부작용'도 만만치 않거든요.

우선, 라이벌은 나와 고만고만한 친구일 확률이 높습니다. 승부욕이 제대로 발동하기 어려울 정도의 '나보다 훨씬 뛰어난 친구'를 라이벌로 삼는 경우는 거의 없죠. 대부분 나보다 '쬐끔' 잘하는 친구를 라이벌로 정해요. 그러나 조금만 시간이 지나도 이 라이벌 친구는 점점 나에게 도움이 안 됩니다. 라이벌이 나보다 잘하고 있을 땐 자극이 되기보다는 기분이 잡치고, 라이벌이 별로 열심히 안 하는 것처럼 보일 땐 안심이 돼서 공부가 안 되는 겁니다. 결국 라이벌은 내 공부할 마음을 빨아먹는 '뱀파이어'가 되어버리고 말아요. 처음 라이벌을 정한 목적과는 전혀 다르게 흘러가버리죠. 나에게 경쟁자는 눈앞의 그 친구뿐만이 아니잖아요. 내 눈앞에 안 보이는 경쟁자가 몇 만 배는 더 많습니다. 그런데도 내가 정한 라이벌만을 기준으로 삼고 나면 어쩐지 그 친구보다 조금만 더 잘해도 될 것 같은 '비교의 함정'에 빠져버리는 겁니다.

얼마든지 더 달릴 수 있고 달려야 하는데 거기서 멈춰버리고는 '적당히 잘했다'며 스스로를 위안해버리잖아요. 잘못된 환상이죠. 라이벌이 잠깐이야 '반짝' 효과가 있을 수도 있지만, 장기적으로는 자기합리화 도구로 전락해버리는 수가 많습니다.

60초 안에 불행해지는 방법

게다가 라이벌 같은 '다른 사람과의 비교'에는 더 큰 문제가 있습니다. 그것은 바로, 나를 불행하게 만든다는 점입니다. 60초 안에 불행해지는 방법을 알려드리죠. 먼저 교실이 한눈에 보이는 맨 뒷자리에 앉으세요. 그리고 왼쪽 맨 앞자리 친구부터 차례차례 뒤통수를 보면서 떠올려보는 겁니다.

'저 친구는 가졌지만 나는 갖지 못해 부러운 것.'

뭐든지 좋습니다. 성격이든, 잘하는 것이든, 외모든, 주변 사람들이든, 가진 물건이든, 하다못해 집안이든, 샅샅이 찾아 낱낱이 나열해보세요. 일곱 명만 넘어가도 느낄 수 있습니다. 자존감이 무너져 내리고 내가 쓸모없는 사람인 것처럼 비참해지는 기분을.

끝없는 남과의 비교는 내 마음을 멀쩡하지 못하게 만듭니다. 내 마음 괴롭히기일 뿐이죠. 나를 비교로부터 지켜주세요. 나를 다른 사람과 쓸데없이 비교하지 말아주세요.

나를 이기는 순간, 모두를 이긴다

그러나 경쟁은 계속해야 합니다. 다른 사람 말고 바로 '나와의 경

쟁'을요. 다른 사람과 경쟁하다 보면 자꾸만 내가 갖지 못한 '조건'을 탓하게 됩니다. 반면, 나와 경쟁하다 보면 나를 있는 그대로 받아들이게 됩니다. 나를 돌아보게 됩니다. 내 부족한 점을 채워나가게 됩니다. 나를 성장하게 할 방법을 찾게 됩니다. 다른 사람들 힐끔거리며 '도토리 키 재기' 하지 말고, 나 자신을 상대로 나만의 싸움에 뛰어드세요.

공부는 나와의 치열한 경쟁입니다. 나약한 내 마음과의 한판 승부예요. 내가 이겨야 할 유일한 사람은 바로 나 자신입니다. 나를 이기는 순간, 모두를 이기게 됩니다. 그렇다면 어떻게 하는 게 '나와의 경쟁'일까요?

◇

과거의 나와 경쟁하라

우선, 어제까지의 나를 경쟁상대로 삼으세요. 그러고는 모든 면에서 어제보다 나아지려고 노력해보는 겁니다. 경쟁하려면 먼저 상대부터 파악해야 하니, 내 경쟁상대인 '어제의 나'를 곰곰이 되돌아봐요. 어제 하루 어떤 마음가짐으로 공부했고, 시간은 어떻게 썼고, 목표한 공부량은 얼마나 채워놓았는지를 두루 살펴보세요.

내가 특별히 나아지고 싶은 점에 대해서는 보다 더 구체적으로 파고들어야 합니다. 그것이 '수학실력'일 수도 있고, '수업태도'일 수도 있어요. '깜빡 조는 버릇'이나 '정리정돈'일 수도 있고요. '이동 시간에 단어 외우기', 하다못해 '아침에 스스로 일어나기'도 될 수 있습니다. 내가 나아지고 싶은 점이 있다면, 일단 어제는 어떻게 했는지를 자세하게 따져보는 겁니다. 나는 나 자신이 가장 잘 알고 있거든요. 그러고는 본격적인 경쟁을 시작합니다. 하나에서 열까지 모든 면에서 어제의 나보다 더 나아지리라는 목표로요. 어제의 나를 치열한 경쟁상대로 의식해야 돼요. "어제 수학문제를 스물다섯 개 풀었으니, 오늘은 스물여섯 개를 풀겠다", "어제 10분을 졸았으니 오늘은 절대 졸지 않겠다" 하는 식으로 끊임없이 어제의 나를 이기고자 하는 겁니다. 남과 비교하면 '조건'에 주목하게 돼 불행하지만, '어제의 나'와 비교하면 '성장'에 주목하게 돼 뿌듯해져요. 내 마음 바깥에 머물던 나의 관심을 내 마음속으로 되돌릴 수 있거든요. 어제의 나보다 모든 면에서 나아지겠다는 건 결코 낮은 목표가 아니에요. 매우 높은 목표죠.

핵심은, '모든 면에서'입니다. 내가 어제보다 일곱 가지가 나아졌어도 한 가지가 나빠졌다면 모든 면에서 나아진 게 아니죠. 모든 면에서 나아진다는 건, 지독하게 노력해야 겨우 달성할 수 있는 목표예요. 좀처럼 만족스러운 날이 없을 겁니다. 더군다나 어제보다 나아진 오늘이 지나고 나면, 오늘보다 나아지려는 '내일의 목표'는 날마다 조금씩 높아지기까지 합니다. 그러나 도달하고자 '발버둥 치는 과정'만으로도 충분히 의미가 있습니다. 그러는 동안 내가 부쩍부쩍 자라날 테니까요.

오롯이 내 과거와 경쟁하세요. 어제의 나보다 모든 면에서 나아지겠다고 다짐하고 또 다짐하세요. 정성을 쏟아보세요. 오늘 나는, 어제의 나만 이기면 됩니다. 그리고 내일은 또 오늘의 나를 이기면 됩니다. 그러다 보면 나는 점점 과거보다 훨씬 나은 사람이 되어갑니다. 꾸준함만이 가장 바른, 동시에 가장 빠른 길이니까요.

◇ ◇

내 최대치와 경쟁하라

어제의 나보다 나아지고자 노력하는 과정을 통해, 내가 경쟁해야 할 상대는 '내 최대치'입니다. 누구처럼 해보려고, 누구만큼 돼보려고 따라 하는 것 말고, '가장 잘했을 때의 나'를 목표로 잡는 거죠. 우리는 딴사람이 되려고 공부하는 게 아니니까요. 공부는 나를 만들어가는 일이고, 나를 완성하려는 몸부림입니다. 나로서 우뚝 서기 위한 거예요. 그러니 나는 다른 사람 말고, '내 최대치'와 경쟁하는 것이 맞습니다.

'내 최대치'란 순간순간 모든 면에서 최고로 정성을 쏟아야만 만날 수 있는 '최고의 나'를 뜻합니다. 아침에 눈떴을 때부터 밤에 자려고 누울 때까지 '순간순간', 마음가짐에서부터 사소한 습관, 감정 관리, 시간 관리, 집중 정도, 공부 분량에 이르기까지 '모든 면에서', "이것보다 더 노력할 순 없다!"라고 딱 잘라 말할 수 있을 만큼 '최고의 정성'을 쏟았을 때 비로소 만날 수 있는 '가장 완전한 나'가 바로 '최고의 나'이죠. 성적표에 찍히는 숫자 말고, 내 안의 나에게 "우와, 최곤데!" 하는 감탄을 들을 때에야말로 나는 '내 최대치'를 달성한 것입니다. 지독할 정도로 하루하루를 촘촘하고 알차게 쓰는 나, 순간순간을 최고의 선택으로만 메꾸는 나, 부족함을 빈틈없이 채워놓은 나, 걸리적거리는 나쁜 습관을 모조리 끊어낸 나, 내 마음 다루는 데 선수가 된 나, 넘치는 자신감과 만족감으로 충만한 나를 '내 최대치'라고 할 수 있어요.

'내 최대치'와 경쟁하세요. '그저 그런 노력', '적당히 쏟는 열정' 말고 최고의 나와 당당하게 겨루어보는 겁니다. 스스로에게 똑똑히 보여주세요. 내가 최고로 잘하면 어디까지 달릴 수 있는지, 그리고 내가 얼마나 놀라운 사람인지를요. 나는 라이벌 친구와 똑같이 될 수 없습니다. 그렇지만 '내 최대치'와는 완전히 똑같게 될 수 있어요. 나는 얼마든지 그렇게 될 수 있습니다. 다른 조건 따위 필요 없이, 오로지 '내가 어떻게 하느냐'에 따라서요. 잊지 마세요. 나는 탁월해질 수 있습니다.

◇ ◇ ◇

내 한계와 경쟁하라

'과거의 나'와 경쟁하고, '내 최대치'와 경쟁하는 것도 중요하지만, 어쩌면 이게 가장 중요한 경쟁이 될지도 모릅니다. 한계, 즉 '슬럼프'와의 경쟁 말입니다. 나는 딱 여기까지가 끝인 것만 같고, 온몸에 힘이 쭉 빠져버린 듯 맥이 탁 풀려버려서 한 발자국도 내딛지 못할 것처럼 두려움이 스멀스멀 올라오는 그 순간. 자신감은 바닥으로 곤두박질쳐버리고, 스스로가 아무것도 아닌 것 같은 착각에 빠져들어 긴 절망의 터널에 갇힌 듯 마음이 온통 어두컴컴해지는 그 순간.

누구나 한 번쯤 '한계'를 만나지요. 그동안 공들여온 '단단한 마음'이 제 힘을 발휘할 차례라고나 할까요. 내가 이제껏 다져온 마음은 바로 '이때를 위한 마음'이니까요.

죽음을 앞둔 랜디 포시 교수는 마지막 강의에서 이렇게 말했습니다. "한계는 절실히 원하지 않는 사람들을 걸러내기 위해 존재합니다. 내가 무언가를 얼마나 강렬하게 원하는지 깨닫게 해주는 기회죠. 한계라는 건 다른 사람들을 멈추게 하려고 거기 있는 겁니다. 뜨겁게 원하는 나 말고요."

저도 몇 차례 "한계가 온 것 같아!" 하는 순간들을 겪어보았는데요. 이 한계라는 놈은 밖에서 기어들거나 날아드는 게 아니더라고요. 내 마음이 스스로 만들어낸 괴물일 뿐이었죠. "역시 난 안 돼!", "나는 여기까지가 한계인가 봐!", "난 뭘 해도 안 되는 놈이야!" 하면서 지레 겁먹고 스스로 그어놓은 선. 바로 그게 한계였고, 그럴 때마다 저는 어김없이 슬럼프에 빠졌습니다. 내가 한계로 보지 않는 한, 나에게 한계라는 건 있을 수가 없어요. "좀 힘들긴 해. 그렇지만 어떻게 겨우 요 정도를 갖고 내 한계라 할 수 있겠어!", "어림도 없어. 그럴수록 더 달릴 거야!"라고 했더라면 저에게 한계라는 건 있을 수가 없었겠죠. 한계를 결정하는 사람은 오로지 나 자신뿐이니까요. "여기까지가 내 한계야!" 하면서 주저앉는 대신, '한계를 돌파할 방법'을 찾는 쪽이 훨씬 더 현명하겠더라고요. 해내고자 하는 마음만 진짜로 있다면, 방법은 언제든 얼마든지 있는 법이거든요. 나아가 한계치는 태어날 때부터 정해져 있는 게 아니에요. 내가 그동안 살아오면서 '내 한계를 어디에 두었는가' 또는 '한계가 느껴질 때마다 어떻게 대처했는가', '한계라고 소리치며 주저앉았는가, 한계가 아니라며 한계치를 높여왔는가'에 따라 한계의 높낮이가 다를 뿐이죠.

이것을 깨닫고 저는 많이 달라졌습니다. 쉽사리 한계라고 규정짓고 주저앉아버리는 대신, 어떻게든 극복할 방법이 있으리라는 믿음으로 한계치를 높여갔습니다. 그러고 난 후로는 “크헉! 한계야, 한계!” 하면서 주저앉을 일이 좀처럼 없어졌습니다. 역시 한계는 내 마음이 만들어낸 괴물이었나 봐요.

막다른 벽을 만나면 도망가지 마세요. 과감하게 싸우겠노라 결단하세요. 한계에 이리저리 휩쓸리거나 끌려다니지 말고 내 손으로 한계치를 끌어올리세요. 내 한계와 당당하게 경쟁하는 겁니다. 남들을 ‘추월’하지 않아도 ‘초월’해버리면 돼요. 지독하게 하는 놈은 아무도 못 이깁니다. 남들이 쳐주는 박수 말고 내가 나에게 쳐주는 박수에 귀 기울이세요. 내가 이겨야 할 유일한 사람은 바로 나 자신입니다.

지켜보세요. 나를 이기는 순간, 모두를 이기게 됩니다.

마음속에 모티베이터를 품어라

나 자신과 경쟁하는 동안, 나를 ‘적당히’ 하도록 만드는 라이벌 대신 마음속에 ‘모티베이터(Motivator)’를 품어보세요. ‘모티베이터’란 자신의 삶을 통해 지켜보는 이들의 마음에 열정을 꽃피우는 사람을 뜻합니다. 자신과의 고독한 싸움에서 승리를 거둔 사람들이기 때문이죠. 라이벌을 마음에 품으면 자꾸 그가 가진 '조건'이 보이지만, 모티베이터를 마음에 품으면 그들이 '인생을 대하는 태도'가 보입니다. 마음을 열자고요. 그리고 인생 선배들로부터 크게 한 수 배워보는 겁니다.

어쩌면 오늘, 나를 돌아보게 할 인생의 모티베이터를 만나게 될지도 모릅니다.

마이클 조던, 농구 선수 | 나는 언제나 더 나아지고 싶었어요. 내가 최고라는 걸 보여주기 위해서는 연습하고 또 연습하는 수밖에 없었죠. 내가 혹독하게 길들여놓는 한, 내 마음은 결단코 나를 배신하지 않습니다. 나는 발목 좀 삐었다고 해서 2주씩이나 경기를 뛰지 않는 선수들을 이해할 수 없었어요. 나는 그런 때일수록 정신력으로 승부를 걸고 싶었습니다. 허리경련으로 온몸이 덜덜 떨리던 날에도 나는 홀로 40점을 득점했죠. 나는 쉼 없이 연습했습니다. 경기가 있는 날이면 텅 빈 코트에 새벽부터 홀로 나가 온종일 자유투를 연습했어요. 나는 언제나 내가 더 나아질 거라고 믿으니까요. 한번은 아버지께서 팀 주치의를 만나 내 몸 상태가 어떠냐고 물으셨대요. 주치의는 답했어요. "조던의 몸 상태가 영 안 좋네요. 독감에 걸렸는데, 배탈까지 났거

든요." 그랬더니 아버지는 "오! 마이클 녀석이 오늘 경기를 아주 잘 치르겠군요!"라고 대꾸하셨다잖아요.

EXO 카이, 가수 | 나는 아홉 살에 춤을 배우기 시작했습니다. 재즈댄스가 됐든 발레가 됐든 춤이라면 일단 무조건 배우고 봤어요. 동작 하나하나를 꼼꼼하게 몰입해서 배웠습니다. 그러던 중 열다섯 살에 좋은 기회를 얻게 되었어요. 5년간의 연습생 생활이 시작된 겁니다. 그날부터 오로지 연습, 또 연습뿐이었습니다. 명절날 다른 친구들이 휴가를 떠나도 나는 텅 빈 연습실에 남아 있을 정도였죠. 3일 휴가 내내 밥 먹는 시간만 빼놓고는 춤 연습에 몰두했어요. 평소에도 마찬가지였습니다. 아침이면 연습실 문을 처음 열고 들어가 하루 종일 거울 앞에서 춤만 연구했어요. 동작을 하나씩 뜯어보고는 이렇게 하면 좋을지, 저렇게 하면 좋을지 디테일을 조금씩 바꿔보면서요. 나는 더 나아지려는 노력을 단 한 번도 멈추지 않았습니다. 그 시절 나보다 더 늦게까지 연습실에 남아 있는 연습생은 단 한 명도 없었습니다. 어떤 때는 해가 뜰 때까지 춤 연습을 했으니까요.

박동진, 판소리 명창 | 목청에 소리를 틔우고 싶었습니다. 마을 뒷산으로 올라가 움막을 지어놓고 소리공부를 시작했습니다. 하

루 열여덟 시간씩 스스로를 혹독하게 훈련시켰습니다. 득음을 하고 싶었으니까요. 장단을 연습할 때는 몸을 돌볼 정신도 없이 북 치는 데에만 흠뻑 빠져들어, 끝나고 나면 열 손가락 끝마다 피멍이 들고 양팔은 올라가지도 않았습니다. 잠자는 시간을 아껴가며 소리에만 매달렸습니다. 달 밝은 밤이면 고요한 산속에 오로지 내 목소리만 울려 퍼졌죠. 어떤 때는 너무 연습에만 몰두한 나머지, 이가 다 뜨고 손마디는 축 늘어지면서 눈앞이 흐려지기도 했습니다. 온몸이 부어올라 도저히 소리를 낼 수 없게 되어버리는 겁니다. 그럴 때는 민간요법으로 역겨운 똥물을 구해다 단숨에 들이켜고는 까무러쳤다가 일어나 다시 연습에 돌입했습니다. 나는 판소리 연습을 멈추지 않았습니다. 나는 내가 할 수만 있다면 모든 노력을 모조리 쏟아붓고 싶었습니다. 지독하게 해서라도 득음하고 싶었습니다. 나는 큰 소리꾼이 되고 싶었으니까요.

오노 지로, 초밥 장인 | 나는 80년째 초밥을 쥐는 사람입니다. 언제나 손님들에게 가장 맛있는 초밥을 대접하고 싶은 마음뿐이지요. 그래서 나는 내 손 관리에 극성스러울 정도로 엄격합니다. 초밥은 맨손으로 쥘 수밖에 없는데, 내가 손 관리를 함부로 했다가는 당장에 초밥 맛이 떨어질 게 뻔하잖아요. 내 손은 30년

째 햇빛을 본 적이 없습니다. 사시사철 장갑을 끼기 전에는 절대로 바깥에 나가지 않습니다. 햇볕에 손을 함부로 내놓았다가 손이 조금이라도 뻣뻣해지거나 까끌까끌해지면 당장에 초밥 맛이 달라질 테니까요. 물론 손 다칠 만한 일이라면 근처에 얼씬도 하지 않습니다. 손에 조금이라도 냄새가 밸까 봐 화장품도 일절 바르지 않고요. 내가 좋아하는 음식은 마늘이지만 어쩌다 명절에 한번씩이 아니고서는 결코 마늘을 먹지 않습니다. 만지지도 않아요. 마늘의 강한 향은 초밥 맛을 나쁘게 할 테니까요. 내가 만든 초밥은 언제나 내가 가장 먼저 맛봅니다. 나는 혀 감각을 예민하게 유지하려고 커피도 마시지 않습니다. 초밥을 만들고 있지 않을 때는 재료 횟감을 주욱 늘어놓고 하나하나의 빛깔, 두께감, 쫄깃한 정도, 탱탱함을 꼼꼼히 연구합니다. 나는 이러한 노력들이 너무나도 당연하다고 생각합니다. 나는 초밥을 만드는 사람이니까요.

미우라 켄타로, 만화가 | 나는 13년 동안 하루도 거르지 않고 만화를 그렸습니다. 매일 열다섯 시간씩 치열하게 몰입합니다. 내 만화에 십만 대군이 등장한 적이 있는데요. 나는 그 십만 명을 빠짐없이 꼼꼼하게 그렸습니다. 주인공 몸에 상처가 나는 장면이 있을 때는 상처들마다 번호를 매겨놓고는 이야기를 진행하

면서 그 상처가 각각 얼마나 되었는지, 치료를 받았는지를 따져가며 아무는 과정을 만화에 표현합니다. 나는 내가 만족스러울 때까지 다시 그리고 또 다시 그립니다. 아무리 오래 걸려 그렸더라도 전체 흐름에 방해되는 요소가 단 하나라도 있으면 아예 처음부터 만화를 다시 그리죠.

이외수, 소설가 | 나는 오로지 글에만 집중하고 싶었습니다. 그래서 특별 주문한 교도소 철문을 달아놓고는 바깥에서 걸어 잠가버렸습니다. 나를 스스로 가둔 셈이죠. 글감옥 안에 갇혀 하루 세 시간 잠자는 것 빼놓고는 온통 집필에만 몰두했습니다. 어떤 때는 닷새 동안 한잠도 자지 않고 원고지와 씨름했습니다. 시퍼런 칼날 같은 정신력을 갖고 싶어서요. 문장 공부를 할 때는 한겨울에 한 솥 가득 밥을 지어 밖에다 내놓고는 얼음밥을 만들어 먹기도 했습니다. 얼음밥은 도저히 수저로 먹을 수 없습니다. 망치와 못으로 깨뜨린 다음 으적으적 씹어 먹는 수밖에요. 정신뿐만 아니라 내장까지도 투명해지는 느낌이었습니다. 덕분에 저는 글공부의 핵심을 터득할 수 있었죠.

박병훈, 철인3종경기 선수 | 수영과 사이클, 마라톤을 휴식 없이 연달아 겨루는 철인3종경기에 출전했습니다. 수영 성적이 부진했

던 터라 사이클 순서에 심장이 터져라 미친 듯 페달을 밟았습니다. 일순간 구토가 치밀었고 다리는 딱딱하게 굳어버렸습니다. 바늘로 찔러 피를 내면 다리가 좀 풀어지더군요. 페달을 밟으며 흥건하게 피가 배어나올 때까지 바늘로 수십 번을 찔렀습니다. 다음은 마라톤이었습니다. 그런데 아뿔싸! 사이클을 탈 때부터 말썽을 부리던 다리 근육이 이제는 뭉치고 꼬이고 뒤틀리는 겁니다. 그렇다고 달리기를 멈출 순 없었습니다. 일단 뛰면서 수백 번씩 두 다리를 부딪쳐가며 근육을 달래주었습니다. 아픔을 잊기 위해서라도 달리고 또 달렸습니다. 그리고 마침내 결승선. 이 경기에서 나는 아시아 신기록을 수립했습니다.

이상윤, 대학교수 | 나는 어느 날 덜컥 생존확률 10퍼센트도 되지 않는 희귀암에 걸렸습니다. 광대뼈 안쪽에 도사리고 있던 암세포가 순식간에 눈과 잇몸까지 퍼졌습니다. 광대뼈를 모두 들어내고 윗잇몸을 도려내는 수술을 받았습니다. 왼쪽 얼굴이 함몰되고 입천장에는 구멍까지 생겼죠. 발음을 할 수 없는 '언어장애인'이 되어버린 겁니다. 나는 말을 하고 싶었습니다. 인생을 포기하기 싫었습니다. 그래서 입안 구멍을 보철로 틀어막고 어린아이처럼 매일 가나다라를 수천 번씩 반복했습니다. 보철을 끼면 입안이 헐고 찢어지고 터지면서 비릿한 피냄새가 진동을

했습니다. 줄줄 흘러내리는 피를 손수건으로 닦아내다가 안 되면 뱉어가며 연습을 멈추지 않았습니다. 울컥 터져 오르는 울음을 삼키며 계속 가나다라를 연습했습니다. 발음 훈련만 1년이 넘도록 되풀이했습니다. 버티는 수밖에 없었습니다. 한 번뿐인 내 인생을 이대로 포기할 순 없었습니다. 나는 결국 언어장애를 극복했습니다. 그리고 꿈에 그리던 대학 강단에 설 수 있었습니다.

테오도르 제리코, 화가 | 나는 작품을 그릴 때마다 머리를 삭발하고 1년 동안 작업실에서 옴짝달싹하지 않을 만큼 철저하게 몰입했습니다. 절단된 머리나 사지를 그릴 적에는 섬뜩함을 무릅쓰고 병원 시체실을 수시로 드나들었습니다. 시신을 하나하나 관찰하면서 데생과 스케치를 연습했습니다. 어떤 때는 시신 일부분을 작업실로 가져오기도 했습니다. 시체가 썩어 물이 줄줄 나고 역한 냄새가 코를 찔러도 꿋꿋이 참아가며 작품에만 열중했습니다. 그런 노력 끝에 나는 프랑스를 대표하는 화가이자 낭만주의 회화의 창시자가 될 수 있었습니다.

* * *

이제부터 라이벌은 잊고, 나를 모티베이터와 견주어보세요. 그들이 인생을 대하는 '태도'와 경쟁하세요. 내 과거와 경쟁하고, 내 최대치를 자꾸만 뛰어넘어보세요. 그렇게 하면 내 한계와 당당하게 맞설 수 있어요. 라이벌을 '추월'하느라 진 빼지 않아도, '초월'해버릴 수 있습니다. 물론 내 마음 가다듬는 데 모든 열정을 다 쏟아야 하겠지만요.

나를 이기는 순간, 모두를 이기게 됩니다. 쭈뼛거리거나, 머뭇거리지 말고 지금 당장 시작해보세요.

나는 믿습니다. 당신은 틀림없이 '자신과의 경쟁에서 이기는 사람'이 될 것입니다.

Beyond Story

내가 노량진 수산시장에서 배운 것

고등학교에 들어갈 무렵이 되자, 친구들이 하나둘씩 캠퍼스 투어를 다니더군요. 목표로 정해둔 대학교를 둘러보고 미래의 선배들에게 조언도 듣고 사진도 찍고요. 좋아 보였습니다. 어수선한 마음에 공부할 마음도 통 사그라진 것 같던 터라 저도 가볼까 해서 인터넷을 뒤적거리는데, 그날 마침 '노량진 수산시장'을 담은 동영상 하나를 보게 되었습니다. 짙은 어둠이 밴 새벽 시장을 총총히 밝히는 형광

등 불빛, 펄떡대는 활어들과 무엇보다 활기가 넘치는 아주머니, 아저씨들.

단숨에 반해버렸어요. 쇠뿔도 단김에 빼랬다고 곧장 다음 날 밤을 꼴딱 새고는 새벽시간에 맞춰 노량진 수산시장으로 향했습니다. 노량진으로 캠퍼스 투어를 간 셈이었지요.

모두가 잠든 새벽 3시, 그곳에는 깨어 있는 사람들로 가득했습니다. 비릿한 생선 냄새와 함께 노란 상자를 바닥에 내리치는 소리가 쿵쿵 울리고, 시끌벅적하게 손님 모으는 소리, 제 귀에는 외계어처럼만 들리는 경매 소리에 순식간에 기분이 좋아지더라고요. 두리번거리느라 정신이 팔려 있을 때 마침 붉은 도미가 팔짝 튀어 오르는 바람에 제 신발이 다 젖어버렸는데도 말이에요.

얼음 포대를 번쩍 든 아저씨는 어찌나 잽싸게 움직이시는지 감탄이 절로 났어요. 매서운 겨울바람에도 아랑곳하지 않고 벗은 웃통에 얇은 조끼 하나만 걸친 채로 수레를 끌고 다니시던 아저씨는 또 어찌나 척척이시던지요. 일이 저 정도로 손에 익기까지 얼마나 많은 힘을 쏟으셨을까 싶어 마음이 숙연해졌습니다.

노량진 수산시장에는 '삶'이 있었습니다. 언 손을 호호 불고 연신 비벼대면서도 하나도 힘들지 않으시다 말씀하시던 어리굴젓 파는 할머니가 계셨고, 스티로폼 더미에 엎드려 잠깐의 쪽잠을 주무시다가도 손님이 오면 쾌활한 목소리로 달려가 살갑게 맞으시는 아주머니가 계셨습니다. 차디찬 조개껍질 몇 포대를 맨손으로 벗겨내고도 따끈한 쌍화차 한잔이면 금세 온기를 되찾는 아저씨가 계셨습니다. 새우를 먹음직스럽게 늘어놓다가 밀려드는 졸음에 깜빡 눈이 감겼을 때 졸린 눈을 비비며 다시금 일에 열중하는 정성스런 손길이 있었습니다.

자신의 업(業)에 진심을 다하는 삶이 그곳에 있었습니다. 끊임없이 에너지를 쏟아내면서도 맑고 밝은 얼굴을 가진 사람들이 있었습니다. 존경스러웠습니다. 그리고 몹시 부끄러웠습니다. 저절로 저의 업인 '공부'를 돌아보게 되더군요. 이분들 앞에서 창피하지 않도록 저도 진심을 다하리라 다짐했습니다.

이날 이후로 저는 제 인생 최고의 모티베이터를 마음속에 품었습니다. 새벽 3시 노량진 수산시장 사람들. 이들이 '인생을 대하는 자세'를 본받고 싶었습니다. 허리가 휜 할머니가 감사 기도를 올리듯 다 팔리고 난 생선 상자를 구석구석 정성껏 씻으시던 모습과, 경건하게 두 손으로 받쳐 든 새로운 생선을 상자에 차곡차곡 담으시며 따뜻하게 지어보이시던 미소가 뇌리에 박혀 지금도 잊히지를 않습니다.

저는 지금도 제 자신이 게을러지거나 나태해졌다 싶으면 반사적으로 머릿속에 노량진을 떠올립니다. 칼바람 쌩쌩 부는 어두컴컴한 겨울 새벽을 땀 뻘뻘 흘리며 환히 밝혀놓은 사람들과, 내가 직접 가서 목격한 그들의 인생을 대하는 태도를 말입니다. 열정이 사그라진 기분이 든다면 꼭 한번 그곳에 가보길 바랍니다. 인생을 대하는 태도를 크게 한 수 배울 수 있을 겁니다. 지금도 제 마음속 최고의 모티베이터는 노량진 수산시장에 있습니다.

- 07 -

마법 같은 집중을 만드는 키워드 '지금, 여기'

언제나 현재에 집중하기만 한다면 틀림없이 행복할 것이다.

- 파울로 코엘료 Paulo Coelho, 브라질의 소설가

모든 마음을 지금 하고 있는 일에 쏟아부어라.
돋보기에 태양빛을 하나의 초점으로 모으기 전까지는 불을 붙일 수 없다.

- 알렉산더 그레이엄 벨 Alexander Graham Bell, 미국의 발명가

공부 고수(高手)들은 죄다 '몰입 고수'인 법입니다. 공부하는 순간만큼은 집요할 정도로 '지금, 여기'에만 파고들죠. 깊이 빠져드는 몰입은 '지금, 여기'에서만 가능하거든요. 마음이 과거와 미래 사이에서 허우적대고, 이곳저곳을 산만하게 들락거려서는 절대로 몰입할 수 없습니다. 잡념에 잡념이 꼬리를 무는 어수선함 속에서 어떻게 강렬한 몰입이 싹틀 수 있겠습니까. 내 마음이 오롯이 '지금, 여기'에 단단히 뿌리를 내릴 때, 비로소 '몰입의 순간'은 꽃을 피웁니다.

내 몸은 과거나 미래로 갈래야 갈 수가 없어요. '지금, 여기'에만 존재합니다. 그러나 마음은 달라요. 내가 조금이라도 한눈팔고 있으면 마음은 재빨리 달아나버립니다. '지금'에 온전히 머무르지 않고, 이미 지나가버린 날로 뒷걸음치거나 아직 오지 않은 날로 날아가버리기 십상이에요. '여기'에 머무르지 않고, 엉뚱하고 터무니없는 곳을 헤매고 다니기 일쑤이죠. 그렇게 마음을 놓쳐버리고 나면, 나에게 몰입이니 집중이니 하는 이야기는 '딴 나라 이야기'가 되어버리고 맙니다. 무섭도록 집중하는 힘은 다른 데서 뿜어져 나오지 않습니다. '지금, 여기'에 마음을 고스란히 두어 모든 잡념을 깨끗이 걷어낼 때에만 놀라운 몰입이 시작됩니다.

내 마음의 중심이 지금 이 순간에 닻을 내리는 순간, 눈앞에는 멋진 몰입의 세계가 펼쳐집니다. 마법 같은 집중으로 내 공부를 흠뻑 적시게 됩니다. 떠들썩한 머릿속과 불안정한 마음속이 잠잠해지고, 숨 쉬는 순간마다 정신이 번쩍 깨어납니다. 시끌벅적한 교실 한가운데서도 고즈넉한 산사의 여유로움을 누리게 됩니다. 공부할 마음을 다잡지 못해 허비하던 시간이 10분의 1로 줄어듭니다. 내 열정의 온도가 높아집니다. 무엇보다도 내 인생의 순간순간을 온전히, 그리고 힘차게 채울 수 있게 됩니다.

아무것도 보이지 않고 들리지 않을 만큼

탁월한 명궁(名弓)이 두 제자와 활을 쏘러 숲에 갔습니다. 도착하자마자 제자들은 활 쏠 준비에 바빴어요. 화살촉을 날카롭게 다듬고는 한 눈을 지그시 감고 과녁과 자신의 거리를 가늠해보았죠. 그때 스승이 그들을 멈추게 했습니다. 그러고는 뜬금없이 눈앞에 무엇이 보이느냐 물어보았어요. 첫 번째 제자는 주위를 둘러보며 대답했습니다.

"위로는 하늘과 구름이 보이고 아래로는 들판과 풀밭이 보입니다. 숲에는 밤나무, 단풍나무, 참나무, 소나무가 있고 그 나뭇가지들도 보입니다. 초록빛 이파리도 보이고요. 과녁의 빨간 테두리 원도 보입니다. 그리고 또……."

스승은 그의 말을 싹둑 잘라버리고 손에 든 활까지 빼앗아버렸습니다. 그러고는 두 번째 제자에게 다시 물었죠.

"그래, 너는 무엇이 보이느냐?"

두 번째 제자는 불꽃이라도 튀길 듯한 눈빛으로 대답했습니다.

"과녁 중앙에 있는 작은 점 하나만 보입니다. 그것 말고는 아무것도 보이지 않습니다."

"쏘거라!"

스승의 말이 끝나기가 무섭게 활시위가 당겨졌습니다. 그리고 화살은 과녁 정중앙으로 날아가 정확하게 탁 꽂혔습니다.

활 쏘는 순간에는 눈동자 속에도 마음속에도 온통 '과녁 정중앙'만 들어차야 한다는 겁니다. 그것 말고는 구름도, 밤나무도, 나뭇가지도, 빨간 과녁 테두리조차도 모조리 '잡념'일 뿐이라는 거죠. 한곳에 모여야 할 정신집중을 방해하는 군더더기니까요. 세상에 나 자신과 과녁 정중앙만 있는 듯 몰입해야만 '과녁 정중앙'에 화살을 정확하게 내리꽂을 수 있습니다.

몰입 이론의 창시자 미하이 칙센트미하이 교수는 이렇게 말했습니다.

"'몰입(Flow)'은 어떤 행위에 깊이 빠져들어 시간의 흐름이나 공간, 더 나아가 자신에 대한 생각까지 잊어버릴 때의 심리적 상태이다. 즉, 느끼는 것과 바라는 것과 생각하는 것이 하나로 어우러지는 것이다."

몰입하는 데 가장 큰 장애물은 바로 '잡념'입니다. 마음속에 먼지처럼 켜켜이 잡념을 쌓아두고는 똑바로 된 집중상태에 결코 도달할 수 없어요. 잡념이란 잡념은 마지막 한 톨까지도 모조리 쓸어 담아 버려야 돼요. 마음이 잡념으로 물들어 있으면 하루 종일 앉아 있어도 공부한 게 아닙니다. 국어 지문을 읽더라도 눈이 책 위를 가볍게 스쳐 지나갈 뿐이라서, 시간이 지나면 남는 게 아무것도 없고, 암기 과목을 외우더라도 뒤돌아서면 까맣게 잊어버리고 말죠. 잡념 때문입니다. 마음이 딴생각하느라 바빠 죽을 지경인데, 책상 앞에 앉아 있는들 무슨 공부가 되겠습니까.

잡념에는 '지금, 여기'가 최고의 치료제입니다. 잡념은 마음에서 자라난 독버섯인지라 처방도 마음에서 내려야 하거든요. 내 마음을 '지금, 여기'에 단단히 박아두는 순간, 잡념은 온데간데없이 사라져버립니다. 수학문제 하나를 풀더라도 영원의 시간이 딱 지금에서 멈추고, 우주 공간이 딱 여기에만 있어서 오로지 '내 눈앞의 수학문제'와 '나 자신', 이 둘만 존재하는 것처럼 빠져드는 겁니다. 내 인생에서, 그리고 이 세상에서 가장 중요한 일이 눈앞의 수학문제 하나를 풀어내는 것이라는 듯 내 마음을 설득시키는 거죠. '지금, 여기'로만 마음속을 가득 채워야 해요.

이렇게 '몰입 상태'에 빠져 있으면 같은 1시간이라도 똑같은 1시간이 아니게 됩니다. 몰입하지 못할 때의 5시간, 10시간보다 효율이 탁월하게 높아지니까요. 시간의 질(質)이 놀랍도록 높아지는 거죠. 더불어 철저한 몰입에 이르면 뜻하지 않은 행복까지 덤으로 맛볼 수 있습니다. 비로소 공부가 재미있어져요.

낫이 저절로 풀을 베었다. 그것은 행복한 순간이었다. 레빈은 오랫동안 베어나갈수록 더욱 자주 무아지경의 순간을 느끼게 되었다. 그런 때에는 이미 손이 낫을 내두르는 게 아니라 마치 낫 스스로 끊임없이 자기를 의식하고 있는 생명에 찬 육체를 움직이고 있는 듯했다. 마치 요술에 걸리기라도 한 것처럼. 그에 대해 아무 생각을 하지 않는데도 일이 정확하고 정밀하게 저절로 되어가는 것이었다. 이런 때가 가장 행복한 순간이었다.

– 톨스토이, 『안나 카레리나』 중에서

마치 무언가에 홀리기라도 한 사람처럼 온 힘을 다해 에너지를 아낌없이 쏟아부으면서도, 정작 자신은 힘들거나 피곤한 줄도 몰라요. 오히려 이런저런 잡념들이 사라져버리면서 홀가분한 기분이 들고, 온몸의 세포 하나하나까지 파르르 깨어나는 게 느껴지죠. 내가 공부를 억지로 해야겠다고 되뇌지 않아도, 마치 마법에 걸려 공부가 나를 이끌고 다니는 것처럼 시간이 빠르게 흘러가요. '진짜 몰입한 상태'라면, '10분쯤 지났겠지' 싶어 확인해보면 3시간이 후딱 지나 있습니다. 내가 지금 공부하는 것 말고는 아무것도 보이지 않고, 아무것도 들리지 않을 정도로요.

온전한 마음으로 공부하는 법

내 마음속의 잡념을 없애고, 공부에만 몰입하기에 '딱 좋은 상태'로 만들어줄 방법을 소개합니다. 저도 공부하기 전이나 시험 보기 직전에 자주 해보았는데요. 참 좋더군요.

책상 앞에 앉았는데 느닷없이 어제 본 텔레비전 프로그램이 생각나거나, 낮에 친구에게 들은 이야기로 웃음이 터져 나오는 것처럼 '쓸데없는 잡념'이 집중을 방해하는 순간마다 하나씩 따라 해보세요. 머리가 맑아지고 마음이 '지금, 여기'에 온전히 존재하게 될 것입니다. 몰입도가 높아지고 공부가 깊어질 것입니다.

◇

내 호흡을 알아차린다

제가 본격적으로 공부를 막 하기 시작했을 때 쓰던 방법입니다. 공부를 하려고 앉아도, 마음속에 가득 자리 잡은 잡념 탓에 '내가 지금 숨을 쉬고 있는지 아닌지'조차도 알아차리지 못하겠더라고요. 그럴 때, 호흡을 알아차리는 데 집중하다 보면 안개 같은 잡념도 사라지더군요.

먼저 허리와 등을 곧게 펴서 의자에 딱 붙이고 몸에 힘을 쭉 빼니다. 콧구멍으로 공기를 들여보내 가슴과 배를 채우고, 다시 천천히 내보내면서 자연스럽게 '나의 호흡'을 느껴보는 거죠. 다른 모든 생각은 철저히 차단하고, 한 번에 하나의 호흡에만 집중합니다. 속으로 조용히 들숨에서는 '들이마시고~', 날숨에서는 '내쉬고~'라고 말하면 훨씬 도움이 됐어요. 그렇다고 억지로 호흡하지는 않았습니다. 자연스러운, 있는 그대로의 호흡을 느끼며 따라갈 뿐이었죠. 코로 숨이 들어와 가슴을 통해 아랫배까지 이어지는 느낌, 다시 아랫배가 푹 꺼지면서 가슴을 거쳐 코로 빠져나가는 느낌을 알아차리다 보면 감각은 차분해지고 잡념은 마음의 수면 밑으로 깊이 사라져 마음이 잔잔해졌어요.

이렇게 적게는 1분에서 길게는 2분까지, 내 호흡을 묵묵히 느껴보세요. 머리가 맑아질 거예요. 내 마음에는 이제 그 어떠한 물결도 일지 않아요. 잡념이 완전히 사라졌기 때문이죠.

◇ ◇

스트레스에서 한 발짝 떨어져, 터트린다

스트레스로 마음이 헝클어져 뒤죽박죽됐을 때 해보시면 좋습니다. 스트레스로 인해 부글부글 끓고 있는 내 마음에다 대고 외치는 겁니다.

"타임아웃(Time-out)!"

농구나 배구에서 경기 도중 게임을 잠시 멈추고 작전 타임을 갖는 것처럼 말이에요. 안 그래도 활활 불타오르는 마음에 나까지 불을 보태는 건 어리석은 짓이에요. 벌겋게 달궈진 마음 스위치를 '타임아웃'으로 잠시 꺼버리세요. 스트레스에서 한 발짝 뒤로 물러서기 위해서요.

그러고는 마음속에 풍선 하나가 있다고 상상해보는 겁니다. 빨간 풍선이 됐든 파란 풍선이 됐든 빵빵하게 부풀어져만 있다면 다 괜찮습니다. 이제 상상 속의 터질 듯 부풀어진 풍선에 내 스트레스를 글자로 적어보세요. 단어로 적어도 되고 문장으로 적어도 돼요. 한 글자 한 글자 유성매직으로 진하게 적어 넣는 장면을 마음속으로 상상합니다. 다 적으셨나요?

'스트레스 풍선'을 5초간 내 품속에 껴안는 상상을 합니다. 하나, 둘, 셋, 넷……. 숫자를 세는 동안 아무리 싫어도 껴안고 있어야 합니다. 그리고 다섯! 하는 순간, 풍선을 빵! 터트려버리거나 훨훨 날려버리는 장면을 상상합니다. 이제 내 마음속 스트레스는 싹 사라졌습니다.

확인 사살을 위해 터지고 난 뒤 쪼그라들어버린 풍선 찌꺼기나, 멀리멀리 날아가는 풍선의 모습까지 마음속으로 그려보신다면 더욱 좋습니다.

◇ ◇ ◇

머릿속을 흐르는 물에 씻는다고 상상한다

눈을 감고, 숨 쉴 때마다 맑은 공기가 듬뿍 느껴지는 숲속 풀밭에 내가 호젓이 누워 있다고 상상해보세요. 바람은 살랑살랑 기분 좋게 불어오고, 하늘은 구름 한 점 없이 새파랗습니다. 푹신한 풀밭에 누운 나는 맑은 기운에 감싸여 편안함을 느낍니다. 나는 내 마음속에 갇혀 있는 새를 날려 보내주고 싶습니다. 나는 마음속 새장의 문을 엽니다. 두 손으로 새를 조심스레 받쳐 들고 꺼냅니다. 그리고 높은 하늘 위로 훨훨 날려 보냅니다. 마음이 홀가분하고 솜털처럼 가벼워집니다.

풀밭 옆으로는 졸졸졸 개울물이 흐릅니다. 바닥이 투명하게 다 비쳐 보일 정도로 무척 맑은 물입니다. 나는 내 머릿속에서 뇌를 꺼낸다고 상상합니다. 잡념의 찌꺼기와 감정의 먼지가 지저분하게 들러붙은 뇌입니다. 나는 뇌를 꺼내들고 개울가로 가져갑니다. 그러고는 흐르는 물에 뇌를 헹굽니다. 맑아질 때까지, 깨끗해질 때까지 닦고 또 닦습니다. 물속에 담근 뇌를 살살 흔들어가며 뽀드득뽀드득 정성 들여 씻습니다. 마침내 내 뇌는 반질반질 윤기가 날 만큼 정결해졌습니다. 속이 다 들여다보일 정도로 투명해졌습니다. 나는 그 뇌를 다시 내 머릿속 깊숙이 끼워 넣습니다. 머릿속은 물론 마음

속 가득히 맑은 기운이 차오르는 기분을 느낄 수 있을 것입니다.

◇ ◇ ◇ ◇

배 위에 지구를 올려놓았다고 상상한다

1982년 학력고사 전국 수석자, 원희룡 장관이 『나는 서브쓰리를 꿈꾼다』에 밝혀놓은 비밀입니다.

아무런 준비물 없이 해볼 수 있는 연상법입니다만, 더 생생한 경험을 원한다면 작은 돌멩이 하나만 준비하세요. 우선 돌멩이를 배 위에 올려놓았다고 상상해보세요. 실제로 배꼽 위에 작은 돌멩이 하나를 올려놓는 것도 도움이 됩니다. 아무리 적은 무게라도 물체의 중량감이 느껴지니까요.

눈을 감고 열려 있는 모든 감각을 돌멩이에게로 집중시킵니다. 그리고 상상합니다. 숨을 쉴 때마다 돌멩이가 점점 커질 거라고요. 처음엔 공깃돌만한 돌멩이가 탁구공 크기가 되고, 조금씩 커지더니 야구공만 해집니다. 그리고 배구공이 되었다가 점차 커져 나중에는 커다란 애드벌룬만 해질 것입니다. 내 몸은 이제 심한 압력을 받아 숨 쉬는 것조차 힘들어지고 전혀 움직일 수 없습니다. 물론 아직도 돌멩이는 계속 커지고 있는 중입니다. 마음의 눈으로 보세요. 어느덧 내 배 위에는 감당할 수 없을 만큼 커다란 지구가 올라와 있을 것입니다.

그럼 이제 배 위에서 지구를 내려놓고 한동안 감았던 눈을 떠봅니다. 다시 하던 공부에 몰입해보세요. 이전보다 훨씬 더 집중이 잘 될 것입니다. 한곳으로 쏠려 있던 마음의 눈이 다시 살아 있는 세상을 향해 활짝 열릴 것입니다.

* * *

네 가지 방법이 몸에 완전히 익을 때까지 연습해보면 좋겠습니다. 책상 앞에 앉을 때마다 잠깐씩 명상하는 습관 들이기를 제안합니다. 잡념 없는 온전한 마음으로 공부할 수 있도록, 놀라운 몰입을 매 순간 경험할 수 있도록 말입니다. 몰입은 어쩌다 한 번씩 찾아드는 '행운'이 아닙니다. 내가 정성을 얼마나 들였느냐에 따라 나타나는 '결과'입니다.

내가 진정으로 몰입하고자 한다면, 나는 언제든지 몰입할 수 있습니다.

두 번째 화살은 맞지 마라

하지만 이따금씩 위기는 찾아옵니다. 아무리 내가 마음을 '지금,

여기'에 붙박아 놓으려고 노력한대도요. 어디선가, 느닷없이 '화살'이 날아들 때가 있거든요. 죽어라고 공부했지만 성적표는 꿈쩍도 안 할 때, 친구의 사소한 시비가 다툼으로 번졌을 때, 애지중지하던 물건을 잃어버렸을 때, 귀에 거슬리는 말을 들어 떨쳐지지가 않을 때, 시험이 코앞인데 몸이 열로 펄펄 끓을 때처럼 말이에요.

'첫 번째 화살'에 맞은 겁니다. 어디선가, 느닷없이, 내 의지와는 상관없이요. 첫 번째 화살에 맞고 나면 잠시 동안은 마음을 '지금, 여기'에 가둬두기 힘들어져요. 여기까지는 어쩔 수 없는 일입니다. 살면서 첫 번째 화살에 맞지 않는 사람은 아무도 없으니까요.

그러나 진짜 문제는 이제부터 벌어집니다. '두 번째 화살', 바로 '마음고생'이지요. 성적이 기대만큼 오르지 않았다면 나를 돌아볼 기회로 삼으면 됩니다. 성적 때문에 마음이 축 처지고 답답해지면 안 되는 거죠. 친구와 다퉜다면 기회를 엿보다 화해하면 됩니다. 순간 짜증 나는 기분에 휩싸여 친구와의 사이를 영영 그르치지는 말아야죠. 아무리 찾아도 못 찾겠는 물건은 그냥 머릿속에서 잊어버리면 됩니다. 마음속에 두고두고 담아봤자 찾을 수도 없을 뿐더러 나를 괴롭히고 우울하게 만들 테니까요. 못마땅한 소리를 들었을 땐 한 귀로 듣고 한 귀로 흘려버리세요. 마음속으로 곱씹어보고 되새김질하느라 어둡고 칙칙한 기분에 빨려 들어가면 나만 손해입니다. 몸이 좀 아프더라도 어지간한 일을 하는데 지장은 없어요. 왜 하필 시험기간에 감기에 걸렸을까 괴로워하다가는 몸뿐만 아니라 마음까지도 기어이 병이 나고 말 것입니다. '두 번째 화살'에 맞았다가는 오랫동안 내 마음이 '지금, 여기'에 존재하지 못할 수도 있습니다.

두 번째 화살은 첫 번째 화살과 달리, 내가 나에게 쏘지 않는 한 절대로 어디선가, 느닷없이 날아들지 않습니다. 첫 번째 화살만 맞고 끝내면 대수롭지 않을 일을 내가 쓸데없이 두 번째 화살까지 맞고 있는 겁니다. 스스로 마음에 '감옥'을 짓는 일이죠.

바닷가에 쓰나미가 닥쳐왔을 때에도 어마어마하게 불어난 물이나 파도(첫 번째 화살)에 맞으면 다칠 수는 있지만 죽지는 않습니다. 그러나 쓰나미가 이끌고 온 건물의 잔해나 뿌리째 뽑힌 나무, 간판 따위(두 번째 화살)에 맞았다면 이야기가 달라집니다. 대부분 그 자리에서 즉사할 테고, 운 좋게 살아남았다 치더라도 결코 멀쩡할 순 없게 됩니다.

첫 번째 화살이 날아오면 맞으세요. 피한다고 해서 피해지지도 않는 게 첫 번째 화살인걸요. 그렇지만 두 번째 화살만큼은 절대로 맞지 마세요. 내가 쏘지만 않으면 두 번째 화살이란 있을 수가 없으니까요. 두 번째 화살은 내 공부할 마음을 부스러뜨리고 허물어뜨립니다. 내리꽂히는 순간, 잡념으로 톡톡히 작용하거든요. '지금, 여기'에 내 마음이 존재할 수 없게 망가뜨려요. 공부하려는 사람은 절대로 자기 자신에게 두 번째 화살을 쏘지 않습니다.

바보들은 점수로 목표를 세운다

'지금, 여기'에 마음을 머무르게 하는 데에, 두 번째 화살 못지않은 또 하나의 훼방꾼이 있습니다. 바로 '점수로 된 목표'입니다. 점수로 목표를 세우는 순간, 나는 '지금, 여기'에 온전하게 머무르기 어렵습니다. 나도 모르게 점수에 지나치게 집착하게 되거든요. 책 펼쳐놓고 마음속으로 '몇 점 이상은 꼭 맞아야지' 하는 것도 지금 내 눈앞의 공부를 방해하는 잡념입니다. 물론, 내가 얼마나 제대로 공부했는지 점수로 검증해보는 일은 필요합니다. 그러나 이는 어디까지나 공부한 뒤의 일이어야 하지요. 공부하는 내내 마음속으로 점수에 집착하는 것은 분명히 잘못된 일입니다.

수학문제 하나를 풀더라도, 과학개념 하나를 이해하더라도 그 일에만 내 마음을 100퍼센트 쏟아야 하잖아요. 그러나 내 마음을 온전히 쏟기는커녕 다가올 시험의 '점수'에만 집착해 '바라는 점수가 안 나오면 어떡하지', '혹시라도 점수가 떨어지면 큰일 나는데' 하면서 전전긍긍하고 있다면, 당장 해야 할 공부에 반드시 악영향을 끼치죠. 결국 그토록 집착하던 점수도 오히려 떨어지게 만들어요.

게다가 시험문제는 받아보기 전까지 아무도 모릅니다. 출제자가 어떻게 내느냐에 달려 있으니까요. 그러다 보니 시험마다 난이도 제각각에 평균 점수도 들쭉날쭉합니다. 문제가 어렵게 나왔을 때 맞은 80점이 문제가 쉽게 나왔을 때 맞은 100점보다 좋은 점수일 수 있다는 것이죠. 이렇듯 점수는 목표로 삼기에 애매모호한 부분이 많습니다.

그렇다고 등수나 등급으로 목표를 잡는 건 더더욱 목표답지 않아요. 등수나 등급은 내가 어떻게 하느냐 뿐만 아니라 경쟁자들이 어떻게 하느냐에 따라 더 많이 좌우되는 결과니까요. 그래서 등수나 등급에 집착하면 집착할수록 의욕이 솟아오르기보다는 끊임없는 잡념에 시달릴 확률이 훨씬 더 높습니다. 내 목표에 '내가 어찌할 수 없는 부분'까지도 포함되니까요. 결국 내 마음을 '지금, 여기'에 뿌리내리지 못하게 하고, 등수나 등급 역시 오히려 떨어져버리고 말아요.

내 마음을 '지금, 여기'에 온전히 머무르게 해주고, 잡념 없이 지금 내 공부에만 몰입하게 해주어야 올바른 목표입니다. '내가 바꿀 수 없는 부분'에 집착하기보다는 '내가 바꿀 수 있는 부분'에 열중할 수 있는 목표라야 좋은 목표예요. 스케줄러에 내가 적어놓은 나 자신과의 약속, '공부하기로 한 분량'이 좋은 목표라는 겁니다. 때론 길게, 때론 짧게 쪼개어놓은 내 공부 분량을 완수하겠다는 마음가짐에는 잡념이 끼어들 여지가 없거든요. 오로지 지금 이 순간에 해야 할 공부만을 바라보게 되죠. 말 그대로 내가 바꿀 수 있는 부분에만 열중하도록 돕습니다. 내 마음이 '지금, 여기'에 차분하게 가라앉도록 만들어줍니다.

몰입 상태에 흠뻑 취해 공부할 때에는 옆에서 누가 불러도 아무 소리도 들리지 않습니다. 복잡한 마음으로는 며칠간 머리를 싸매도 해결되지 않던 문제가 단 5분 만에 술술 풀려버립니다. 10시간 넘게 공부해도 전혀 지치거나 힘들지 않습니다. 오히려 공부할수록 에너지가 솟아나죠. 공부하기 힘들다는 말은 사실 '공부가 잘 안 돼서 힘들다'는 말입니다. 공부가 잘될 때면 힘들지 않은 법이거든요. 공부 때문에 힘들고 싶지 않다면 내 마음을 철저하게 '지금, 여기'에 머무르게 하세요. 내가 몰입하는 한 공부는 결코 힘들지 않습니다.

내 마음이 순간순간 '지금, 여기'에 집중할 수 있다면 몰입의 순간은 저절로 찾아옵니다. 흐트러진 마음을 내가 알아챌 수만 있다면 공부할 마음은 절대로 무너지지 않습니다. 그리고 그때 비로소 '공부의 재미'를 깨닫게 됩니다.

나는 믿습니다. 당신은 틀림없이 '지금, 여기'에 온전히 존재하는 사람이 될 것입니다.

Beyond Story

점괘의 비결

용하기로 소문난 점집이 대구 팔공산 근처에 한 곳 있다더군요. 특히 대학에 붙을 놈인지 떨어질 놈인지 척척 가려내는 데는 신통방통하기로 견줄 만한 곳이 없을 정도라고 합니다. 그런데 이 도사님은 점괘를 물으러 혼자 찾아온 엄마들을 돌려보낸대요. '애'도 같이 오라고요. 그래서 애를 점집으로 데려오면, 방에 앉혀놓고 10분이든 20분이든 자기 보는 앞에서 책 펴놓고 공부해보라고 시킨다는군요. 그러고는 부적을 쓰는 척, 방울을 만지작거리는 척해가면서 흘끔흘끔 쳐다본대요.

바로 공부하고 있는 학생의 '눈'을 말입니다. 공부하는 동안 쏟아져 나오는 눈빛을 유심히 들여다본답니다. 굶주린 호랑이가 먹잇감을 노려보는 눈빛인지, 초점 없이 흐리멍덩한 눈빛인지를 보려는 거겠죠. 슬쩍슬쩍 곁눈질해가면서 한참을 실컷 관찰한 뒤에야 도사님은 눈을 지그시 감는대요. 사주팔자를 암송하고 부채를 흔들면서 점을 치기 시작한다는 겁니다. 사실 점괘는 마음속에 이미 정해두었겠죠. 눈빛을 보고서요. 그래도 무슨 상관이겠습니까. 도사님 점괘가 그렇게 기가 막히게 들어맞는다는데요.

그런데 사실 점 보러 가는 엄마들도 대부분 알고 있대요. 도사님에게 별다른 신기(神氣) 같은 건 없다는 걸요. 진단을 받으러 가는 것뿐이죠. 우리 애가 공부에 몰입하는 스타일인지, 아닌지를요. 도사님이 학생들 눈빛 훔쳐보는 데만큼은 정말로 도사일 테니까요. 도사님이 자기도 모르게 감탄한 적도 있었대요. "이야~ 요놈. 눈빛이 종이를 뚫겠다! 아주 책을 잡아먹겠어." 아니나 다를까, 그 학생은 결국 원하던 학교에 그것도 수석으로 합격했답니다. 지금도 여전히 도사님네 점집은 문전성시를 이룬다고 하네요.

마음이 '지금, 여기'에 온전히 머무르는 사람은 눈빛이 흐리멍덩할 수가 없습니다. 눈은 기가 뿜어져 나오는 구멍이거든요. 몰입하려는 사람의 눈빛은 반짝반짝합니다. 크게 부릅뜬 눈으로 책 속에 있는 글자들을 힘 있게 빨아들입니다. 도사님이 내 눈빛을 슬쩍슬쩍 곁눈질로 검사한다면 나에게는 어떤 점괘가 내려질까요? 합격이겠습니까, 아니면 불합격이겠습니까?

- 08 -

공부할 마음 있는 놈들의 7가지 습관

나는 습관을 만들지만 습관은 나를 만든다.

- 존 드라이든 John Dryden, 영국의 시인

자라나는 손톱이 먼저 있던 손톱을 밀어내는 것처럼,
나중에 만든 좋은 버릇으로 오래된 나쁜 버릇을 밀어낼 수 있다.

- 에라스무스 Desiderius Erasmus, 네덜란드의 철학가

'좋은 습관'이 받쳐주지 않는 공부할 마음은 밀가루 반죽으로 흐물흐물 쌓아올린 집과 같습니다. 햇빛 한줄기도 구경 못해본 화분이고, 연료가 뚝 떨어진 자동차예요. 절대로 멀쩡할 수가 없습니다. 얼마 못 가 결심은 무너져 내리고, 시들어버리고, 결국에는 멈추고 말 것입니다. 나쁜 습관을 달고 있으면서도 공부할 마음만은 멀쩡하다고 큰소리 떵떵 치는 사람은 100퍼센트 거짓말하는 겁니다. 똑바로 공부하고 싶은 사람이라면 필연적으로 좋은 습관에 군침이 돌게 마

련이거든요. 어떻게든지 좋은 습관을 하나라도 더 만들고, 키우고, 누리려고 달려들겠지요. 이럴 때 '21'이라는 매직넘버가 빛을 발합니다.

다수의 뇌 과학자들에 따르면, 우리 뇌는 '처음 시작한 지 아직 21일이 되지 않은 행동'에 거부반응을 보인다고 합니다. 아직 그 행동을 입력해놓을 '기억세포'가 만들어지지 않았기 때문이죠. 일찍 일어난달지, 깔끔을 떤다든지 내가 안 하던 짓 좀 해보려고만 하면 쩔쩔매면서 불편했던 건 괘씸하게도 '뇌가 도와주지 않아서'였던 것입니다. 그러니 내가 좋은 습관을 갖고 싶다면 조금 어렵더라도 뇌의 작동방식을 먼저 이해할 필요가 있어요.

우리가 하는 행동을 뇌가 받아들이고, 그 행동을 습관으로 저장하는 데는 꼬박 '21일'이 걸려요. 그래서 내가 어떤 행동을 습관으로 길들이고 싶다면 끈기를 갖고 21일간 같은 행동을 반복해야 합니다. 그쯤은 되어야 뇌에서 "아, 주인이 이 행동을 습관으로 만들려나 보군!" 하면서 내 것으로 받아들입니다. 드디어 뇌가 고분고분 내가 시키는 대로 움직여주기 시작하는 것이지요. 그러고 보니, 쓰디쓴 쑥과 맵디매운 마늘만 먹으며 동굴 생활을 버텨가던 곰이 사람으로 '뿅' 하고 변신한 것도 삼칠일, 즉 21일 만이었고, 데굴데굴 굴러다니던 달걀에서 병아리가 탄생하는 데도 21일이 걸립니다. 뭘 좀 바꿔보고 싶다면 21일간 버티는 노력이 필수적이라는 것이지요.

21일 미만으로 쏟은 노력은 물거품이에요. 딱 뇌 입장에서만 보자면 '아예 결심하지 않은 것'과 똑같으니까요. 그렇지만 바꿔 말하면, 21일만 딱 참고 고생하면 편해진다는 소리도 됩니다. 일단 뇌에다가 '습관' 딱지를 붙여 저장해두면, 내가 번번이 애쓰고 일일이 노력하지 않아도 몸에 밴 습관이 자동으로 째깍째깍 발휘되잖아요. 그다음부터는 나도 모르게 좋은 습관이 쏟아져 나와요.

공부 잘하는 사람들은 이걸 알아요. 어쩌면 너무나도 사소한 습관에서부터, 승패를 좌우하는 결정적 습관까지 꼬박꼬박 '21일 법칙'으로 길들여놓죠. 21일간 달력에 하루하루 빨간 색연필로 동그라미를 쳐가면서 버텨내는 겁니다. 똑똑한 거예요. 습관 만들기에 쏟는 노력은 무조건 남는 장사거든요. 해보면 들이는 노력에 비해 얻는 게 너무 많습니다. 뿌듯함과 자신감은 덤이고요. 장담하건대, 안 하는 사람만 손해입니다.

지금부터 공부할 마음 있는 사람이라면 어떤 습관들을 '21일 법칙'으로 길들여놓아야 하는지에 대해 이야기해봅시다. 공부할 마음을 든든하게 받쳐줄 좋은 습관을 만들어봅시다. 매직넘버 '21'을 기억하세요. 모든 습관에는 '21일 법칙'이 작용합니다. 공부할 마음이 있는 사람은 습관부터 다릅니다. 다음 7가지 습관을 차례로 살펴보면서 나를 되돌아보는 시간을 가져봅시다.

습관1.
수직으로 꼿꼿하게 앉는다

> 나는 학생들이 앉아 있는 모습만 보아도 성적이 오를 놈인지, 아닌 놈인지를 점칠 수 있다. 공부할 마음이 있는 학생들은 의자에 앉는 자세부터 꼿꼿하게 수직으로 앉고, 눈빛은 배움에 대한 갈망으로 반짝거린다.
>
> - 손주은, '메가스터디' 대표이사

누구보다도 많은 학생을 가르쳐본 27년 경력의 베테랑 강사, 메가스터디 손주은 대표이사의 말입니다. 제가 또 궁금한 건 못 참거든요. 독서실 아르바이트를 자청해 관찰해보았는데요. 과연 그 말이 사실이었습니다. 저 같은 '초짜'의 눈으로도 앉는 자세 하나만 보면 다짜고짜 공부할 마음이 있는지 없는지, 성적은 어느 정도일지 맞출 수가 있겠더라고요.

공부할 마음이 있는 친구들은 앉는 자세부터가 달랐습니다. 자로 잰 듯 꼿꼿하게 앉아서 꼼짝도 하지 않고 한참동안 집중했어요. 바라보는 사람마저 감탄과 감동에 휩싸일 지경이었죠. 방 안에는 팽팽한 긴장감이 흐르는데 싸늘할 정도였어요. 몇몇은 지금도 잊히지가 않아요. 반대로, 공부할 마음 없는 친구들은 똑바로 앉지를 않았습니다. 저러다가 허리에 병나겠다 싶은 구부정한 자세를 하고서는 의자 끝에 걸터앉거나, 다리를 꼬고 앉아요. 앉을 때부터 벌써 엎드려 잠들기 직전 자세로 앉기도 하더라고요. 불편한 자세 탓인지 자주 엉덩이를 들썩거렸고, 긴장감이 없어서인지 꾸벅꾸벅 조느라 바빴어요. 공부는 하는 둥 마는 둥 대충 시간만 때우는 친구들이 많았죠. 그러면서도 공부가 잘 안 된다고 투덜댔고, 스트레스도 만만치 않아 보이더라고요. 턱 받치고 다리 덜덜 떨면서 삐딱하게 앉아 무슨 공부가 되겠습니까. 똑바로 앉지 않으면 똑바로 공부할 수 없어요.

말 나온 김에 당장 바르게 앉아보죠. 엉덩이를 의자 끝까지 뒤로 밀어붙여 등이 등받이에 골고루 닿게 하고, 척추 하나하나를 쭉 늘인다는 느낌으로 허리를 곧게 펴줍니다. 발바닥 전체가 땅바닥에 닿게 해주면 허벅지가 땅바닥과 수평이 돼요. 이렇게 한 후에 머리는 하늘 높이 올라가게 하고, 발은 땅속 깊이 내려가 뿌리를 박으려는 듯한 느낌으로, 그러니까 마치 고무줄을 팽팽하게 잡아당기듯 자세를 가다듬습니다. 가슴은 활짝 펴지고 등은 곧게 뻗어지겠죠. 책상과 의자 간격이 너무 멀어도 혹은 너무 가까워도 자세가 쉽게 흐트러집니다. 책상과 내 배 사이에 주먹 하나가 들어갈 정도가 딱 좋습니다.

이것이 공부를 하고자 하는 사람이 취하는 '바른 자세'입니다. 오랫동안 앉아 있을 때는 틈틈이 자세를 다시 고쳐 앉아야 등이 꼿꼿하게 수직으로 펴진 상태를 유지할 수 있습니다.

경희대학교 의과대학에서 자세가 나쁘면 공부를 못할 수밖에 없다는 걸 과학적으로 증명하기도 했습니다. 바르지 않은 자세로 앉은 사람의 혈액 속을 들여다보았더니, 젖산을 비롯한 각종 피로 물질이 마구 쏟아져 나왔거든요. 오랫동안 진득하게 앉아 있을 수 없게 만드는 겁니다. 뇌파도 뒤죽박죽이 되고요. 한 논문에 따르면, 비뚤어진 자세로 앉으면 뇌로 들어갈 산소공급이 엉망진창이 되어 집중력 뇌파인 '알파파'와 '세타파'가 뿜어져 나오질 않는다고 합니다. 앉아는 있다 하더라도 효율은 바닥으로 곤두박질치고 말겠죠. 공부하려고 앉기만 하면 나도 모르게 머릿속이 멍해지는 현상의 범인은 컨디션이 아니라 '자세'였던 것입니다.

하루는 공조판서 김종서가 의자에 비스듬히 삐딱하게 앉아 있는데, 지나가던 황희 정승이 이를 우연히 보았습니다. 즉각, 쩌렁쩌렁한 불호령이 떨어졌죠.

"보아하니, 의자의 한쪽 다리가 짧은가본데, 당장 달려가 고쳐오너라!"

벼락 같은 스승님의 일갈에 정신이 번쩍 든 김종서는 백배사죄하고 서둘러 자세를 바르게 고쳐 앉았습니다.

따뜻하고 온유한 성품으로 잘 알려진 황희 정승조차도 옳지 못한 자세만큼은 결코 적당히 타협하지 않았습니다. 바르지 않은 자세에는 진심이 깃들 수 없다는 걸 누구보다도 잘 알았던 그였기에, 자세에 있어서만큼은 엄격하고 호되게 굴 수밖에 없었던 겁니다.

공부할 마음을 가졌다면, 일단 똑바로 앉고 볼 일입니다. 당장은 불편하더라도 바른 자세가 몸에 배어 편안하게 느껴질 때까지 노력을 멈추지 말아야 해요. '21일 법칙'으로 꼿꼿하게 수직으로 앉는 습관을 만들어봅시다.

습관2.
한 번에 한 가지 일에만 몰입한다

총 맞은 것처럼 정신이 너무 없어 웃음만 나와서 그냥 웃었어 그냥 웃었어 그냥

항성년은 태양과 지구와 어떤 항성이 일직선에 놓였다가 다시 그렇게 될 때까지의 시간이다.

허탈하게 웃으며 하나만 묻자 했어 우리 왜 헤어져 어떻게 헤어져

어떻게 헤어져 어떻게

그러나 릴리우스는 교회의 요구에 따라 절기에 부합하는 역법을 창출하고자 했기에 항성년을 1년의 길이로 삼을 수 없었다.

구멍 난 가슴에 우리 추억이 흘러넘쳐 잡아보려 해도 가슴을 막아도 손가락 사이로 빠져나가

그는 춘분과 다음 춘분 사이의 시간 간격인 회귀년이 항성년보다 짧다는 것을 알고 있었기 때문이었다.

심장이 멈춰도 이렇게 아플 것 같진 않아 어떻게 좀 해줘 날 좀 치료해줘 이러다 내 가슴 다 망가져

항성년과 회귀년의 차이는 춘분 때의 지구 위치가 공전 궤도상에서 매년 조금씩 달라지는 현상 때문에 생긴다.

– 백지영, 「총 맞은 것처럼」과 2011년 대학수학능력시험 국어영역 지문

귀에 이어폰을 꽂고 노래를 들으면서 국어 지문을 읽는 동안 뇌가 받아들이는 정보는 이와 같습니다. 뇌 입장에서는 혼란스럽고 어리둥절한 일이죠. 이렇게 읽어서야 내용을 제대로 이해할 수 있겠습니까? 국어뿐만이 아니에요. 하다못해 공식에 숫자를 넣고 돌리기만 하면 되는 단순한 수학문제 하나를 풀더라도 귀에 꽂은 이어폰은 훼방꾼 노릇을 톡톡히 합니다. 노래 들으랴 공식 떠올리랴 바빠 죽겠는데 손으로는 문제까지 풀어야 하니, 정신이 하나도 없

게 돼요. 신경이 반으로 쪼개져 실수를 하더라도 눈치채지 못하고, 문제를 통해 깨달음을 얻을 수도 없어요. "졸릴 때 음악 들으면서 공부하면 더 잘된다", "옆에서 부스럭대는 소리가 거슬려 어쩔 수 없다", "기분 좋게 공부하고 싶다"라는 둥 저도 갖은 핑계를 대가면서 이어폰을 귀에 꽂고 공부했었지만 그렇다고 진실이 변하는 건 아니더라고요. 음악 틀어놓고 공부를 하면 반드시 집중력에 방해를 받습니다. 정도가 지나치면 '공부하면서 음악도 좀 듣는 수준'을 넘어, '음악 들으면서 공부도 좀 하는 수준'에까지 이르는데, 이런 식으로 그저 앉아만 있는 건 절대로 공부하는 게 아니죠.

미국의 컨설턴트 제럴드 와인버그는 이에 대해 명쾌한 해답을 내놓았습니다. 두 가지 일을 동시에 하면 효율이 20퍼센트 뚝 떨어지고, 세 가지 일을 동시에 하면 무려 50퍼센트가 더 떨어진다는 겁니다. 연구를 해보니 '멀티태스킹'은 필연적으로 에너지를 더 소모하게 되어 있는데, 그러다 보니 능률과 효율을 싹둑 잘라먹을 수밖에 없었습니다. 오밀조밀 공부 계획을 꾸려나가는 내 입장에서 20퍼센트는 치명타가 될 수밖에 없어요.

그러나 '이어폰 꽂고 하는 공부'의 진짜 문제점은 따로 있습니다. 공부를 제대로 마주하고, 맛보고, 재미 붙일 기회를 빼앗아간다는 점이에요. 이게 훨씬 더 나쁩니다. 값비싼 바닷가재로 요리를 한답시고 자극적인 양념과 향신료만 잔뜩 들이부으면 정작 바닷가재 맛은 하나도 즐길 수 없듯이, 공부하는 시간에 음악이라는 양념을 마구 뿌려대면 공부 자체에 맛 들일 기회를 영영 놓치게 됩니다. 공부가 어디까지나 하기 싫은 일, 그래서 억지로라도 꾸역꾸역 앉아 있으려면 이어폰이라도 귀에 꽂아줘야 하는 일에 머무르고 마는 거죠. 내가 공부 맛을 느껴볼 기회를 빼앗지 말아야 합니다. 맛집으로 소문난 식당에 괜히 텔레비전이 없는 게 아닙니다. 딴 데 한눈팔지 말고, 음식 맛에만 집중하라는 뜻이죠.

내 손으로 귓속 깊숙이 훼방꾼을 불러들이는 어리석음을 이제 멈추는 게 어떨까요? 우선 3주 동안만 그만둬보세요. 나쁜 습관을 '끊는' 데도 '21일 법칙'은 놀라운 힘을 발휘합니다.

습관3.
겉모양이 아닌 알맹이에 집중한다

한눈에 쏙 들어오도록 일목요연하게 정리해놓은 노트들을 책상 가득 펼쳐놓습니다. 밑줄 긋고 동그라미 쳐가면서 복습하다 보면 별안간 공부한 내용이 머릿속으로 스스로 녹아드는 기적을 맛보게 돼요. 배울 땐 아리송해서 고개를 갸웃거리던 내용이었는데도 말이죠. 당장은 모르겠지만 나중에 확실하게 알아두어야겠다는 각오를 노트정리로 야무지게 해놓은 덕분입니다. 이것이 바로 노트정리의 목적이에요.

그러나 노트정리가 본래 목적에서 어긋나버리면 문제점이 속출합니다. 공부를 돕는 노트정리는커녕 공부의 발목을 잡는 노트정리가 되고 마는 거죠. 노트정리는 너무 꼼꼼해도, 혹은 너무 엉성해도 탈이 나거든요. 혹시 내 노트정리가 둘 중 하나의 유형에 속하지는 않는지 자세하게 체크해가며 살펴보시길 바랍니다.

◇

I. 지나치게 꼼꼼한 노트정리

I 유형은 예술 걸작을 만들 듯 '노트정리 자체'에 온 힘을 쏟는 경우입니다. 노트정리에 너무 많은 시간을 들이면 곤란합니다. 공부할 수 있는 시간은 정해져 있는데, 공부할 시간을 깎아먹으면서까지 '공부 준비'에만 에너지를 쏟는 격이니까요.

따지고 보면 노트에 모든 내용을 다 정리하는 것은 아무 내용도 정리하지 않는 것과 다를 바 없어요. 수업을 들으며 선생님 말씀을 다 받아 적는데 급급하다 보면 오히려 수업도 놓치는 게 많고요. 이런 친구들이 인터넷 강의를 들으면 아예 강의를 멈춰놓고 한참 동안 줄줄이 필기한 후에 다시 강의를 이어 듣는다더군요. 그렇게 공들여 정리해놓은 노트는 정작 복습하려고 펼쳐놓으면 무용지물이 되어버릴 때가 많습니다. '핵심'을 파악할 수 없으니까요. 이중으로 손해인 거죠.

노트를 예쁘게 만들겠다고 꾸미기에 몰두하는 경우도 이 유형에 속합니다. 나중에 읽기 좋을 만큼만 깔끔하게 정리하면 되는 것을 마치 노트경연대회에 출품할 것처럼 장식하는 건 시간 낭비예요. 볼펜 색깔은 검정, 빨강, 파랑 정도면 용도별로 거뜬하게 쓰고도 남을 텐데 핑크, 보라, 에메랄드, 금색에 심지어 하얀색까지 총동원해서 노트를 휘황찬란하게 꾸미고, 샤프심은 0.3mm, 0.5mm, 0.7mm 등 두께를 따져 바꿔가며 쓰고, 한 문장을 30초씩 공들여 써 내려가는 것, 전부 다 과도한 시간 낭비 아닐까요? 겉모양만 화려하게 치장하는 거잖아요. '공부처럼 보이는 딴짓'일 뿐입니다.

중요한 건 '알맹이'입니다. '노트에 담은 내용이 핵심을 찌르고 있는가', '내가 신속정확하게 복습하기 좋게 정리되어 있는가', '선생님 하시는 말씀에 철저히 초점을 맞춘 내용인가'와 같은 질문에 고개를 끄덕일 만한 노트정리가 필요합니다. 남들보다 2배, 3배의 시간과 에너지를 들여 요란하게 꾸며놓은 화려한 '껍데기' 말고요.

내가 Ⅰ유형에 가깝다고 판단되면 앞으로는 노트정리 자체보다 적어놓은 내용을 완벽하게 내 것으로 만드는 데 초점을 맞추는 게 좋겠습니다. 공부할 수 있는 시간은 정해져 있고, 내가 할 일은 노트정리가 아니라 '공부'이니까요.

◇ ◇

Ⅱ. 지나치게 엉성한 노트정리

Ⅱ유형은 노트정리를 하다 말다, 뒤죽박죽, 엉터리로 하는 경우예요. 수업을 건성으로 흘려듣다 보니 뭘 적어야 할지 모르는 경우와, 수업을 듣긴 듣는데 적어놓기 귀찮아서 대충 넘어가는 경우의 친구들이 Ⅱ유형의 노트를 만들어냅니다.

수업을 듣는 것보다 들은 것을 내 것으로 만드는 과정이 더 중요한데, 뭘 복습해야 하는지 알 수 없게 적어놓는 겁니다. 어쩌다 뭘 좀 적어놓아도 도움 안 되기는 마찬가지예요. 앞뒤 맥락 다 자르고 불쑥 적어놓은 단어, 핵심만 쏙 빼놓은 노트정리, 괴발개발 써놓아 나도 못 알아보는 지렁이 같은 글씨들. 게을러서 혹은 귀찮아서 벌어지는 참사입니다.

물론 수업시간에는 선생님 말씀 들으랴 요점 찾아 부지런히 적으랴 정신이 없을지도 몰라요. 하지만 내 손으로 정리한 노트에는 상상을 초월하는 가치가 있죠. 시험문제는 선생님의 말씀에서 나오게 마련이고, 열심히 적기 위해 수업에도 보다 더 집중할 수 있습니다. 그래서 시험 10분 전에 배운 내용을 전체적으로 훑어볼 때 노트정리는 더욱더 빛을 발합니다.

내가 Ⅱ유형에 가깝다고 판단되면 노트정리 기준을 '적어놓지 않아도 내가 방금 들은 저 내용을 기억할 수 있을까'로 정해두는 게 좋습니다. 선생님이 칠판에 적는 내용만 따라 적는 건 노트정리가 아니니까요. 말로 한 번 듣고 넘긴 내용은 쉽게 잊어버립니다. 기억할 수 있을지 조금이라도 미심쩍은 내용이라면 모조리 노트에 적어놓으세요. 당장은 이해되지 않는 내용일지라도 끈질기게 물고 늘어지면 결국에는 다 이해할 수 있습니다. 알아보기 쉽게 또박또박 잘 적어놓았다가 틈날 때마다 자꾸 들여다보세요. 내가 알고자 노력하는 한 뭐든지 다 알게 되는 법이니까요.

* * *

노트정리란 결국 공부할 준비입니다. Ⅰ유형처럼 준비에만 집착하는 것도, Ⅱ유형처럼 허술하게 준비하는 것도 내 공부를 갉아먹는다는 점에서 똑같이 해롭습니다. 내가 읽을 수 있을 정도로만 깔끔하게 정리하되, 빠르게 적을 수 있는 방식으로 기록하고 핵심을 놓치지 않는 노트정리가 필요합니다. 무엇을 적고, 어떻게 써먹을지에 철저하게 집중하는 '알맹이 꽉 찬 노트'를 만들어봅시다.

똑바로 정리해놓은 노트는 '공부하고 싶은 그 순간'에 빛이 됩니다. 꾸미고 싶어 좀이 쑤셔도, 귀찮아 죽겠어도 딱 '21일'만 투자하세요. 21일만 버티고 나면 완전한 내 습관이 됩니다.

습관4.
'VIP석'은 뺏어서라도 차지한다

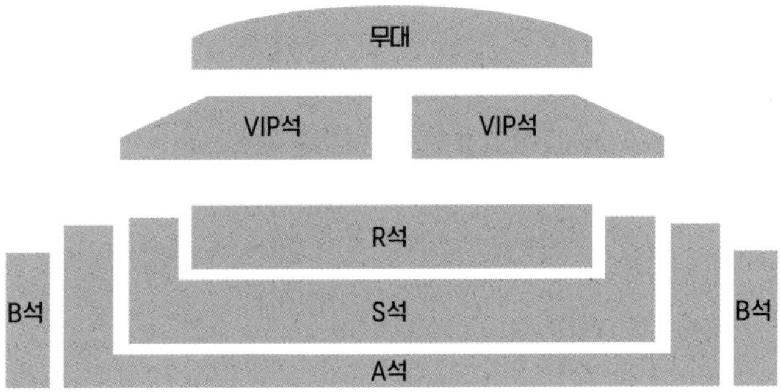

콘서트장 좌석배치도

콘서트장 좌석배치도입니다. 관객이라면 누구나 가수가 조금이라도 더 잘 보이는 곳에 앉고 싶어 합니다. 무대에서 가까운 자리, 콘서트에 몰입하기 좋은 자리에 서로 앉으려고 하죠. 그러다 보니 콘서트장에서는 좌석마다 값을 다르게 매깁니다. 특히 무대 바로 앞 정중앙 'VIP석'은 티켓값이 수십만 원을 훌쩍 넘기도 합니다. 'R석', 'S석', 'A석', 'B석' 순으로 갈수록 값이 싸지지만, 저렴한 자리일수록 무대가 잘 안 보이고 노래가 잘 안 들려서 공연에 몰입하기 어렵습니다. 사정이 그렇다 보니 웬만한 콘서트라면 비싼 좌석 순으로 먼저 매진되는 경우가 허다합니다. 사각지대라고 할 수 있는 'B석'에는 뒤늦게 표를 구매한 관객들이 속상해하며 앉는 때가 많아요. 간혹 같은 값에 선착순으로 입장하는 콘서트라도 열리면, 열성팬들은 2~3일 전부터 콘서트장 주변에서 노숙을 하는 생고생을 감수해가며 기필코 맨 앞자리, 즉 'VIP석'을 차지하고야 맙니다. 내가 좋아하는 콘서트를 조금이라도 더 잘 보고, 잘 듣고, 잘 느끼고 싶어서입니다.

교실 자리배치도입니다. 교실 자리 또한 콘서트장과 마찬가지로 잘 보이고, 잘 들리고, 잘 느낄 수 있을수록 좋은 자리예요. 보다시피 교실에도 엄연히 'VIP석'이 존재합니다. 교탁 앞 두 번째 줄 중앙 자리입니다. 여기에 앉으면 내가 선생님을 잘 볼 수 있을 뿐더러 선생님도 나를 잘 볼 수 있어요. 수업내용도 잘 들리고, 칠판이나 스크린의 글씨도 잘 읽혀요. 수업에 풍덩 빠져 마음껏 몰입하기 딱

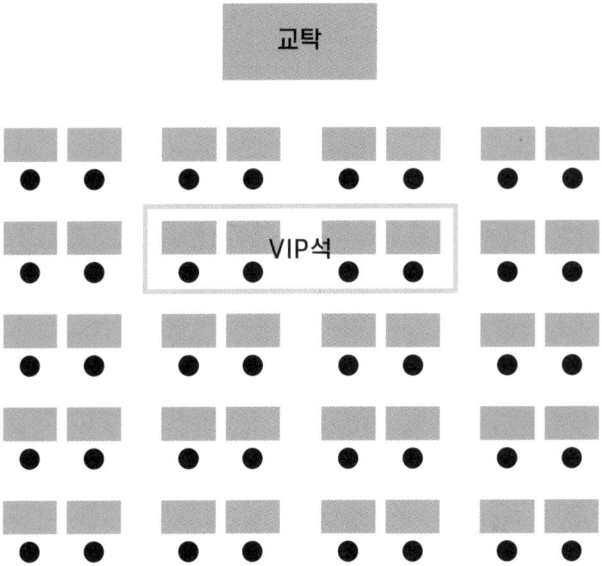

교실 자리배치도

좋은 자리입니다. 그야말로 교실 내 최고의 '명당'이죠.

게다가 교실 'VIP석'은 돈을 더 낼 필요도 없고, 밤새워 줄 설 필요도 없습니다. 씁쓸한 이야기이지만, 대다수 친구들이 교실의 'VIP석'은 서로 안 앉으려고 눈치를 보기 때문입니다. 졸거나 딴짓하기 부담스러운 자리인지라 좀처럼 앉지 않으려고 해요. 오히려 'B석' 같은 사각지대만 인기폭발입니다. 콘서트장에서 'B석'에 앉으라고 하면 속상해할 거면서 교실에서는 '후진 자리'에 앉게 될수록 흐뭇해해요. 공부하려는 마음이 없으니까요. 숨기 좋은 자리를 찾아 꾸역꾸역 듣는 수업에서 우리가 무엇을 얻을 수 있겠어요.

진짜로 공부할 마음이 있다면 단연코 교실 내 'VIP석'을 욕심내야 합니다. 눈동자가 선생님 일거수일투족을 졸졸 쫓아다녀야죠. 알아듣겠는 이야기가 나오면 고개도 얼른 끄덕끄덕하고, 모르겠으면 고개를 갸우뚱하면서 번쩍 손을 들어 질문도 좀 하고, 간간이 선생님이 물어보는 게 있다면 틀려도 좋으니 대답도 해봐야 합니다. 그래야 수업을 수업답게 들은 거죠.

교실에서 자리는 먼저 앉은 놈 몫입니다. 어차피 들을 수업이라면 돈 더 내라는 것도 아닌데 좋은 자리를 차지하는 게 좋아요. 보이지 않던 것이 보이고, 들리지 않던 것이 들릴 것입니다.

3주만 앉아보면 가치가 보입니다. '21일 법칙'을 잊지 마세요.

습관5.
좀처럼 감기에 걸리지 않는다

공부하다 감기에 걸리면 짜증 나죠. 콧물 줄줄 나고 쉴 새 없이 콜록콜록하고 열 펄펄 끓으면 공부하기 힘듭니다. 하필이면 시험기간에 감기 걸려서 진땀 뺀 경험, 다들 한 번씩은 있을 겁니다. 급한 대로 약도 먹고 주사도 맞아보지만 졸음만 쏟아질 뿐 감기가 뚝 떨어지는 건 아니죠. 의사들이 감기를 두고 '약 먹으면 7일, 안 먹으면 일주일'이라고 농담하곤 한다는데 이는 정확하게 맞는 말입니다. 바이러스 질환인 감기는 애초에 딱 맞는 치료제가 없어요. 그 때문에 감기에 걸렸을 때는 감기를 떨어뜨릴 방법이 아니라 '가볍게 앓을 방법'을 고민하는 게 맞아요.

첫째로, 단백질과 비타민을 많이 먹어야 합니다. 면역력이 떨어진 몸에는 이 두 가지의 쓸모가 많거든요. 의학전문기자 홍혜걸 박사는 이렇게 말했습니다. "감기에 걸리면 바이러스와 면역체계가 전쟁을 시작합니다. 이때 단백질은 백혈구나 효소 등 면역체계를 구성하는 원료물질로 쓰이고, 비타민은 전쟁으로 지저분해진 폐허를 신속하게 정리하는 복구반 역할을 맡습니다." 단백질은 살코기나 두유에 많고, 비타민은 과일에 많이 들어 있습니다. 저도 고등학생 때 감기에 걸린 적이 몇 번 있었는데요. 이 조언대로 틈틈이 통조림 참치, 두유, 오렌지주스, 비타민 알약을 먹어서 그런지 감기로 고생한 적은 없었습니다.

둘째로, 물을 많이 먹어야 합니다. 감기 바이러스와 싸우느라 몸에서는 자꾸만 열이 나고, 그 틈을 타 수분이 재빠르게 빠져나가거든요. 눈에 잘 띄는 곳에 물을 두고 수시로 마시며 수분을 보충해야 합니다.

마지막으로, 평소보다 조금 더 자야 합니다. 감기몸살은 몸에서 보내는 피로 신호이니까요. 정 바쁘다면 평소 자던 시간보다 1시간이라도 일찍 잠자리에 들어보세요. 컨디션이 제자리를 찾는 데 도움이 됩니다.

특히 '감기 걸렸군!'이라고 딱 느낌이 오는 당일에는 시간 아깝다 생각하지 말고 푹 자는 게 좋습니다. 감기도 지독해지려면 얼마든지 지독해질 수 있어요. 꼼짝없이 당하기 전에 잠으로 미리 이겨두는 게 이득입니다. 고작 몇 시간 아끼려다 며칠을 날릴 수 있으니까요.

공부할 마음이 있는 사람은 건강관리의식이 강합니다. 하루 이틀 뛰다 말 게 아니잖아요. 아프기 전에, 미리미리 컨디션 관리를 해야죠. 건강관리도 습관입니다. 여기서는 감기 덜 걸리는 습관 두 가지만 확실하게 알아두고 갑시다. 별것 아닌 사소한 습관이지만 의외로 제대로 실천하는 사람은 드물더라고요.

첫째로, 손 씻기입니다. 바이러스가 공기를 타고 몸속에 직접 들어오는 경우는 좀처럼 없어요. 바이러스 묻은 손을 눈에, 코에, 입에 갖다 댈 때 잽싸게 몸속으로 잠입하죠. 눈에 보이지는 않지만 손은 아주 더럽습니다. 무지막지하게 많은 병균들이 득실대고 있어요. 자주 꼼꼼하게 비누로 손 씻는 습관만 들여도 감기 걸리는 날을 반절로 줄일 수 있습니다.

둘째로, 체온 관리입니다. 몸 온도가 급격하게 변하면 우리 몸은 면역력이 뚝 떨어져버리고 말아요. 땀 뻘뻘 흘리면서 운동해놓고는 덥다고 찬물로 샤워하거나, 겨울에 춥다고 지나치게 따뜻하게 지내면 몸 속 체온계는 괴로워집니다. 여름철 에어컨 트는 곳에서는 얇은 옷을 겹쳐 입고, 바람 쌩쌩 부는 겨울에는 두툼한 목도리를 챙겨보세요. 내 몸은 36.5도 체온을 유지하고 싶어 합니다. 되도록 몸이 하는 부탁을 들어줘야죠.

감기를 가볍게 앓으려면 '단백질과 비타민, 물 많이, 잠 많이!'를 실천하고, 감기에 덜 걸리려면 '손 씻기'와 '체온 관리'부터 시작해보세요. '21일'이면 반드시 내 습관이 됩니다.

습관6.
쉬는시간을 통해 에너지를 충전한다

쉬는시간을 알리는 종이 울립니다. 교실과 복도는 아수라장이 됩니다. 왁자지껄 시끄러운 상황 속에서 술래잡기하듯 도망간 친구를 잡으러 총알같이 뛰쳐나가는 학생, 계단 밟고 내려갈 시간도 아까워 4층부터 난간을 미끄럼틀 삼아 쪼르르 내려가는 학생, 거울 앞에 늘어서서 꽃단장에 여념 없는 여학생들. 삼삼오오 깔깔대며 수다 떨기에 열중하는 학생들 뒤편으로 말뚝박기가 벌어지고, 그 10분을 아껴가며 신나게 족구를 하다가 땀을 뻘뻘 흘리며 헐레벌떡 뛰어 들어가는 학생들도 있습니다. 정도 차이는 있지만, 대체로 쉬는시간 풍경은 '치열한 놀이터' 그 자체입니다.

쉬는시간만큼은 어떻게 놀든 다 좋다고 생각합니다. 학교 다니는 맛이 또 쉬는시간에 친구들과 노는 재미잖아요. 집중해서 공부하고 좀 쉬어주는 건 좋은 일입니다. 더 열심히 공부하는 데 도움도 되죠. 주어진 시간 내에서라면 얼마든지 신나게 놀아도 괜찮지 않겠습니까. 다만, 공부하는 사람으로서 한 가지만 잊지 않는다면 더욱 좋겠습니다. 쉬는시간의 '의미' 말입니다.

사실 꼬장꼬장하게 따지고 들자면 '쉬는시간'과 '놀이시간'은 다릅니다. 쉬는시간은 공부하는 사이사이에 머리를 식히고 다음 공부 시간을 준비하라고 마련해놓은 거니까요. 그러나 따로 놀 시간을 쪼개기 어려운 탓에 쉬는시간에 어느 정도 놀이시간 개념이 섞일 수밖에 없는 게 현실입니다. 그렇지만 쉬는시간의 1차 목표는 말 그대로 어디까지나 쉬는 데 있습니다. 쉬는시간의 진정한 '의미'는 다음 공부시간을 위한 '재충전'이죠.

쉬고 나면 충전이 되어야 합니다. 쉬기 전보다 기운이 나고 기분

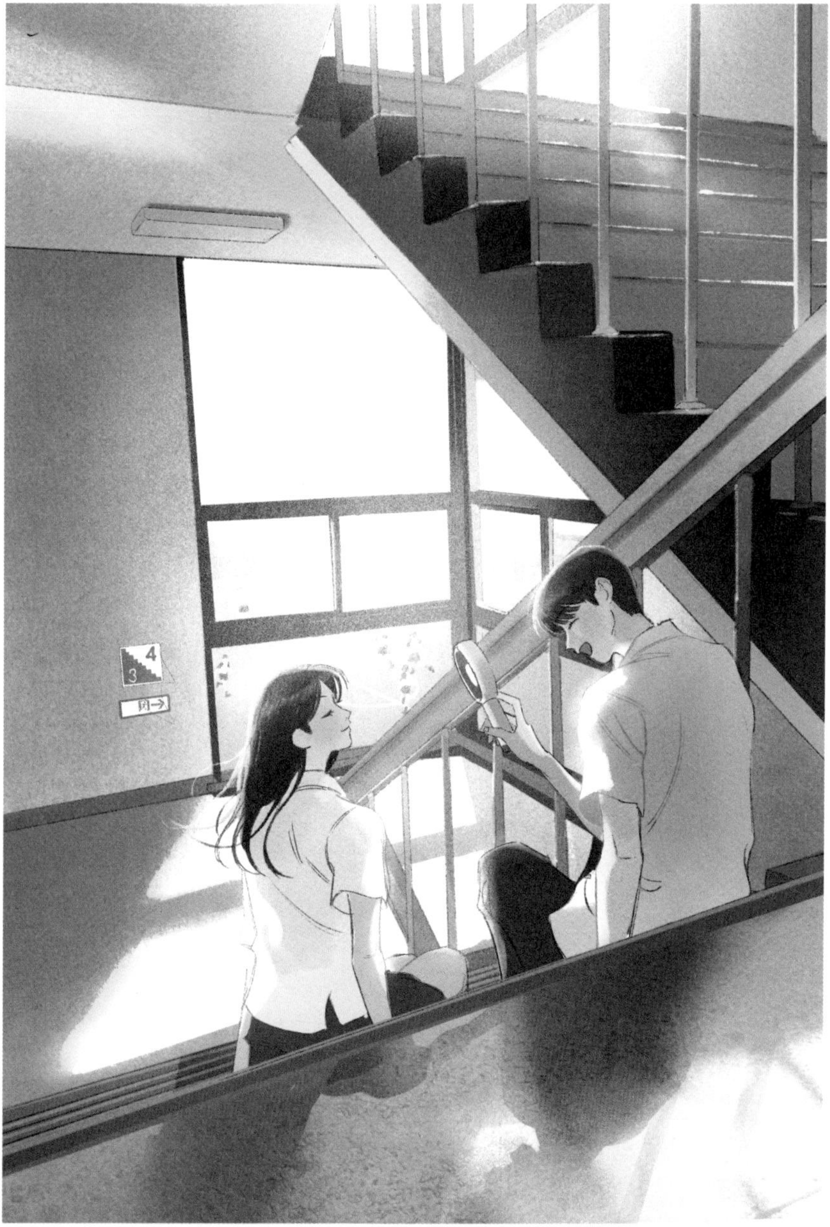
4
3

도 좋아지고 체력도 충전되어야 옳습니다. 그러라고 쉬는시간이 있는 거니까요. 구체적으로 어떻게 쉴지는 내 마음대로겠습니다만, 어찌됐든 쉬는시간이 끝나면 공부할 준비가 되어 있어야 합니다.

"어? 나는 쉬는시간만 끝나면 오히려 집중력도 뚝 떨어지고 꾸벅꾸벅 졸게 되던데?" 싶다면 내 쉬는시간에 대해 점검이 필요하다는 뜻입니다. 지나치게 에너지를 소비하는 방식으로 놀거나 잘못 쉬는 습관에 젖어 있는 겁니다.

물론 어쩌다 한 번씩은 얼마든지 괜찮죠. 그러나 부작용이 되풀이된다면 큰 문제입니다. 쉬는시간 때문에 공부시간이 방해를 받다 보면 공부할 마음도 흐트러지기 일쑤거든요. 이럴 땐 기준을 정해두면 도움이 됩니다. '나는 어느 정도로 놀았을 때 기분도 좋아지고 공부도 잘되는지'를 관찰해보면 압니다. 그래야 쉬는시간에도 마음 편히 놀 수 있고 공부시간에도 야무지게 집중할 수 있습니다.

내 쉬는시간은 공부시간에 보탬이 되는 진정한 휴식입니까, 아니면 공부시간에 짐이 되는 훼방꾼입니까. 답은 나 스스로만 알고 있습니다. 내가 정한 기준대로 쉬는시간을 써보세요. '21일'만 노력하면 식은 죽 먹기입니다.

습관7.
정신상태를 정리정돈으로 증명한다

제가 열다섯 살 때 일입니다. 제가 생각해봐도 저는 정신상태가 해이하고 얼빠진 놈이었습니다. 되는대로 던져둔 옷이며 양말, 과자 부스러기가 나뒹구는 책상에는 책 한 권 펴놓을 자리가 없었고, 가방 속은 아무렇게나 쑤셔 박은 프린트물, 구겨지고 돌돌 말린 책들로 뒤죽박죽이었어요. 뭘 좀 꺼내려고만 하면 한참을 뒤적거려야 했습니다. 그런데도 저는 딱히 불편한 줄 모르겠더라고요. 어차피 공부할 마음이 전혀 없었으니까요.

몇 주간 친구들이 아침마다 수행평가라면서 영어 문제집을 열심히 풀더군요. 저는 도무지 남 일 같았죠. 그래서 졸다가 자다가 딴짓하다가 해가면서 그 시간을 대충 때웠어요. 그러던 어느 날 아침, 저는 드디어 결심했어요. 내일 제출해야 할 숙제를 오늘부터 시작하겠다고 말이죠. 그리고 영어 문제집을 꺼내려고 했어요. 아, 그런데 이놈의 책이 어디로 도망갔는지 가방, 사물함, 책상 서랍 어디에도 통 보이질 않는 거예요. 까딱 잘못해 백지를 숙제랍시고 냈다가는 호랑이 영어 선생님께 된통 혼날 게 뻔한데요. 무진장 초조했습니다. 그러나 그놈의 책을 어디에다 처박아두었는지 알 수가 있어야지요. 쉬는시간뿐만 아니라 점심시간, 청소시간까지 노심초사 뒤져보고 집에 가서도 밤늦도록 한숨을 쉬어가며 이곳저곳 뒤적거렸지만 끝내 책을 찾지 못했습니다.

결국 다음 날 영어 수행평가는 아예 내지도 못했죠. 게다가 절망적이게도 제출 안 한 사람은 저 혼자뿐이었습니다. 수행평가 빵점쯤이야 쿨하게 웃어넘기던 시절이었지만 무시무시한 영어 선생님께 제가 어찌나 혼쭐이 났던지 착잡한 심정을 이루 말할 수가 없더라고요. 나름대로는 무지 심각했었습니다.

그로부터 며칠이 지나서 저는 느닷없이 그 책을 발견했습니다. 어처구니없게도 가방 속 다른 큰 책 안에 감쪽같이 끼워져 있더라고요. 커다란 책이 작은 책을 뱃속에 품고 가방 바닥에 자빠져 있으니 복잡한 제 가방 형편상 절대로 눈에 보일 수 없었던 겁니다.

저 못지않은 어지럽히기 능력자들이 둘 건너 한 명씩은 있는 것 같더라고요. 어떻게 해서라도 앉기 싫은 책상을 만들고 싶어 안달난 사람처럼요. 먹다 남은 쓰레기를 내버려둬 푹 삭히고 썩히는 '지저분 능력자'부터 축구공, 파운데이션, 헤어왁스, 거울 등으로 책상을 뒤범벅 해 정작 책 펼칠 곳이 없게 만드는 '비좁음 능력자', 커피, 녹차, 허브티, 분말스프 따위를 풀세트로 갖춰놓는 것도 모자라서 가끔 자습시간에 친절하게 배달까지 해주고 다니는 '다방계의 능력자', 옛날 옛적 졸업앨범, 한참 전 주고받은 편지, 좋아하는 스타사진을 쌓아놓고 몇 시간은 우습지도 않게 날려버리는 '추억 능력자'까지! 방법도 다양합니다.

이런 책상에 앉으면 나부터 숨통이 꽉 막힙니다. 공부를 꼬이게 만들 거리가 도처에 널려 있는데 어떻게 집중해서 공부할 수 있겠어요. 멀쩡하던 공부할 마음도 순식간에 흔적 없이 증발하기 딱 좋죠. 인간이라면 모든 감각 중 눈으로부터 가장 많은 영향을 받거든요. 오죽하면 눈을 두고 '마음의 창'이라고까지 하겠어요.

주변이 깔끔하게 정돈되어 있으면 마음속도 더불어 차분해지고, 주변이 어수선하면 마음도 따라서 혼란스러워지는 게 사람입니다. 정리정돈 안 할수록 딴짓에 한눈팔 위험도 높아져요. 뭘 잃어버리는 경우도 잦죠. "난 재수가 없나봐. 뭐든 잘 잃어버려!" 하는 친구들치고 정리정돈 제대로 하는 사람 없어요. 정리정돈 안 하는 친구들은 자신이 귀찮아서 또는 바빠서 치우지 않고 있을 뿐이라고 철석같이 믿습니다. 그런데 아니에요. 사실은 어수선한 마음상태, 뒤죽박죽인 정신상태가 정리정돈을 통해 드러난다고 보는 쪽이 더 맞습니다. 저도 지저분하게 지내봤거든요. 그때 정리정돈 안 된 건 책상이나 가방뿐만이 아니었어요. 마음과 정신이 훨씬 더 상태가 안 좋았죠. 정돈 안 된 마음 탓에 주변은 지저분해지고 그럴수록 마음도 더욱더 어수선해지는 악순환이 되풀이되었고요.

모든 정리정돈은 일종의 '엑스레이'입니다. 겉으로 안 보이는 내 마음상태, 내 정신상태를 적나라하게 찍어서 보여주니까요. 아무리 학교에서 똑같은 크기, 똑같은 모양의 책상을 나눠줘도 일주일만 지나면 주인이 누구냐에 따라 모습이 극과 극입니다. 어떤 책상은 깊은 산속 맑고 고요한 절처럼 정갈한데, 어떤 책상은 전쟁터 한복판에 있는 쓰레기장 같아요. 주인의 정신상태가 고스란히 다 들통나는 겁니다.

그래서 정리정돈 실력으로 신입사원을 뽑는 회사도 있대요. 정신상태를 확인해보고 싶어서요. 일본의 한 전자회사인데요. 이처럼 정리정돈 잘하는 사람들로 회사를 채워온 결과, 현재 매출 8조 원 규모의 초대형기업이 되었답니다. 정리정돈은 곧 내 정신상태입니다. 정신이 살아 있는 사람들은 무슨 일이든 잘할 수밖에 없고요.

정신이 깨어 있는 사람은 너저분한 주변 환경을 결코 내버려두지 않습니다. 말끔하게 치워진 개운한 책상에서만 공부할 마음이 돋아난다는 사실을 아는 거죠. 언제든 앉기만 하면 바로바로 집중할 수 있는 책상을 만들어놓아요. 이런 사람이 가방 정리라고 대충 넘기겠어요? 꼭 필요한 책과 자주 쓰는 물건은 꺼내기 편하게 정리해두고, 여기저기서 받은 프린트물에는 받는 즉시 날짜와 과목명을 적어 파일함에 야무지게 모아둡니다. 공부하다 장소를 옮길 때는 놓고 가는 물건이 없는지 살펴보고 챙겨가죠. 좀처럼 물건 잃어버릴 일이 없어요. 무엇보다도 몰아서 정리정돈하지 않고 평소에 조금씩

해나가는 것이 중요합니다. 한꺼번에 정리하다 보면 시간은 시간대로 드는데다 평상시에는 지저분하게 지낼 수밖에 없으니까요.

이렇듯 정리정돈의 핵심은 '필요한 것'은 챙기고, '필요 없는 것'은 치우는 것입니다. 마음의 중심을 흐트러뜨릴 수 있는 그 어떤 것도 공부할 공간에는 있지 않게 하는 것입니다. 정신이 살아 있는 사람이 되고자 부단히 노력하는 일입니다.

'21일 법칙'으로 지금 시작하세요. 일단 뇌에다가 '습관' 딱지를 붙여 놓고 저장해놓으면, 내가 번번이 애쓰고 일일이 노력하지 않아도 몸에 밴 습관이 자동으로 휙휙 발휘됩니다.

나는 믿습니다. 당신은 틀림없이 '좋은 습관을 가진 사람'이 될 것입니다.

Beyond Story

흔들리지 않는 인생을 사는 법

한 젊은이가 깊은 산속의 지혜로운 노인을 찾아가 물었습니다.

"어떻게 하면 흔들리지 않는 인생을 살 수 있을까요?"

노인은 아무 말 없이 미소를 머금고는 그를 정원으로 데려갔습니다. 그러고는 네 그루의 나무를 가리키며 한번 뽑아보라는 시늉을 했죠. 젊은이는 어리둥절한 채로 갓 심어놓은 첫 번째 나무를 아주 쉽게 뿌리째 뽑았습니다. 두 번째 나무는 심은 지 얼마 안 된 것이라 조금 힘을 주자 그대로 뽑혀 나왔지요. 세 번째 나무는 심어놓은 지 꽤 오래된 나무였습니다. 젊은이는 땀을 뻘뻘 흘리며 한참 씨름을 벌인 뒤에야 그것을 뽑을 수 있었지요. 그러나 마지막 나무는 끄떡도 하지 않았습니다. 젊은이가 팔을 걷어붙이고 아무리 끙끙대도 땅에 견고하게 뿌리를 박아놓은 나무는 꿈쩍도 안 했어요. 결국 젊은이는 마지막 나무를 뽑지 못했습니다.

그제서야, 노인이 나지막한 목소리로 입을 열었습니다.

"습관이란 나무와도 같다네. 오랜 습관은 깊이 뿌리를 내려 그것을 바꾸기가 어렵지. 흔들리지 않는 인생은 좋은 습관으로 만들어지는 법일세."

- 09 -

오늘 하루는 내 인생을 만드는 재료다

헛되이 보낸 오늘 하루는 언젠가 반드시 나에게 복수한다.
- 윈스턴 처칠 Winston Leonard Spencer Churchill, 영국의 총리

내가 게으름 피우는 동안에도 시간은 뚜벅뚜벅 제 갈 길을 걸어간다.
- 벤자민 프랭클린 Benjamin Franklin, 미국의 사상가

휘몰아치는 눈보라에 베일 듯이 추운 날, 한 노승이 히말라야 산맥을 넘어 인도에 도착했습니다. 사람들은 눈사람처럼 되어버린 노승에게 눈이 휘둥그레져서 물었습니다.

"스님, 어떻게 그 거칠고 험준한 산맥을 넘어 오셨습니까?"

그는 머리에 쌓인 눈을 툭툭 털어내며 덤덤하게 말했습니다.

"그냥 한 걸음 한 걸음 걸어서 왔지요."

시간의 핵심은 '연속성'입니다. 순간순간이 모여 인생이 됩니다.

내 인생은 오직 내가 시간을 어떻게 썼느냐에 따라 결정됩니다. 나는 매 순간 지금 무엇을 할지 결정합니다. 아침에 눈 뜨고 처음 움직일 때부터, 늦은 밤 불 끄고 잠들기까지는 내 선택과 결정으로 끊임없이 이어집니다. 쪼개놓으면 별것 아닌 것처럼 보이는 짧은 순간의 선택들이 모여 결국에는 나와 내 인생을 만듭니다.

사람들마다 선택의 기준점이 다릅니다. 내가 기준점을 어디에 두느냐가 내 선택을 좌우합니다. 단순히 재미를 좇을 수도, 당장에 편한 일을 찾을 수도, 남의 눈에 어떻게 보이느냐를 기준으로 삼을 수도 있겠죠. 그러나 이것들은 올바른 기준점이 아니에요. 지금 이 선택이 '내 인생에 보탬이 되겠는가'를 기준점으로 삼아야 합니다. 이에 맞춰 순간순간 옳은 판단을 내려야 해요. 마음이 게을러지는 때에도 단호하게 좋은 선택을 내릴 수 있는 결단력을 키우자는 겁니다.

오늘 따로, 내 인생 따로가 아닙니다. 오늘 하루를 어떻게 채울지 내가 내린 결정들이 모여서 내 인생을 이룹니다. 나를 만듭니다. 오늘 하루는 내 인생을 만드는 귀한 재료입니다.

크로노스인가, 카이로스인가

'크로노스'와 '카이로스'는 둘 다 시간을 뜻하는 그리스어입니다.

그러나 통틀어 그냥 시간이라고 부르기에는 무척 다른 개념입니다. 우선 크로노스는 '흘러가는 시간' 그 자체를 말합니다. 해가 뜨고 지는 것처럼 누구나 똑같이 경험하는 세상의 시간이에요. 쏜살같이 지나가는 일상적 순간이죠. 반면, 카이로스는 '내 존재의미를 느끼는 결정적 시간'을 뜻합니다. 깨어 있는 정신으로 나에게 필요한 일에만 몰입하는 특별한 시간이에요. 마음을 온전히 다하는 순간입니다.

멍 때리고, 잉여짓해가면서 무심코 하루하루를 살다 보면 내 인생은 크로노스들로만 채워집니다. 내 인생에 보탬이 안 될 일들에 시간을 빼앗기고, 쓸데없는 감정 소모로 아무렇지도 않게 하루를 날려버리는 거죠. 정작 꼭 해야 할 일에는 별로 마음을 쏟지 않게 됩니다. 뭉텅이로 시간을 줄줄 흘려보내놓고도 같은 짓을 또다시 되풀이합니다. 내가 쓰는 시간이 어떤 의미인지 진지하게 생각해보지도 않아요. 내 시간에 특별한 의미를 붙여주지 않아요. 그러다 문득, 인생을 되돌아보았을 때 내 인생이 의미 없는 순간의 연속으로 이루어졌단 걸 뒤늦게 깨닫습니다. 땅을 치고 후회하며 나 자신에게 실망하는 거죠. 넋 놓고 있는 사이에 시간이 감쪽같이 사라졌다고 느끼게 될 거예요. 이런 사람에게는 입가에 미소를 짓게 할 만한 인생의 추억도 드뭅니다. 추억이 될 만큼 잘 쓴 시간이 별로 없으니까요. 인생에 크로노스만 수두룩한 걸요.

아무리 짧고 사소해 보이는 시간이라도 내 손으로 꽉 붙들어 야무지게 채워놓아야 합니다. 단 하루도 빠짐없이 카이로스로 만들어야죠. 내 시간은 내가 가진 목표를 이루는 데 귀하게 쓰여야 합니다. 매 순간 잘 써야 하는 이유를 덧입혀주고, 마음을 온전히 쏟아주어야 합니다.

그러기 위해서는 내 인생에 보탬이 될 만한 일들을 먼저 해야 해요. 무심코 살지 말고 깨어 있는 정신으로 살아가야죠. 세월의 흐름에 내 몸을 맡겨버리면 나는 시간의 '노예'가 됩니다. 내가 시간을 철저하게 통제할 힘을 길러놓아야 내 시간의 '주인'이 될 수 있어요. 그래야 '인생의 주인'이 될 수 있고요. 먼 훗날 내 인생을 되돌아보았을 때, "내 인생은 빛나는 순간의 연속이었어!"라고 스스로를 대견해할 수 있도록 순간순간을 카이로스로 채워주세요. 내 인생이라는 큰 그림을 한 뼘씩 그려갈 사람은 오직 나 자신뿐입니다.

내가 바라는 인생을 살고 싶다면 '골똘히 따져보는 습관'을 기르세요. 지금 무엇을 해야 이 순간을 카이로스로 만들 수 있을지, 내가 어떤 선택을 해야 이 순간이 가장 빛나는 순간이 될 수 있을지를 고민해보는 겁니다. 시간은 끊이지 않고 연속되며, 그 시간들이 모여 결국 내 인생이 되니까요.

공부할 마음이 있는 사람 중 게으른 사람은 없다

게으름은 내 인생을 야금야금 갉아먹습니다. 얼렁뚱땅 해야 할 일을 미루거나 달팽이처럼 느릿느릿 움직이고 머뭇거리며 두리번거리다보면 기껏 다져놓은 공부할 마음도 서서히 빠져나가기 시작합니다. 게으름뱅이의 눈으로 본 공부는 턱없이 할 게 많아 엄두가 나지 않는 일이죠. 내 인생에게 미안해서 공부해야 하는 건 맞는데, 좀처럼 마음을 다잡기가 쉽지 않습니다. 마음이 우왕좌왕하고 갈팡질팡합니다.

물론 게으름 피우지 않겠노라 다짐은 합니다. 순간순간 결심하고 또 결심하지만 돌아서면 다시 또 게으름을 피우게 돼서 그렇죠. 끈끈하게 달라붙어 있는 게으름은 떼어내기 만만치 않은 놈이거든요. 지긋지긋한 게으름을 떼어내기 위해서는 딱 한 가지만 다짐하면 됩니다. 내가 예전의 게으름뱅이 시절로 잠깐 돌아갈지라도, 섣불리 '실패' 딱지를 붙이지 않겠다고 말입니다.

『굿바이 게으름』의 저자 문요한 박사는 과거의 게으른 습관이 잠시 나타났을 때 '우리가 보이는 반응'이 게으름 탈출에 결정적 요인이라고 분석했습니다. 게으름에서 벗어나지 못하는 사람들은 이때를 핑계 삼아 예전의 게으름으로 바로 후퇴해버리고는 '난 역시 안 돼!', '에라, 모르겠다. 될 대로 되라!' 한다는 겁니다. 멋대로 '실패'

딱지를 붙여버리는 거죠.

그러나 게으름에서 벗어나는 사람은 다르다고 합니다. '실패'가 아니라 '잘못'으로 받아들인다는 거예요. 여기서 '잘못'이란 만회가 가능한 실수입니다. '실패'로 보지 않고 '잘못'으로 보는 순간, 내가 왜 그런 잘못을 저질렀는지 되돌아본 후 다시 한 번 다짐하고 뛰어든다는 거죠. 놀랍도록 날카로운 지적입니다. 나뿐만 아니라 다른 사람들도 게으름을 한 방에 딱 끊어내는 사람은 없습니다. 게으름에서 벗어나려면 수많은 시행착오가 필요해요. 그때마다 나에게 일일이 '실패' 딱지를 붙여버린다면, 나는 평생을 게으름뱅이로 살 수밖에 없어요. 그러니 시행착오를 '실패'가 아닌 '잘못'으로 받아들여야 합니다.

'실패'와 '잘못'을 구별할 줄 아는 눈을 키워야 합니다. 나에게도 얼마든지 벌어질 수 있는 상황을 예로 들어 연습해봅시다. 문제마다 정답과 해설을 달아놓았으니, 문제 풀 때는 가리고 풀어보세요.

예제 1 나는 아침 일찍 스스로 일어나기로 결심했습니다. 며칠간 잘 지켰고요. 그런데 어젯밤 실수로 알람시계를 맞추지 않았고 오늘 아침 늦게 일어나버리고 말았습니다. 이런 경우라면 다음 중 어떤 것에 해당합니까?

① 실패 ② 잘못

쉬운 문제입니다. 정답은 ②번, 잘못입니다. 나에게 '실패' 딱지를 붙여 게으름뱅이로 되돌아가지 말고, 다시 알람시계를 잘 맞추기로 다짐하면 충분합니다.

예제 2 나는 공부 중간에 10분간 쉬기로 작정했습니다. 스케줄러에도 그렇게 적어놓았고요. 그런데 어쩌다보니 10분은커녕 1시간씩이나 놀아버리고 말았습니다. 이런 경우라면 다음 중 어떤 것에 해당합니까?

① 실패 ② 잘못

1번 문제보다는 조금 어렵지만 마찬가지로 정답은 ②번, 잘못입니다. 스케줄러에 적어놓았다면 자신과 약속한 겁니다. 가벼운 약속으로 여기지 말고 무조건 지키려는 정성을 들여야 합니다. 그러나 1시간 놀았다고 게으름 탈출에 실패한 건 아니죠. 잘못한 겁니다. 내 마음을 되돌아볼 기회로 삼아 다음부터 같은 실수를 반복하지 않으면 됩니다.

연습문제 나는 중간고사 때 반에서 중간 정도의 성적을 거두었습니다. 이후 공부할 마음이 생겨 기말고사 준비에는 평소보다 훨씬 더 노력을 기울였습니다. 그런데도 기말고사 성적이 제자리를 맴돌고야 말았습니다. 모처럼 한 결심이라 깊이 낙담했습니다. 그래서 마음도 습관도 결심하기 전 상태로 되돌아가버리고 말았습니다. 이런 경우라면 다음 중 어떤 것에 해당합니까?

① 실패 ② 잘못

정답은 ①번, 실패입니다. 기말고사 성적이 제자리를 맴돌았을 때까지는 실패가 아니었어요. 원래 성적은 호락호락하게 오르지 않습니다. 웬만한 노력으로는 꿈쩍도 안 하는 게 정상이에요. 그런데도 내 마음대로 낙담하는 것도 모자라서 스스로에게 기어코 '실패' 딱지를 붙여버린 겁니다. 그러니까 마음도 습관도 결심 전으로 되돌아가버렸어요. 내 손으로 '실패' 딱지를 붙이면, 원래는 '잘못'이었을지라도 진짜 '실패'가 되어버립니다. 그래서 이 문제의 정답은 ①번입니다.

게으름에서 벗어나겠다고 결심해야 합니다. 그러나 단번에 탈출할 수 있을 거라고는 기대하지 마세요. 대신 넘어질 때마다 일어나겠다고 다짐하세요. 결심을 지키는 과정에서는 누구나 잘못을 합니다. 다만, 그때마다 하나씩 배우는 거죠. 도전을 계속하는 한 우리는 게으른 사람이 아닙니다. 우리의 도전은 게으름에서 완벽하게 탈출할 때까지 계속될 테니까요. 우직한 도전은 게으름을 반드시 이깁니다.

결정적 순간, 나에게 힘을 주는 루틴

'루틴(Routine)'이란 같은 행동을 반복하면서 마음 다스리는 일을 말합니다. 나만의 리듬을 유지하고 주위가 산만해지지 않도록 하기 위해서요. 내 마음이 흐트러지지 않게 바로잡아주는 '안전장치'라고나 할까요. 궤도에서 벗어난 마음을 돌아오게 하는 힘입니다. 그 어떤 순간에라도 최고의 나를 이끌어내는 장치이지요.

공부하는 동안 내 마음을 붙잡아줄 루틴을 가져봅시다. 제안하는 루틴은 스케줄러, 스톱워치, 타임시트 이렇게 3가지입니다. 공부하려고 앉을 때마다 이 3가지 루틴을 빼먹지 말고 우직하게 실천해봅시다. 마음 다해 길들여놓은 루틴은 내 '공부의 온도'를 뜨겁게 해줍니다. 내가 정한 목표를 야무지게 이루도록 도와줍니다. 인생의 재료인 순간순간을 아주 빛나게 만들어줄 것입니다.

루틴1. 흔들리지 않는 약속 : 스케줄러

아침에 일어나 공부하려고 처음 앉으면 우선 스케줄러를 써보세요. 하루 동안 무얼 공부할지 계획하는 거예요. 한 줄에 한 가지씩 적되 목표 분량도 함께 적으세요. 깔끔하게 적어두고 하루 종일 책상에 펼쳐놓는 겁니다. 그리고 달성한 목표는 그때그때 펜으로 그어 표시합니다. 언제 보아도 내 하루 목표 중 무엇이 달성됐고 무엇이 아직 남아 있는지 알아볼 수 있도록 말이죠. 스케줄러에 있어서만큼은 '쓰면 100점, 안 쓰면 빵점'입니다. 머릿속에 막연하게 둥둥 떠다니는 하루 목표로는 어림도 없어요. 무조건 써놓으세요. 한눈에 들여다볼 수 있는 목표라야 꼼꼼하게 지킬 수 있습니다. 일단 적어놓고 나면 온종일 머릿속에 스케줄 하나하나를 기억하고 있을 필요가 없어지니 마음도 가벼워집니다.

매일 아침 적는 건 하루 목표이지만 계획이라는 건 1년, 1달, 하루 순서로 정해놓는 게 좋습니다. 1년은 장기계획, 1달은 중기계획, 하루는 단기계획입니다.

장기계획은 새해가 밝았을 때나 공부할 마음을 다지는 결심의 순간에 곰곰이 생각해본 후 정하면 좋습니다. 1년간 어떤 과목에 얼마만큼 시간을 쏟아서 어느 정도 수준까지 만들어놓겠다고 적는 게

년 월 일 일요일
오늘 하루 공부시간
11h 30m
과목
내용
국어
모의고사 기출풀기
↳ 오답 정리
평가 문제집 10~20
비문학 문풀
수특 10강~12강 풀기
수능기출 실전 1회
↳ 오답 정리
수학
평가원 기출집 1회
↳ 오답 정리
수특 수열의 극한
기출 특강 DAY 5/ 문풀
↳ 오답 정리
수능특강 단어 200개
영어
모의고사 1회 / 오답 정리
수특 15 ~ 16
과탐
오늘 하루 평가

장기계획입니다.

1년짜리 장기계획을 열두 조각으로 쪼개면 1달에 맞는 중기계획이 됩니다. 매달 말이 되면 내가 장기계획을 근사하게 잘 이루어가고 있는지 점검해보세요. 그리고 다음 달에 내가 어떻게 공부해야 장기계획을 이룰 수 있을지를 미리 떠올려보는 겁니다. 그리고 적어놓으세요. 다 적고 나면 그게 중기계획입니다.

마찬가지로 하루 계획을 짤 때는 1달 계획을 나누면 됩니다. 오랜 시간이 들지 않을 뿐더러 어렵지도 않습니다. 오늘 하루가 내 1달, 1년과 동떨어져 존재하지 않으니까요.

그러나 이는 뒤집어보면 무서운 말이 됩니다. 내가 오늘 하루 정해놓은 목표를 달성하지 못하면 내 1달과 1년도 한꺼번에 휘청거린다는 뜻이 되니까요. 오늘 하루가 어그러지는 순간, 내 목표도 조금씩 갉아먹히게 됩니다. 잘못 보낸 단 하루 때문에 내 목표에서 점점 멀어지는 겁니다. 스케줄러 한 줄 한 줄을 결코 가벼이 여겨서는 안 되는 이유입니다.

저는 스케줄러에 계획을 적을 때 필통에 들어 있는 가장 좋은 펜으로 한 글자 한 글자 정성 들여 썼습니다. 그 펜은 '스케줄 펜'이라고 해서 스케줄 적을 때 빼놓고는 절대로 쓰지 않았어요. 억지로라도 의미를 부여하고 싶었거든요. 아침에 적어놓은 스케줄은 하늘이 두 쪽 나도 수단과 방법을 가리지 않고 반드시 지키겠다고 다짐했습니다.

나 자신과 한 약속이야말로 그 무엇보다 무거운 약속입니다. 스케줄러에 일단 적어놓았다면 그건 내 인생과 단단하게 약속한 겁니다. 흔들리지 않는 약속이어야 합니다. 그래야 내가 나를 믿을 수 있습니다.

루틴2. 효율을 올리는 분석 : 타임시트

스케줄러가 공부'할' 목록이라면 타임시트는 공부'한' 목록입니다. 타임시트는 공부하는 중간중간 적어놓는 시간기록표입니다. 자꾸 적어놓다 보면 시간의 질이 높아져요. 변호사나 회계사처럼 1분 1초의 시간까지도 아끼며 일해야 하는 직업의 사람들은 매 순간 타임시트를 작성합니다. 하루 중 내가 한 일과 그 시간을 모조리 적어요. 아무것도 아닌 것 같은 10분 동안 통화를 했대도 절대 빼놓지 않고 꼬박꼬박 작성합니다. 아무리 사소한 일을 했을지라도 예외가 없지요. 작성된 타임시트를 나중에 꼼꼼하게 분석하는 일도 잊지 않습니다.

이렇게 내가 시간을 어떻게 썼는지 종이에 적어놓으면 스스로 시간을 함부로 쓰지 않게 됩니다. 시간을 쓸 때 타임시트를 의식하는 거죠. 작은 시간이라고 줄줄 흘려보내는 버릇도 딱 고쳐져요. 헛되이 쓰기에는 타임시트 한 칸 한 칸이 아깝게 느껴지거든요. 내가 쓴 시간을 되돌아볼 때도 막연한 반성과는 아주 달라집니다. 확실하게 나를 되돌아보게 되고, 잘못한 점이 있다면 원인을 꼼꼼하고 정확하게 분석할 수 있습니다. 효율적으로 시간 쓰는 방법을 스스로 터득하게 됩니다.

타임시트를 작성하는 간격은 내가 정하면 됩니다. 공부 결심한 지 얼마 되지 않았다면 20분 단위로 꼼꼼하게 적어도 좋고, 타임시트 작성에 익숙하다 싶으면 1시간 단위로 써도 좋습니다. 중요한 건 '몇 분 간격으로 적느냐'가 아니라, '내가 쓰는 시간에 얼마나 책임감을 갖느냐'이니까요. 내가 쓴 시간은 노트에 낱낱이 적어놓을 거고 그것을 나중에 내가 샅샅이 검토할 거라는 부담을 스스로 느끼면 충분합니다. 시간 쓴 내용이 마음에 들지 않는 날이 있더라도 두고두고 들여다보세요. 나는 내 잘못에서 가장 크게 배우는 법이거든요.

루틴3. 진짜로 집중한 시간 : 스톱워치

공부하는 동안, 스톱워치를 내 눈 닿는 곳에 놓아두세요. 그 스톱워치로 '내가 엉덩이 붙이고 앉아 진짜로 공부한 시간'을 재보는 겁니다. 수업 들은 시간은 제외하고 오직 스스로 공부한 자습 시간을 기준으로요. 공부할 마음은 원래 다 뜨거운 엉덩이에서 끓어오르는 법이거든요. 일단 오래 앉아 있는 훈련부터 되어야 집중이나 효율을 끌어올릴 수 있습니다.

내가 진짜로 집중해서 공부하는 동안 스톱워치로 시간을 카운트합니다. 잠시 헛생각이 들었거나 화장실에 다녀오는 것처럼 엉덩이 떼고 '딴짓'을 하러 간다면 스톱워치를 멈춰놓았다가 다시 공부를 시작할 때 작동시키면 됩니다. 스톱워치에는 '내가 하루 동안 똑바로 공부한 시간'만 찍히게 만드는 겁니다. 하루 공부를 마치면 최종적으로 찍힌 숫자를 스케줄러에 옮겨 적습니다.

스톱워치로 공부시간을 재보면 처음에는 누구나 놀랍니다. '내가 야자시간만큼은 그래도 다 공부하고 있겠지', '하루에 학교에 있는 시간만 해도 얼만데'라고 막연하게 생각하다가 막상 재보면 실제로 공부한 시간이 터무니없이 적기 때문입니다. 이렇게 저렇게 날려버리는 시간이 상당하거든요. 그래서 스톱워치로 꼼꼼하게 기록하고 버려지는 시간을 주워 담아보자는 겁니다. 그러다 보면 어느새 스톱워치에 찍히는 숫자가 놀랍도록 치솟을 테니까요.

특히 내가 공부할 마음을 새로이 다지는 단계라면 한동안 일부러 극한을 체험해보는 것도 좋습니다. 일정 시간을 목표로 정해두지 말고, 말 그대로 내가 할 수 있는 '최대한의 시간' 동안 공부해보는 거죠. 무식할 정도로요. 내가 얼마나 절실함으로 무장되어 있는 사람인지를 나 자신에게 보여주는 겁니다. 말로만 허술하게 결심하지 말고, 엉덩이로 뜨겁게 결심하세요. 그렇게 한 결심이어야 오래도록 변하지 않습니다.

겨울에만 눈이 내리는 우리나라와 달리, 1년 내내 눈과 더불어 살아가는 에스키모들은 눈을 가리키는 말이 60가지가 넘는다더군요. 눈에 대한 관심이 남다를 수밖에 없기 때문일 겁니다. 공부하는 우리는 시간을 재료로 쓰는 만큼, 시간에 대해 유별날 정도로 관심을 가져보는 것도 좋겠습니다. 내가 쓰는 시간에 특정 이름을 붙여주는 것도 하나의 방법이 되겠지요. 공부하기 전 마음을 가다듬는 시간은 '레디 타임', 하루 중 아침에 공부가 가장 잘된다면 '모닝버닝 타임', 앉아는 있었지만 집중이 잘되지 않아 느릿느릿 공부한 시간은 '달팽이모드 타임', 어쩌다 밤을 새워 공부했던 시간은 '올빼미모드 타임', 수업시간에 선생님이 갑자기 주신 자습시간은 '보너스 타임'처럼 말입니다.

스톱워치로 내가 진짜로 공부한 시간을 재면서 공부하다 보면 시간이 귀하고 아깝다는 걸 알게 됩니다. 내 시간의 주인이 되기 때문이지요. 아무리 빠듯한 일정이라도 쪼개고 나눠보면, 시간은 얼마든지 확보할 수 있다는 것 또한 경험으로 깨달을 수 있어요. 그래서 시간을 귀하게 쓰는 사람일수록 '시간 없다'는 말을 좀처럼 하지 않습니다.

내가 진짜로 공부한 시간을 스톱워치로 꼼꼼하게 확인하세요. 어제 스톱워치에 찍힌 시간과 매일 경쟁해보는 겁니다. 어제보다 '10분이라도 더', '5분이라도 더' 집중해서 공부하려는 집요한 노력 속에서 나에 대한 믿음이 싹틉니다. 그 끝에 내가 바라는 인생이 있습니다.

잊지 마세요. 내 꿈을 이루는 힘은 '진득한 엉덩이'에서 나옵니다.

* * *

'스케줄러'로 나와 흔들리지 않는 약속을 하고, '타임시트'로 효율을 올리기 위한 분석을 하고, '스톱워치'로 진짜 집중해 공부하는 시간을 늘려봅시다.

엉덩이만 뜨겁지 말고, 마음도 뜨겁게!

그렇다고 무턱대고 줄곧 앉아만 있으라는 건 아닙니다. 마음을 다해 내 안의 에너지를 몽땅 쏟아야죠. 오늘 하루 몫의 에너지를 모조리 불태워야 합니다. 공부할 마음 있는 사람은 내일을 위해 오늘의 에너지를 남겨두지 않거든요. 독하게 마음먹고 그날그날의 에너지를 기필코 바닥내고야 맙니다. 자고나면 내일은 또 새로운 에너지가 생기니까요.

엉덩이만 뜨겁지 말고, 마음도 뜨겁게 달구어야 합니다. 끓어오르는 뜨거운 마음으로 내 순간순간을 충실하게 채워야 합니다. 한 문제를 풀면 하나의 새로운 통찰이 생기고, 한 시간을 공부하면 하나의 새로운 깨달음을 얻어야 합니다. 뜨거운 마음으로 공부하는 사람은 한 달 전은 물론이거니와 비록 한 주 전과 비교해보아도 아주 다른 사람이 되어버립니다. 아무것도 배우지 못하는 순간이 단 한 순간도 없으니까요.

공부하기에, '뜨거운 엉덩이'와 '뜨거운 마음'이면 충분합니다.

나는 믿습니다. 당신은 틀림없이 '오늘 하루를 내 인생의 재료로 귀하게 쓰는 사람'이 될 것입니다.

Beyond Story

"아니, 무슨 그림 한 장이 이렇게 비싸!"

피카소가 별 잘 드는 카페에 앉아 모처럼 커피를 마시며 쉬고 있는데, 한 중년 부인이 호들갑스럽게 다가왔습니다. 부인은 그를 몹시 반가워하며 돈은 달라는 대로 줄 테니, 자신의 초상화 한 장을 그려 달라고 졸라댔습니다. 극성맞은 부인의 요청에 피카소는 거절하지 못하고 결국 그 제안을 받아들였어요.

10분도 되지 않는 짧은 시간 안에 피카소는 멋진 그림을 완성했습니다. 그러고는 다 그린 그림을 보여주며 부인에게 그림값으로 1만 달러를 요구했지요. 그림값을 듣고 놀라 얼굴이 벌게진 부인은 황당한 표정으로 대꾸했습니다.

"아니, 무슨 그림 한 장이 이렇게 비싸요? 당신은 그림을 그리는 데 10분도 걸리지 않았잖아요!"

그러자 피카소는 차분한 목소리로 대답했습니다.

"천만에요, 내가 이렇게 그리기까지는 40년이 걸렸습니다."

PART 4

마음을 붙잡는 순간,
공부는 재미있어진다

◇ ◇ ◇

할아버지 인디언은 모닥불 가까이에 손자와 마주 보고 앉아 말했습니다. “얘야, 우리 마음속에서는 언제나 두 마리 늑대의 싸움이 벌어지고 있단다. 한 놈은 못된 놈이고, 다른 한 놈은 착한 놈이지. 못된 놈은 불평불만, 남탓, 투덜거림, 귀찮음이고, 착한 놈은 즐거움, 감사, 평온함, 깨달음, 부지런함이란다.” 할아버지의 말씀을 듣고 있던 꼬마는 잠시 생각하다가 눈을 깜빡이며 물었어요. “그럼 어떤 늑대가 이기나요?” 할아버지 인디언은 손자의 머리를 쓰다듬으며 대답했습니다.

“네가 먹이를 주는 놈이 이긴단다.”

- 10 -
'안 되는 이유' 늘어놓지 말고, '되게 할 방법'을 찾아라

어둡다고 투덜대지만 말고, 어서 작은 촛불 하나부터 밝혀라.

- 공자(孔子), 고대 중국의 사상가

패배자는 자신의 패배를 조건 탓으로 돌린다. 나는 조건을 믿지 않는다.
이기는 사람은 바라는 조건이 갖춰지지 않았을 때
바라는 조건을 만들어내는 사람이다.

- 조지 버나드 쇼 George Bernard Shaw, 영국의 극작가

'불평불만'하는 것이야말로 공부할 마음이 없다는 가장 강력한 증거입니다. 공부할 마음이 없는 눈으로 보면 온통 공부할 수 없는 이유투성이거든요. 주위에 온통 투덜거릴 만한 꼬투리와 내게 불리한 조건들만 가득해요. 내가 공부 잘하지 못하는 게 죄다 환경 탓, 주변 탓, 조건 탓으로 느껴져 공부하는 일이 지긋지긋합니다. 나는 '안 되는 이유'가 너무 많아 공부를 못할 수밖에 없는 '억울한 피해자'라는 착각에 빠져드는 거죠. 힘이 쭉 빠집니다.

그냥 공부할 마음이 없어서입니다. 환경, 주변, 조건이 나쁘고 부족했기 때문에 공부하지 못하는 게 아니라, 먼저 공부가 하기 싫었기 때문에 환경 탓, 주변 탓, 조건 탓에만 열을 올리는 겁니다. 내 탓을 하자니 달라질 것도 없이 마음만 불편해질 게 뻔하니까요. 나에게는 애당초 공부하고 싶은 마음이 없거든요. 그러니 마냥 푸념만 늘어놓고 싶은 거예요. 더군다나 불평불만은 중독성이 강합니다. 일단 중독되고 나면 빠져나오기가 쉽지 않아요. 당장은 마음이 편하기도 하죠. 내 잘못을 반성해야 하는 순간에조차 남 탓으로 돌려버리고 나면 '장땡'이니까요. 불평불만하는 솜씨도 점점 늘어요. 불평꾼, 툴툴쟁이들은 남들이 보지 못하는 '불평거리'도 귀신같이 찾아냅니다. 늘 불평만 늘어놓던 사람이 어쩌다 천국에 가게 되자 내뱉은 첫마디가 이랬다고 하잖아요.

"젠장, 왜 이렇게 좋은 거야!"

별 뜻 없이 습관적으로 늘어놓던 불평들이 겹겹이 쌓이면 나도 모르게 내 마음속에서 '안 되는 이유'로 굳어집니다. 공부 의욕을 갉아먹는 데는 아주 제대로이죠. 마음의 불씨가 조금이라도 타오르려고만 하면 불평불만이 먼저 튀어나와 찬물을 끼얹어버릴 테니까요. 의욕을 부러뜨리고 의지를 꺾고 내 가능성을 가로막습니다. '안 되는 이유' 찾아내는 버릇이 결국 내 인생을 '안 되게' 망가뜨리고 말 겁니다.

공부할 수 없는 이유는 못마땅한 환경, 주변, 조건 때문이 아니죠. 그것들을 '탓'하느라 시간을 낭비한 나 때문입니다. 고작 입버릇, 마음먹는 버릇 때문에 치르는 대가치고는 지나치리만큼 가혹해요. 뒤늦게 후회해봤자 어쩔 수 없습니다.

조금만 따져보아도 나에게는 '안 되는 이유'가 전혀 도움 되지 않아요. 오로지 '되게 할 방법'만 필요합니다. 환경이 부실하고 주변이 안 받쳐주고 조건이 부족하대도, 그럼에도 불구하고 '되게 할 방법'만 찾아낸다면 나는 됩니다. 한 번뿐인 인생, 내가 어떻게든 '되게' 만들어야죠. 나를 일으켜 세워야죠. 불평불만 따위가 내 인생의 발목을 잡게 두고 볼 순 없잖아요.

불평불만에 질질 끌려다녀서는 결코 '공부하고자 하는 의욕'에 불을 지필 수 없습니다. '안 되는 이유' 말고 '되게 할 방법'이 궁금해야 돼요. 불평불만을 끊어버려야 합니다. 환경이며 주변, 조건 따위는 결코 내 인생을 쓰러뜨릴 수 없어요. 내가 '탓'하기 전까지는 말입니다. 탓하면서 주저앉는 순간, 내 인생 입장에서 진짜 나쁜 건 나를 둘러싼 조건들이 아니에요. 탓하던 '내 태도'와 주저앉은 '내 마음가짐'이 나쁜 거죠. 내 공부가 안 되는 건 머리가 나빠서가 아니라 태도가 나빠서예요. 내 인생을 조금이라도 사랑한다면 불평불만을 딱 끊어버리는 결단을 이제는 내려야 합니다.

방법은 반드시 있습니다. 어떻게 하면 '되게 할 수 있을지'를 골똘히 궁리하기만 하면요. 나를 '되게 할 방법', 찾고자 하면 반드시 찾아집니다. 투덜거리면서 '안 되는 이유' 늘어놓던 시간 정도면 충분하더군요. 내 마음속 불평불만이 슬며시 고개를 쳐든다는 건 아직 내 공부할 마음이 부족하다는 신호입니다. 내 마음을 돌봐야 할 시점인 거죠. 나를 찬찬히 되돌아보는 계기로 활용해야 합니다.

부끄러움 무릅쓰고 고백하자면, 저도 한 투덜 했습니다.

공부는 조건이 아니라 마음으로 하는 것이다

저도 공부하기 싫을 때는 잔뜩 찡그린 얼굴로 불평불만 늘어놓는 데만 바빴습니다.

"오늘 컨디션 너무 구려. 날이 아니네."

"이렇게 집구석이 시끌시끌한데 내가 어떻게 공부를 하겠어!"

"두 학년씩 묶어 한꺼번에 수업하는 이딴 시골학교에서 나더러 뭘 어쩌라고!"

"아, 뭔 놈의 동네가 학원도 하나 없어!"

짜증 섞인 목소리로 툴툴대느라 정작 공부는 뒷전이었죠. 그럴수록 제 의욕은 곤두박질쳤고요. 저는 멋대로 넘겨짚었습니다. 조건이 완벽하게 갖춰지지 않으면 공부할 수 없는 거라고요. 그러니 나는 공부하지 '않는' 게 아니라, 공부할 수 '없는' 거라고요. 마음이 비뚤어졌던 건데 그때는 그걸 몰랐어요.

되돌아보면 공부할 마음이라고는 티끌만큼도 없던 시절이었습니다. 대신 불평거리만 아주 수두룩했죠. 공부하기 얼마나 싫었던지, 핑계가 생각나지 않던 날에는 눈이 뻑뻑하다거나 실내공기가 답답하다면서 하루 공부를 통째로 때려치울 정도였어요. 이러쿵저러쿵 트집 잡는 것만큼은 아주 대장이었지요. 눈이 불편하면 찬물로 세수를 하든지 인공눈물을 몇 방울 넣었어야죠. 정 답답하면 바깥으로 나가 한 바퀴 산책을 하고 오면 되고요. 그게 어디 하루를 통으로 날려버릴 일입니까. 지금 되돌아보면 허무하게 날려버린 시간들 1분 1초가 너무 아깝습니다. '안 되는 이유' 늘어놓는 습관에만 젖어 있었던 거죠.

반대로 내 마음을 붙잡는 데 초점을 돌려 맞추고 나자, 조건에 대한 그 많던 관심이 거짓말처럼 싹 사라지더군요. 내 마음 돌보는 데 집중하느라 다른 건 잘 보이지도 않았어요. 예전 같았으면 짜증 낼 만한 일들도 그럭저럭 괜찮다 싶더라니까요.

저희 집은 '좌논우밭'이라고 왼쪽으로는 논이, 오른쪽으로는 밭이 펼쳐진 곳에 위치해 있는데요. 그러다 보니 농사철에 공부한답시고 앉아 있으면 시끌벅적한 소음이 끊이질 않았습니다. 탈탈탈탈 트랙터 모터 돌아가는 소리, 구성진 트로트 가락에 맞춰 일하시는 아저씨 아주머니들의 떼창 소리, 막걸리 곁들여 새참 드시는 소리 등이 리얼하게 다 들렸어요.

그런데도 불평스럽지 않더라고요. 그럭저럭 크게 불편할 것도 없다 싶어서요. 좀 시끄럽다고 공부 못할 건 없잖아요. 오다가다 마늘쫑 뽑고 계시는 어른들 도와 몇 개 거들어드리는 시늉이라도 하면 입에다 잔뜩 밀어 넣어주시는 간식은 또 얼마나 달콤했는데요.

집뿐만 아니라 학교도 '좌논우밭'이었는데요. 늦봄에서 여름 사이, 야자시간마다 벌레가 참 많았어요. 저희 동네는 친환경농산물로 먹고사는 곳이라 다들 농약도 잘 안 쓰셨거든요. 하루살이가 불빛을 참 좋아해요. 창문마다 하루살이 수천 마리가 우글우글 들끓고 있는 광경을 보신 적 있나요. 정말이지 소름이 쫙 돋습니다. 더워서 창문을 열어놓으면 애들은 방충망 사이사이를 다 뚫고 들어옵니다. 에어컨이 없어 가뜩이나 더운 교실인데 쪄죽을 순 없으니 울며 겨자 먹기로 창문을 열어놓은 적이 많았는데요. 공부하다가 고개를 들어보면 하얀 교실 벽에 하루살이 떼가 시커멓게 달라붙어 일제히 꿈틀대고 있었어요. 반팔교복 차림으로 앉아 있으면 하루살이가 얼굴이나 콧구멍 입구를 간질이거나 눈이나 입에 들어가기도 했어요. 나중에는 팔에 하루살이가 붙어도 간질간질한 느낌을 모를 정도였어요.

줄줄 흘러내리는 땀 닦아내랴, 성가시게 구는 벌레 쫓아내랴 두 손 바쁜 야자시간이었지만 공부에 큰 지장을 주었다고 기억되지는 않습니다. 마음 돌보는 데 정신이 팔려 별로 의식하지 못한 것일 수도 있고요. 벌레 좀 득실댄다고 공부 못할 건 없잖아요. 그저 그런가 보다 했을 뿐, 벌레나 더위 때문에 짜증 나 본 적은 단 한 번도 없었어요.

고등학교 1학년 때는 재래식 '똥통' 화장실을 썼습니다. 학교에 화장실이 부족했거든요. 야외 건물에 듬성듬성 칸막이를 해놓고 바닥에 직사각형 구멍만 하나씩 뚫어놓은 곳이었죠. 당연히 구멍 아래에는 배설물들이 질펀하게 쌓여 썩고 있었고요. 밑을 바라보면 구더기들이 꿈틀대고 있었어요. 코를 찌르는 구린 냄새는 상상을 초월했죠. 화장실에 들어가려면 바깥공기로 숨을 최대한 크게 들이마신 다음에 꾹 참고 들어가야 했어요. 아님 코를 틀어막고 입으로만 숨을 쉬든가요. 어쩌다 화장실에 들어가면 장난기 많은 친구가 등을 탁 치고 도망쳐요. 그러면 갑자기 숨을 들이마시는데요. 한번씩 그러고 나면 냄새가 하도 독해 한두 시간은 머리가 띵할 정도였어요. 볼일을 보려고 바지를 내리고 쭈그려 앉으면 바닥 밑에서 날아오른 똥파리들이 엉덩이에 달라붙었죠.

마음을 붙잡지 못했을 때 같았으면 '어떻게 된 게 화장실 가려면 건물 밖을 나가야 되냐고!', '학교 시설이 이 모양 이 꼴이니까 내가 공부하기 싫은 거 아냐!' 했겠지만, 마음이 달라지고 나니 그런 생각도 들지 않았습니다. 화장실 깔끔하다고 화장실에서 공부하는 사람은 없잖아요. 냄새 맡으라고 애들 등 때리고 도망치며 장난치는 것도 재미있었고요.

그때는 공부하던 순간 느껴본 즐거움이 제 안에 단단하게 뿌리박고 있었어요. 그 순간에 초점을 맞추니까 환경이니, 주변이니, 조건이니 하는 자질구레한 것들이 별 의미 없더라고요. 그 어떤 것도 제가 공부하는 일 자체를 막아 세울 순 없었습니다. 좀 불편하긴 했지만, 그런 건 또 적당히 참을 만했어요. 내가 불평한다고 당장 달라질 수도 없다는 걸 깨닫기도 했고요. 컨디션 좀 안 좋다고 하루 공부를 다 접을 필요도 없고, 동네에 학원 없다고 수능 고득점 못할 것도 없는 거였어요. 조건을 재고 따지는 데 눈이 멀어 마음 가다듬는 데 소홀하지만 않는다면요.

반갑고 고맙고 기쁘다
앉은 자리가 꽃자리니라
네가 시방 가시방석처럼 여기는

너의 앉은 자리가 바로 꽃자리니라

앉은 자리가 꽃자리니라
앉은 자리가 꽃자리니라
네가 시방 가시방석처럼 여기는
너의 앉은 자리가 꽃자리니라

나는 내가 지은 감옥 속에 갇혀 있고
너는 네가 만든 쇠사슬에 매여 있고
그는 그가 엮은 동아줄에 묶여 있다

스스로의 굴레에서 벗어났을 때
그제사 세상이 바로 보이고
삶의 보람과 기쁨을 맛본다

앉은 자리가 꽃자리니라
네가 시방 가시방석처럼 여기는
너의 앉은 자리가 바로 꽃자리니라

- 구상, 「꽃자리」

내게 주어진 환경, 주변, 조건을 '꽃자리'로 받아들여보세요. 그리하여 불평불만을 멈춰보세요. 그제야 비로소 보입니다.

그럼에도 불구하고 '되게 할 방법' 말입니다.

조건을 따지다 보면 '안 되는 이유'만 자꾸 보입니다. 그러나 마음을 다스리다 보면 '되게 할 방법'이 보여요.

공부는 '조건'으로 하는 게 아니라 '마음'으로 하는 겁니다. 막상 조건이 완벽하게 갖춰지면 오히려 마음은 흐트러지기 쉬워요. 뭔가 좀 아쉽고 부족한 듯 싶을 때, 더 악착같이 마음을 돌보게 되고 공부도 가장 잘 되더군요. 불평불만은 인생 낭비에 지나지 않아요. 그러니 '안 되는 이유' 찾는답시고 환경 탓, 주변 탓, 조건 탓만 늘어놓던 저는 얼마나 어리석었던 것입니까.

불평불만을 멈추게 하는 3가지 마음가짐

◇

'해본 적 없는 것'과 '할 수 없는 것'은 다르다

도전하기 전에 미리 온갖 잔머리를 굴려 내 인생을 '시뮬레이션' 해보고 안 되겠구나 싶어 지레 포기하는 것. 그것은 금속에 슬기 시작한 '녹' 같다. 처음엔 하찮게 보이지만 나중엔 녹 때문에 물체의 원래 모습조차 알 수 없게 돼버리는.

- 정여울, 『그때 알았더라면 좋았을 것들』 중에서

불평불만에 찌든 사람은 해본 적 없는 일에 도전하기를 망설입니다. 한 번도 해본 적이 없으니까 도전해봤자 할 수 없을 거라고 투덜대죠.

"한 번도 그렇게 늦게까지 공부해본 적 없단 말야. 그러니까 나는 못할 거야."

"일주일 연속으로 펑크 안 내고 공부해본 적 없어. 그러니까 나는 못할 거야."

해보지 않아서 모르는 것일 뿐인데 나에게 '능력 없음' 딱지를 붙여버리는 겁니다. 안 해봐서 모르는 건데 자꾸 피하기만 하면 나에게는 언제 기회를 줄 수 있겠어요. 해봐야 할 수 있게 되는 것 아닐까요?

'해본 적 없는 것'과 '할 수 없는 것'은 다릅니다. 적어도 100번은 도전해보고 그래도 안 되면 할 수 없다고 말할 수 있을지 모르죠. 그러나 우리는 너무도 쉽게 할 수 없다고 말합니다. 심지어는 도전해보지도 않고 지레짐작으로만 할 수 없다고 떠들어대요. 할 수 있는지 없는지 제대로 덤벼들어보지도 않고 '익숙한' 포기부터 하는 겁니다. 당연히 불평불만이 독버섯처럼 자랄 수밖에요.

부정적인 태도를 내려놓고 과감하게 뛰어들어봐야 합니다. 끊임없이 도전하는 사람은 불평꾼이 될 수 없거든요.

◇ ◇

'옳은 선택' 따로 없고, '잘못된 선택' 따로 없다

이미 결정한 뒤에 남들 곁눈질하며 불평불만하는 것만큼 쓸데없는 짓이 또 있을까요. '그때 그 학교 갈 걸 그랬어', '아랍어 말고 중국어 고를걸', '이과 선택하지 말걸 그랬나. 문과 친구들은 좋아 보이던데'라고요. 더군다나 이제 와서 선택을 뒤집을 용기조차 없을 때에도 자꾸만 뒤를 돌아봅니다.

'그때 내가 선택만 잘했더라면 좀 더 나았을지도 모르는데…….'

무의미한 미련과 집착으로 골머리를 썩죠. 이 모든 게 내 잘못된 선택 때문인 것만 같아서요. 불만스러운 그 선택만 아니었더라면 이렇게 머리가 지끈거리지도 않았을 텐데요.

틀렸습니다. 내가 지금 지나고 있는 이 힘든 터널은 내 잘못된 선택 때문이 아닙니다. 세상에는 무조건 옳은 선택도, 무조건 잘못된 선택도 존재하지 않아요. 다만 내가 내린 결정대로 우직하게 밀고 나가는 '과정', 그러니까 '내 선택을 옳게 만들어가는 과정'이 있을 뿐입니다. 내 선택이 불만스럽다고 투덜거릴 시간에 그 선택을 옳게 만들어야죠. 설령 순간적으로 판단을 잘못 내렸을지라도 그때부터 내가 정성을 기울이기만 한다면 얼마든지 옳은 선택으로 뒤바꿔 놓을 수 있습니다. 그러니 선택 자체에 얽매여 지나치게 집착할 이유가 없어요.

모든 선택은 옳습니다. 내가 '옳은 노력'을 기울이기만 한다면요. 내가 품었던 목표를 잊지 않기만 한다면 말입니다. 오지 여행가로 세계 곳곳을 누비고 다녔던 한비야 씨는 이렇게 말했습니다.

"낯설고 거친 길 한가운데서 길을 잃어버려도 물어 가면 그만이다. 물을 이가 없다면 헤매면 그만이다. 중요한 것은 자신의 목적지를 절대 잊지 않는 것이다."

◇ ◇ ◇

지나간 일은 모두 잘된 일이다

> 나는 하나님이 주신 세 가지 은혜 덕분에 크게 성공할 수 있었다. 첫째, 집이 몹시 가난해 어릴 적부터 구두닦이, 신문팔이 같은 고생을 했는데 이를 통해 세상을 살아가는 데 필요한 많은 경험을

쌓을 수 있었고, 둘째, 태어났을 때부터 몸이 몹시 약해 항상 운동에 힘써왔기 때문에 건강을 유지할 수 있었으며, 셋째, 나는 초등학교도 못 다녔기 때문에 모든 사람을 다 나의 스승으로 여기고 누구에게나 물어가며 배우는 일에 게을리 하지 않았다.

- 마쓰시타 고노스케(松下幸之助), 일본의 대표적 기업인

일본에서 '경영의 신(神)'으로 존경받는 마쓰시타 고노스케 회장의 말입니다. 그도 사람인데 어찌 허약한 몸으로 남들 다 다니는 학교도 가지 못하고 구두를 닦는 불행이 좋았을까요. 자기도 모르게 불평불만이 입 밖으로 새어나올 때가 있었을 거예요. 그 당시에는 하루에도 몇 번씩 비참함으로 마음이 주저앉았을 겁니다.

그러니 작정하고 결심한 게 틀림없어요. '나는 이 불행을 불평하지 않겠다. 이미 벌어진 불운은 어쩔 수 없으니, 나는 이를 마음속으로 다르게 해석하리라. 그리하여 언젠가 딛고 일어서리라.' 자신에게 벌어진 온갖 악조건을 다 잘된 일로 받아들이기로 마음먹은 거죠. 그렇지 않고는 마음을 붙잡기 어려웠을 테니까요. 그리고 마침내 정상에 우뚝 선 날, 주저 없이 자신에게 주어졌던 '악조건'을 '성공 비결'로 꼽게 된 겁니다.

나에게 벌어진 일은 모두 잘된 일입니다. 내가 겪었던 모든 경험

은 '좋은 배움'으로 새겨졌습니다. 설혹 경험할 때는 불쾌했거나 분노했거나 기분 나빴을지 몰라도, 나는 지나간 일로 불쾌해하거나 분노하거나 기분 나빠하지 않습니다. 지나간 일은 모두 잘된 일이니까요. 겉보기에는 짜증스럽기만 하고 얻을 게 하나도 없다 해도 기나긴 인생에 언젠가는 값지게 쓰일 훌륭한 자양분이 될 것입니다.

* * *

마음이란 놈은 다스리기 나름이라서 내가 자꾸만 잘된 일이라고 이야기하면 결국에는 속는 셈 치고라도 믿어주게 되어 있습니다. 버릇처럼 '안 되는 이유'를 늘어놓는 마음에다 대고 "그래도 되게 할 거야!"라고 말해보세요. '되게 할 방법'에 초점을 맞추면 어떻게든 '되게 할 방법'이 나타나는 법입니다.

내 인생 최고의 공부하기 좋은 날은 바로 오늘이다

'벚꽃 피는 봄날에는 새 학기 적응에 바빠 도통 공부를 못하겠다.', '땡볕 내리쬐는 여름에는 덥고 땀나서 공부가 안 된다.', '파란 하늘 가을에는 선선한 바람이 밖에 나가 놀기 딱 좋아 도저히 공부

할 수 없고, 찬바람 쌩쌩 부는 겨울에는 몸이 달달 떨리고 손 시려서 공부하기 힘들다.', '시험기간 아닐 때는 긴장감이 없어서 공부해봤자 머리에 잘 안 들어가고, 시험기간에는 이미 늦어버린 것 같아 공부가 안 된다.', '주변에 사람 많을 때는 복잡해서 공부를 못하겠고, 혼자 있을 때는 자기관리가 안 돼서 공부가 안 된다.', '학교 행사가 많은 달에는 들뜨고 바빠서 공부를 못하겠고, 학교 행사가 없는 달에는 지루해서 도무지 공부가 안 된다.'

공감되는 말인가요? 차라리 공부하기 싫다고 하면 솔직하기라도 할 텐데, 우리는 꼬박꼬박 핑계를 대죠. 그럴듯한 이유를 갖다 붙이고는 내 잘못이 아니라고 위안을 삼아요. 마치 나는 어쩔 수 없는 억울한 피해자라도 되는 듯이.

자, 솔직해집시다. "나는 공부하려고 했는데……"라는 말 자체가 "나에게는 공부할 마음이 없어요!" 하는 고백과도 같습니다.

마음을 붙잡지 못했을 때는 제가 '안 되는 이유' 찾는 데 선수가 되더라고요. 변명거리도 만들수록 느는 법이라 나중에는 제가 만든 '뻥'을 저까지 믿게 되었습니다. 그러나 순간의 소중함을 깨닫고 난 후에는 초점을 바꾸어 생각하니 여간해서는 '공부할 수 없을 만한 이유'가 없었습니다. 공부시간을 많이 확보하지 못한 날이면 '공부시간 낼 방법'을 짜냈어요. "나는 공부하려고 했는데……"가 아니라, "어떡하면 시간을 만들어내지?"가 된 거죠.

내 인생 최고의 '공부하기 좋은 날'은 따로 있는 게 아닙니다. 느닷없이 하늘에서 뚝 떨어지거나 알아서 척척 나타나지 않아요. 내가 만드는 겁니다. 오늘 하루를 '공부하기 좋은 날'로 내가 일으켜 세우는 겁니다. 모든 게 완벽하게 갖춰져야 공부할 수 있는 게 아니니까요. 환경이든, 주변이든, 조건이든 마음에 안 드는 구석이 한두 가지 있더라도 '그럼에도 불구하고' 공부하면 되죠. 내 밖에서 변명거리를 찾다 보면 끝도 없어요. 대책도 없고요.

답은 오로지 내 안에만 있습니다. 내가 '되게 할 방법'에 초점을 맞추면 오늘 하루는 내 인생 최고의 '공부하기 좋은 날'이 될 것입니다. 내가 마음먹기만 하면 됩니다. 그러니 오늘은 무조건 내 인생 최고의 '공부하기 좋은 날'입니다. 불평불만을 끊으면, 내가 마음먹기만 하면, 오늘은 내 인생 최고의 '공부하기 좋은 날'입니다.

나는 믿습니다. 당신은 틀림없이 '되게 할 방법'을 찾아내는 사람이 될 것입니다.

Beyond Story

칭기즈칸의 편지

집안이 나쁘다고 탓하지 마라.

나는 아홉 살 때 아버지를 잃고 마을에서 쫓겨났다.

가난하다고 말하지 마라.

나는 먹을 게 없던 시절, 들쥐를 잡아먹으며 연명했다.

아는 게 없다고, 힘이 없다고 탓하지 마라.

나는 남의 말에 귀 기울이면서 현명해지는 법을 배웠다.

너무 막막하다고, 그래서 포기해야겠다고 말하지 마라.
나는 목에 칼을 차고도 탈출했고 뺨에 화살을 맞고 죽었다 살아나기도 했다.
적은 밖에 있는 것이 아니라 내 안에 있었다.
나는 내게 거추장스러운 것을 깡그리 쓸어버렸다.
나를 극복하는 순간, 나는 칭기즈칸이 되었다.

- 11 -

배우려는 마음이 없으면, 아무리 잘 가르치는 선생님도 소용없다

스승은 나를 배움의 문 앞까지 데려다줄 수 있을 뿐
거기서부터는 오로지 내 발로 걸어 들어가야 한다.
- 한유(韓愈), 중국의 문인

누군가를 만날 때마다 놓치지 말고 작은 것 하나라도 배워라.
그리하면 틀림없이 현명한 사람이 될 것이다.
- 『탈무드』 중에서

공자(孔子)가 동양 학문의 1인자로 이름을 떨치자, 그의 제자가 되려고 3000명도 넘는 젊은이들이 순식간에 몰려들었습니다. 한 번만이라도 공자에게 배워보고 죽는다면 소원이 없겠다는 사람들도 수두룩했죠. 공자는 당대 '최고의 선생님'이었으니까요.

처음에는 모여든 제자 대부분이 열심히 공부했습니다. 이글거리는 눈빛으로 귀를 쫑긋 세우고는 선생님 말씀을 놓칠 새라 순간순간 온 마음을 다했죠. 그러나 날이 지날수록 하나둘씩 나가떨어졌습니다. 슬며시 배우려는 마음을 놓아버리고는 빛나는 가르침을 흘려들었어요. 그렇게 차례차례로 공부할 마음을 잃어버리고 말았죠. 3000명도 넘는 공자의 제자 중에 똑바로 공부 마친 사람이 10분의 1도 채 되지 않았습니다.

재여(宰予)도 그런 제자였습니다. 공자가 뭘 좀 가르쳐주려고 하면 대충 듣는 척하다가 꾸벅꾸벅 졸기 일쑤였죠. 깨워놓으면 오만상 찌푸려가며 꾀병 부려 드러누우려고만 했고요. 어쩌다 가끔 수업을 들을 때조차도 말꼬투리를 잡아 들릴 듯 말 듯 구시렁대느라 바빴습니다. 공자가 세상에서 가장 훌륭한 선생님인 건 분명했지만, 배우려는 마음 없는 제자에게 뭘 가르쳐줄 수 있었겠습니까. 얼렁뚱땅, 어영부영 시간만 때우던 재여는 공부를 때려치우고 말았죠. 잘 가르친다는 소문에 찾아왔지만 별로 배울 것도 없는 것 같았거든요. 이래라저래라 잔소리가 지긋지긋할 따름이었습니다. 으슥한 밤, 스승으로부터 도망친 그는 뒤도 돌아보지 않고 멀리 달아났어요.

그리고 얼마나 지났을까요. 온 나라가 발칵 뒤집어졌습니다. 끔찍한 범죄를 저지른 재여가 붙잡힌 거예요. 똑같은 선생님에게 잘 배운 다른 제자들은 나라 곳곳에서 승승장구하고 있는데 말입니다. 죄인이 된 재여는 결국 새파랗게 어린 나이에 사형당하고 말았습니다. 최고의 스승을 두었지만 아무것도 배운 게 없었거든요. 이렇듯 같은 선생님에게 배우더라도 배우려는 마음이 있느냐 없느냐에 따라 결과는 극과 극으로 달라집니다.

'어떻게 배우느냐'가 '어떻게 가르치느냐'보다 100배 더 중요하다

배우려는 마음가짐이야말로 무엇보다 중요합니다. 그러나 이를 만들어내는 것은 철저하게 '내 몫'입니다. 내 마음은 '내가 어떻게 하느냐'에만 달려 있지요. 없는 마음까지 만들어줄 수 있는 선생님은 세상 어디에도 없으니까요. 그리고 배울 준비가 되지 않은 사람은 누구에게 배운다 한들 아무것도 배울 수 없습니다. 반대로 배울 준비가 된 사람은 누구에게도 풍성하게 배울 수 있고요.

좀 허술하게 가르쳐주거나 불친절하게 가르쳐준다 해도, 배우려는 마음만 있다면 나에게 필요한 지혜를 하나도 빠짐없이 얻어낼 수 있습니다. 따지고 보면, 선생님이 잘 가르치고 못 가르치고는 내 공부에 그다지 큰 의미가 없어요.

내가 귀하게 보고, 귀하게 듣고, 귀하게 느낄 수만 있다면 충분히 잘 배울 수 있습니다. 그러려면 지금 내 눈앞의 선생님이 최고의 선생님이라는 마음가짐이 필요합니다. 물론 실제로는 아닐 수도 있어요. 옆 반 수학 선생님이 귀에 쏙쏙 들어오도록 더 재미있게 설명해 줄 수도 있고, 옆 학교 한국사 선생님이 잘 가르치기로 소문난 분일지도 몰라요. 그렇더라도 그냥 믿어버리세요. 지금 내 눈앞의 선생님이 '최고의 선생님'이고, 지금 내가 듣고 있는 이 수업이 '최고의 수업'이라고요. 그렇게 믿고 나면 놀랍게도 진짜로 최고의 선생님이, 최고의 수업이 됩니다. 좋은 선생님, 좋은 수업이 따로 있는 게 아니니까요. 내가 귀하게 볼 줄 아는 '안목'과 귀하게 받아들일 줄 아는 '열린 귀', 귀하게 느낄 줄 아는 '감동', 이 세 가지만 있으면 언제 어디서든 최고의 가르침을 발견하는 법입니다.

선생님을 두고 이러쿵저러쿵 투덜거려봤자 나 혼자 손해예요. 그럴수록 수업에 온전하게 집중하기 어려워지고, 그러다 보면 안목도, 열린 귀도, 감동도 나에게는 아무것도 남지 않게 되거든요. 수업을 통해 나를 채울 수 없습니다. 나 혼자 손해죠.

진정 배우고 싶다면 선생님과 눈을 맞추며 수업을 들어야 해요. 틀려도 좋으니까 큰 소리로 대답해보고, 선생님 농담에 박수 치며 웃기도 하면서 말입니다. 수업에 발가락 하나만 슬쩍 담갔다가 뺐다가 하지 말고 풍덩 빠져야 해요. 미리 쭉 훑어보고 수업에 들어가 못 알아듣겠는 내용이 나오면 어물쩍 넘어가지 말고 질문도 좀 하고, 수업이 끝나면 복습하고, 답지 베끼지 말고 숙제도 꼬박꼬박 해서 가야 합니다. 그렇게 해보기 전까지는 수업이 이렇다느니 저렇다느니 떠들어댈 자격이 없어요.

틀림없어요. 내가 똑바로 듣기만 하면 이 세상에 나쁜 수업이란 없습니다. 수업은 선생님 혼자 보여주는 '공연'이 아니라, 선생님과 내가 함께 만들어가는 '상호 작용'이니까요. '선생님이 어떻게 가르치느냐'보다 '내가 어떻게 배우느냐'가 100배 더 중요합니다.

떨어진 내 성적 두고 선생님 탓하지 마라

그러니 성적표 나올 때마다 떨어진 성적 가지고 선생님 탓하는 게 얼마나 쓸모없는 짓입니까. 내 안으로 눈을 돌려 철저하게 마음 다잡는 계기로 써먹어야 하는 상황에 선생님 핑계를 대며 밖으로 눈을 돌려버리는 거잖아요. 성적 떨어졌다고 학원 바꾸고, 과외 바꾸는 경우도 마찬가지입니다. 이렇게 책임을 바깥으로 돌려버리면 나를 돌아볼 기회를 놓쳐버리죠. 위험한 짓이에요.

솔직히 말해 내 성적 떨어진 이유가 어디 선생님이 잘못 가르쳐서인가요? 내 마음 흐트러져 내가 게으르게 배우고 대충 공부했기 때문이죠. 배울 준비 안 된 자세로 수업을 소극적으로 들었기 때문이에요. 내가 똑바로 배웠더라면 얼마든지 성적을 올릴 수 있었습니다. 그저 책임을 미뤄버리고 싶은 것뿐이죠. 내 잘못 아니라고, 이 모든 게 학교 선생님, 학원 선생님, 과외 선생님 탓이라고. 그러니 나는 달라질 필요가 없다고요. 떨어진 성적 두고 '거짓말 위안'하는 겁니다.

"물리 선생님이 싫어서 물리 성적이 엉망이다" 같은 말 또한 너무나도 무책임한 얘기예요. 내 인생의 주인이 누구인지 망각하는 소리지요. "나에게는 공부할 마음이 없어요!"의 다른 버전일 뿐입니다. 물리 선생님과 물리 과목은 별개인데다 내가 받은 물리 점수는 내 것이지 물리 선생님 것이 아니거든요. 게다가 같은 선생님께 배웠는데 누구는 100점을 맞는 걸 봐도 그렇죠. 차라리 솔직하게 공부하기 싫다고 하면 내 마음 다잡을 궁리라도 할 텐데, 선생님 핑계를 대버리면 해결할 방법이 없어져버립니다. 내 몫의 책임을 떠넘겼으니까요. 이런 식으로는 나를 전혀 성장시킬 수 없습니다.

성적이 올랐으면 오른 대로, 떨어졌으면 떨어진 대로 나를 돌아보아야 합니다. 선생님 탓하면서 숨어버리지 말고요. 그래야 내가 어떤 점이 부족한지, 무엇을 고쳐야 할지 골똘히 고민해 방법을 찾게 돼요. 중요한 건 '어떤 수업을 듣느냐'가 아니라 '어떻게 수업을 듣느냐'입니다. 그러니 성적이 떨어졌다면 '내가 듣는 수업'을 바꿀

이토록
공부가
재미 있어지는 순간

게 아니라 '내가 수업 듣는 방식'을 바꿔야 합니다. 그게 진짜 제대로 된 대책입니다.

귀하게 볼 줄 아는 '안목'과 귀하게 받아들일 줄 아는 '열린 귀', 귀하게 느낄 줄 아는 '감동'. 이 세 가지만 있으면 됩니다. 세상에 원래부터 시시한 수업이란 없어요. 내가 시시하게 만드는 것뿐이지. 장담합니다. 내가 똑바로 듣기만 한다면 그 어떤 수업이라도 반드시 최고의 수업이 되리라는 것을요.

모든 선생님에게는 반드시 배울 점이 있다

선생님 한 분 한 분은 자신이 살아온 인생을 머금고 교단에 섭니다. 나에게 지식을 전달해주는 사람이기도 하지만, '인생 선배'이기도 하지요. 나보다 적게는 10년, 많게는 40년의 세월 동안 세상 풍파를 견뎌오면서 단단한 내공을 쌓아오신 분들입니다. 내가 살아갈 인생을 미리 겪어보면서 자신만의 인생철학을 완성해왔어요. 내가 대충 볼 때는 별로 대단해 보이지 않을지라도, 선생님이 오래도록 다져온 인생 내공이란 결코 우습게 볼 만한 것이 아닙니다.

물론 모든 선생님이 '아, 나도 저런 어른이 되어야겠다' 싶지는 않을 수도 있어요. 그러나 배우려는 마음으로 바라보면 어떤 선생님에게든 배울 점이 적어도 한 가지는 있습니다. 밝은 표정으로 사람들을 따뜻하게 대하신다든지, 꼼꼼하게 메모하시는 습관이라든지, 우리에게뿐만 아니라 자기 자신에게도 엄격하시다든지요. 배울 점이 하나도 없는 선생님은 단 한 분도 없습니다. 그리고 모든 면에서 완벽한 선생님 한 분을 모델로 삼아 모든 걸 닮는 쪽보다, 여러 선생님들을 모델로 본받을 만한 한두 가지씩을 닮고자 하는 쪽이 내가 좋은 사람이 될 확률이 더 높습니다.

선생님도 나와 똑같은 사람인데 어떻게 완벽할 수 있겠어요. 나 또한 선생님만큼 어른이 되어도 완벽할 수는 없을 겁니다. 그런데도 선생님들을 바라볼 때 나는 '깐깐한 눈'이 되어버리지는 않나요? '어디 한번 잘하나 볼까?' 하는 심사위원의 마음으로 앉아 있는 겁니다. '존경할 만한 근거 찾는 눈'이 아니라, '존경 못할 근거 찾는 눈'으로 말입니다. 그런 눈으로는 배우려는 마음이 생겨나지 않아요. 그러다가 조금이라도 마음에 들지 않는 구석을 발견하면 내 마음속에서 가차 없이 그 선생님을 탈락시키죠. 마치 그 선생님으로부터 내가 배울 만한 건 아무것도 없다는 듯이요.

공부하고자 하는 사람의 태도가 아닙니다. 조금이라도 배울 만한 게 어디 없나 두리번거리다가 사소한 것이라도 발견하면 그 점을 닮아보고자 온 마음을 다하는 태도라야 공부할 마음이 있는 사람입니다.

공부할 마음이 있다면, 배움을 담아낼 내 그릇 돌보는 데 힘써야 합니다. 그릇이 뚜껑으로 덮여 있거나, 잡동사니로 이미 가득 차 있거나, 밑바닥이 통째로 뚫려 있어서는 새로이 배움을 채워 넣을 수 없으니까요. 잘 배우는 사람은 자신의 그릇 돌보기에 게으르지 않는 사람입니다. 그래서 좋은 것을 접할 때마다 그것으로 나를 흠뻑 적시는 사람이에요.

예의 바름은 똑똑하다는 증거다

내 그릇을 잘 돌보려면 무엇보다 가르치는 사람에 대한 예의부터 갖춰야 합니다. 내 눈앞에 계신 선생님을 귀하게 여길 줄 알아야 돼요. 세상에 아무리 선생님이 많다 해도, 지금 이 시간 내 눈앞에 계신 선생님은 오직 한 분뿐입니다. 그것만으로도 지금 이 순간 존경할 이유는 충분합니다.

나는 배우는 사람이고 선생님은 가르치는 사람입니다. 내가 공손하게 배움을 받아들일 자세가 되지 않으면 아무것도 배울 게 없어요. 그러니 가르치는 사람에 대해 예의를 다하는 태도는 착하다고도 볼 수 있지만, 그보다는 '똑똑하다는 증거'에 더 가깝습니다. 나를 성장시켜 우뚝 세우기 위해 공손한 마음으로 선생님을 마주하는 것이니까요. 예의 바름은 선생님을 위한 게 아니라 '나를 위한 것'입니다.

선생님이 눈앞에 안 계실 때에도 마찬가지입니다. 예의를 갖추기는커녕 선생님 이름만 똑 떼어 함부로 부르고, 험담하고, 헐뜯다 보면 배우려는 마음이 달아나버려요. 가르치는 사람을 귀하게 여길 수 없게 되어버립니다. 내 입에서 나오는 말에는 에너지가 담겨 있거든요. 선생님 앞에서나 뒤에서나 한결같이 예의를 갖출수록 내 공부할 마음도 꽉 붙들어둘 수 있습니다. 선생님을 두고 이러쿵저러쿵 떠들어대지 마세요. 나는 내게 필요한 것을 배우는 사람이지, 가르치는 방식을 평가하는 사람이 아닙니다. 건방지고 거만한 태도로는 배울 의욕이 솟아나지 않아요. 마음속으로 은근슬쩍 무시하면서는 절대로 똑바로 배울 수 없습니다.

내 겉과 속이 모두 정중해지고 나서야 내 배움도 온전해집니다. 정말 배울 만한 게 별로 없는 것인지, 아니면 내 배우는 태도가 부족했는지 곰곰이 돌아봐야 합니다. 공부가 재미있어지는 순간을 만들어가기 위해서요.

내가 배울 준비만 갖추면 최고의 스승은 언제 어디서든 만나게 되는 법입니다.

'우리 학교' 다니는 사람, '남의 학교' 다니는 사람

"뭔 놈의 학교가 이 따위야. 최악이다, 정말."

이렇게 생각해본 적 없나요? 내가 다니는 학교는 너무 후졌다고, 마음에 드는 구석이 하나도 없다고, 그래서 최악이라고요. 못마땅한 표정으로 나처럼 나쁜 학교 다니는 사람도 별로 없을 거라 투덜대고, 내가 다니는 학교를 '우리 학교'라는 주인의식 없이 '남의 학교' 대하듯 하고 있지는 않나요?

그런데요. 우리 학교가 최악이라고 말하려면 직접 다른 학교도 다 다녀보고 비교해본 후여야 하지 않을까요? 내가 다른 학교를 다 녀본 건 아니잖아요. 내가 다녀본 중학교도 우리 중학교뿐이고, 내가 다녀본 고등학교도 우리 고등학교뿐이잖아요. 그러니 사실은 '우리 학교가 최악인지 아닌지' 하는 말은 내가 알지도 못하고 하는 소리일 수밖에 없습니다.

고등학교 시절, 새로 지은 뻔쩍뻔쩍한 건물에 잘 가르치기로 정평이 나 있는 선생님들을 대거 스카우트해 문을 연 학교, 심지어 급식조차도 맛있다고 인터넷에 소문난 그 학교에 높은 경쟁률을 뚫고 들어간 친구가 "우리 학교는 최악!"이라고 한 말을 듣고 나서 제가 느꼈던 황당함이 기억납니다. 그 좋은 학교를 다니면서도 '남의 학교' 이야기하듯 심드렁하게 깎아내리기만 하더라고요. 그때 절실하게 깨달았어요. 학교가 좋고 나쁜 건 오로지 내 마음에 달려 있다는 걸요.

내가 배우려는 마음이 별로 없는데도, 공부할 마음을 붙잡아두지를 못하는데도 모든 걸 해결해줄 '도깨비방망이' 같은 학교는 세상에 없습니다. 우리 학교는 어떠냐는 옆 학교 친구의 질문에 '최악'이라는 둥, '별로'라는 둥 씹어대는 이유는 내가 '세상에 없는 학교'를 바라기 때문은 아닌지요. 내가 속한 곳을 나쁘게 여기는 순간, 내 불평불만 센서에는 기다렸다는 듯이 불이 들어옵니다. 학교 탓하기를 시작하면서 온갖 '안 되는 이유'를 만들어냅니다. 내 공부할 마음도 깡그리 사라집니다. '몇 가지 좀 불편한 점이 있기는 하지만, 그래도 좋은 점도 얼마나 많은데!' 하는 마음가짐이 옳아요. 내가 다니는 학교가 내 마음속에서 '내 학교', '우리 학교'가 되어야 합니다. '남의 학교' 대하듯 탐탁지 않게 여겨봤자 내 마음만 복잡해지니까요.

저도 공부할 마음 없을 때엔 학교 욕 많이 하고 다녀봐서 잘 알아요. 씹으면 씹을수록 욕할거리만 눈에 잘 들어오더라고요. 그럴수록 공부할 마음은 뚝뚝 떨어지기만 했고요. 그러다 어느 순간, 마음을 다르게 먹었습니다. 일부러 좋은 점만 보자는 결심이었죠. 그랬더니 2주도 지나기 전에 낡고 낙후된 시설이나 불만스럽던 규칙, 얼렁뚱땅 듣던 수업까지도 다 괜찮아 보이더군요. 제 공부할 마음도 점점 살아나고요. 그래서 알게 되었어요. 문제의 핵심은 학교 자체가 아니라, 제 마음에 있었단 것을요.

내친김에 우리 학교에 들어올지 말지 고민하는 중3 후배들에게 학교를 소개하는 일에도 자원했습니다. 우리 학교 좋은 학교니까 꼭 들어오라는 내용이었는데요. 그걸 준비하느라 우리 학교의 좋은 점을 쭉 써 내려가며 밤새 고민하는 동안 우리 학교야말로 정말 좋은 학교라는 확신이 제게 먼저 생겼어요. 그래서 중3 후배들을 만나 자신 있게 우리 학교를 추천할 수 있었습니다. 낙후된 시설에 깐깐한 규칙, 외따로 떨어진 위치를 탓할 땐 솔직히 우리 학교가 나쁜 줄로만 알았는데 마음을 바꿔 먹으니 그것도 다 좋은 점으로 보이더라고요.

오래된 건물이지만 그곳에는 배울 점 많은 선생님들이 계셨고, 까다로운 규칙에 시달리느라 귀찮았지만 그만큼 하루하루를 보람차게 쓸 수 있었습니다. 주위에 아무것도 없는 적막한 산속에 덩그러니 있는 학교였지만 그래서 마음 흐트러뜨릴 유혹거리로부터 나를 차단시킬 수 있었고, 푸세식 똥통 화장실을 써야 했지만 학교 곳곳에서 다람쥐, 토끼, 고라니, 꽃사슴을 아무렇지도 않게 마주칠 수 있는 '기운이 맑은 학교'이기도 했습니다. 우리 학교가 좋은 학교라고 딱 믿어버리고 나니까 공부도 훨씬 잘되더라고요. 하나 마나 한 소리하면서 괜히 짜증 낼 때보다 공부할 마음 붙잡기가 한결 쉬워졌습니다.

"아무리 좋게 보려 해도 내가 다니는 학교는 진심으로 그럴 수 없는 곳이다"라고 느껴진다면 하루빨리 다른 학교로 전학가세요. 투덜거리느라 아까운 내 시간과 에너지만 허비할 뿐입니다. 그러나 전학 갈 정도까진 아니라면 '내 마음' 하나만 바꿔보세요. 좋은 점을 찾아내서 우리 학교를 마음 깊이 좋아하겠다고요. 어차피 다닐 학교, '남의 학교'처럼 여기지 말고 내 마음속에서부터 '우리 학교'로 만들겠다고 다짐하는 겁니다.

그러다 보면 좋아집니다. 진짜 '우리 학교'가 됩니다. 하루 중 가장 오래 머무는 곳인 학교가 만족스러워집니다. 내 공부할 마음도 더 잘 붙잡아둘 수 있습니다. 이왕 다닐 학교, '남의 학교' 다니듯 하지 말고 '우리 학교'로 만들어보세요. 오로지 내가 마음먹기에만 달려 있습니다.

'어떻게 가르치느냐'보다 '어떻게 배우느냐'가 100배 더 중요합니다. 내가 마음먹기만 하면 어떤 선생님 밑에서도 잘 배울 수 있어요. 내가 다니는 학교가 '우리 학교'가 될지, '남의 학교'가 될지도 내 마음에만 달려 있습니다. 내가 귀하게 여기는 순간, 내게 이미 주어졌던 것들의 가치가 달라집니다. 내게 주어진 것들에 만족할수록 내 공부할 마음도 더 단단해집니다.

나는 믿습니다. 당신은 틀림없이 '잘 배울 줄 아는 사람'이 될 것입니다.

Beyond Story

“도대체 언제까지 날 골탕 먹일 셈이죠?”

보석 감정사가 되기를 꿈꾸는 한 젊은이가 있었습니다. 그는 보석 감정의 달인을 찾아가 비법을 전수받고 싶다고 부탁했습니다. 그러나 백발의 보석 감정사는 고개를 저었습니다. 보석 감정을 배우려면 진득함과 근성이 필요한데, 요즘 젊은 녀석들은 통 그렇지가 않다는 이유 때문이었습니다. 젊은이는 한 번만 기회를 달라고 끈질기게 졸라댔습니다. ‘배우려는 마음’이 있었거든요.

마침내 보석 감정사는 의자를 내주고 손바닥에 작은 다이아몬드 하나를 쥐어주면서, 아무 말도 하지 말고 그곳에 가만히 앉아 있으라고 했습니다. 젊은이를 앉혀 놓고 보석 감정사는 자신의 작업만 묵묵히 계속했고요. 젊은이는 조용히 기다릴 수밖에 없었습니다.

하루가 흘렀습니다. 다음 날 아침에도 보석 감정사는 젊은이의 손에 어제의 다이아몬드를 쥐어주고 똑같은 지시를 내렸습니다. 셋째 날도, 넷째 날도 마찬가지였습니다. 일주일이 지나자 젊은이는 부아가 치밀었죠. 이토록 배우고 싶어 하는 자신을 몰라주는 스승에게 서운하기도 했고요.

"스승님, 배우고 싶습니다. 저는 언제부터 배울 수 있습니까?"

보석 감정사는 무뚝뚝하게 대꾸할 뿐이었습니다.

"곧 배우게 될 거야."

그렇게 열흘이 지나자 젊은이는 좌절감에 빠졌습니다. 가르쳐주기 싫으면 차라리 싫다고 말씀을 하시지, 이렇게 시간을 낭비하게 하는 건 잘못됐다고 말입니다. 그래서 그날 아침, 보석 감정사가 똑같은 지시를 내리면, 다이아몬드를 집어던지며 소리칠 작정이었습니다.

"도대체 언제까지 날 골탕 먹일 셈이죠?"라고요.

그러나 젊은이는 다이아몬드를 내던지려는 순간, 자기도 모르게 이렇게 외쳤습니다.

"이건 어제까지의 다이아몬드가 아니잖아요!"

그러자 스승은 빙그레 웃으며 대답했습니다.

"이제야 조금씩 배우기 시작했군!"

그렇습니다. 배우려는 마음만 있다면, 언뜻 배우지 못하고 있는 것처럼 보이는 동안에도 사실 내 안에 차곡차곡 배움이 쌓여가고 있습니다.

그러니 이러쿵저러쿵 불만을 늘어놓기보다는, 차라리 '내 배움'에 집중하고 정성 들이는 쪽이, 나에게 훨씬 이득이 되지 않을까요?

- 12 -

아무나 공부할 수 있는 건 아니었다

내가 다른 사람이 가진 것을 부러워하는 순간,
내가 가진 것을 절실히 부러워하는 '또 다른 사람'이 있음을 기억하라.
- 푸블릴리우스 시루스 Publilius Syrus, 고대 로마의 시인

인생을 사는 데는 딱 두 가지 방법이 있다.
'내게 주어진 모든 것이 기적인 듯 사는 것'
또는 '아무것도 기적이 아닌 듯 사는 것'.
- 알버트 아인슈타인 Albert Einstein, 미국의 이론물리학자

에티오피아 청소년들은 신발이 없습니다. 험준한 돌산, 깔깔한 모랫길, 삐족삐족한 자갈밭을 맨발이 부르트도록 뛰고 걸어요. 아픈 발톱을 짓누르며 걷다 보면 발톱이 통째로 빠지기도 하죠. 발바닥이 찢겨 살점이 떨어져나가고 피가 뚝뚝 떨어지기도 합니다. 걸음을 헛디디면 발목이 옆으로 꺾여요. 덧난 상처가 썩어 발을 잘라내기도 합니다. 청소년들은 조그만 어깨 위에 어마어마한 무게의 포대를 얹습니다. 그러고는 어른들도 감당 못할 무시무시한 노동을

하루 종일 반복합니다. 신발도 없이, 오직 맨발로요.

에티오피아 청소년들에게 신발 신는 일은 사치입니다. 그러니 미래를 꿈꾸는 일은 상상도 못할 일이죠. 주위에는 굶어 죽거나 병으로 죽어가는 친구들이 많습니다. 이들에게 중요한 건 오로지 살아남는 일입니다. 스스로를 먹여살려야 해요. 다들 학교에 가고 싶어 하죠. 어린 마음으로도, 이 비극적 운명의 수레바퀴에서 벗어나려면 배우는 길밖에 없다고 생각합니다. 그렇지만 절대 다수는 공부할 여유가 없어요. 그러니 더 나은 내일을 꿈꿀 자유도 없습니다. 이들은 묻습니다. 아무런 희망을 품을 수 없는 자신들의 '찌들은 비참함'을 상상할 수 있겠느냐고요.

깊은 절망의 수렁에 빠진 에티오피아 청소년들 사이에서는 최근 '짜르'라는 마약이 유행한다고 합니다. 자신의 내일을 꿈꿀 수 없는 어린 친구들이 자포자기하는 심정으로, 헤어나지 못할 '마약의 늪'에 자기 발로 찾아들고 있습니다. 인생을 꽃피워보기도 전에, 골방 벽에 기대고 앉아 몽롱한 눈으로 원망스러운 세상을 힘없이 바라보고 있습니다. 스스로를 놓아버리고 있습니다. 어떻게 해볼 도리 없는, 징그러운 막막함이 빚은 슬픈 현실이에요.

이 세상에 공부하고 싶은 사람은 무수히 많습니다. 그러나 누구든지 공부할 수 있는 건 아니에요. 아주 오래전부터 그래왔습니다.

지금 우리에게는 '공부할 권리'가 너무나도 당연하죠. 그래서 '공부할 수 없는 사람들'이 있다는 걸 자주 까먹어요. 대부분 진지하게 생각해본 적 없을 거예요. 한번 생각해볼까요. 세상 모든 사람들이 다 같이 '공부할 혜택'을 누려본 적 있었는지에 대해서요.

단 한 번도 없었습니다. 역사 구석구석을 뒤져봐도 없었어요. 오랫동안 공부는 늘 '가진 자들만의 특권'이었죠. 꿈꿀 자유, 희망을 품을 자격 없는 사람 수가 언제나 압도적으로 많았어요. 지금 이 순간에도 마찬가지입니다.

하루에 열여덟 시간씩 사람이 죽어나가는 살인적인 군사 훈련과 쓸모없는 세뇌교육만을 강요받는 북한의 청소년들, 여자라는 이유로 모멸과 핍박 속에 숨 쉴 틈 없는 노동에 시달리는 중동의 소녀들, 1년 내내 등허리 한 번 펴보지 못하고 쭈그려 앉아 기계처럼 일하다가 병들면 녹슨 고철처럼 버려지는 제3세계 청소년 노동자들……. 우리랑 똑같은 사람입니다. 우리와 같은 시대를 살아가고 있고요. 그렇지만 이들에게는 애초에 공부라는 날개를 달아볼 기회조차 주어지지 않습니다.

우리에게는 '공부할 자유'가 있습니다. 우리가 아무렇지도 않게 줄줄 흘려보내는 '지금, 이 기회'는 누군가에게 사무치게 서러운, 단 하루만이라도 가져보고 싶은 '결코 누릴 수 없는 축복'이에요. 다시 태어나지 않고서는 절대로 이룰 수 없는 소원입니다. 운 좋게 우리에게 주어진 '공부할 특권'을 가벼이 여겨서는 안 되겠습니다.

지금부터 네 명의 '공부할 수 없었던 사람들'을 만나봅시다. 모두 실존 인물이고요. 이들의 입을 빌려 들을 이야기 역시 직접 겪은 일입니다. 강 건너 불구경하자면 얼마든지 뻔해지는 이야기들이긴 합니다. 그렇지만 우리에게는 '내가 만약 이런 상황에 처했다면 어땠을지'를 곱씹어볼 시간이 반드시 필요합니다. 적극적으로 네 명의 주인공이 되어보세요. 나에게 닥친 일, 내가 처한 상황이라고 상상해보세요. 그러고 나서 불편해진 마음으로 '우리가 가진 것'에 대해 다시 이야기해봅시다.

나는 공부할 수 없었다1.
잭 런던 이야기

1876년 미국 샌프란시스코에서 태어난 나는 잭 런던(Jack London)입니다. 어쩌다 보니 우리 집안은 쫄딱 망했고, 부모님은 두 분 다 앓아누우셨는데, 빚쟁이들이 자꾸만 몰려드는 통에 나는 돈을 벌러 나가게 되었습니다. 움직일 수 있는 사람이라곤 나 하나뿐이니까요. 내가 돈을 벌지 못하면 가족 모두가 굶어 죽을 판입니다. 가족들을 먹여살릴 부담에 언제나 어깨가 무겁습니다. 쓰디쓴 인생이 고달픈 나는 고작 열 살입니다.

다급한 만큼 시키는 족족, 닥치는 대로 일합니다. 내 키보다 큰 자전거에 까치발로 올라타 낑낑대며 신문 더미를 옮겨 실으면 새벽 3시가 되고, 그때부터 집집마다 신문을 돌립니다. 깜깜한 어둠 속에서 나자빠졌다 일어섰다를 되풀이하느라 팔꿈치며 무릎은 멀쩡한 데가 없습니다. 어쩌다 길바닥에 신문이라도 흘렸다가는 사장님에게 온갖 욕설을 들으며 혼나기도 해요. 날이 밝으면 길바닥에 주저앉아 목이 터져라 장사를 합니다. 물론 좌우에는 수십 년씩 장사해 온 베테랑 어른들로 그득합니다. 그러다 보니 좀처럼 내가 돈 벌 기회는 돌아오지 않아요. 눈치만 늘었습니다. 그래도 어쩌겠어요. 하루 장사만 망쳐도 온 가족이 하루 종일 쫄쫄 굶어야 하는 걸요. 나는 늘 초조합니다.

콸콸 장대비가 쏟아져 다들 장사를 접어도, 나는 홀로 남아 손님을 기다립니다. 물에 빠진 생쥐 꼴로 지나가는 사람들에게 물건 좀 사달라고 소리쳐요. 두 팔을 머리 위로 흔들어대며 제발 여기 좀 봐달라고 애걸복걸합니다. 거지꼴이 따로 없죠. 나는 누구보다도 배고픔을 잘 아는 열 살이거든요. 틈틈이 볼링장에도 가야 해요. 손걸레로 넓디넓은 바닥을 반질반질하도록 닦습니다. 아이스크림도 팔러 다녀요. 내가 가장 싫어하는 일이지만요. 그래도 하나라도 더 팔아보려고 오늘도 땀 뻘뻘 흘리며 온종일 구석구석을 헤매고 다닙니다.

아이스크림 손님은 십중팔구 또래 아이들이에요. 골목마다 왁자지껄 깔깔대는 무리를 보면 마음속 깊이 부러워요. 하루만이라도 어울려 다니며 나도 좀 놀아보고 싶습니다. 어떨 땐 눈물이 핑 돌아요. 내게서 아이스크림을 산 패거리가 아이스크림을 한입씩 덥석 베어 뭅니다. 지켜보고 있자면 나도 모르게 침이 꼴깍 넘어갑니다. 나는 하루 내내 일해도 결코 사 먹지 못할 아이스크림입니다. 허구한 날 팔아만 봤지, 한 번도 먹어보진 못했습니다. 입안에서 살살 녹는다는 아이스크림 맛! 밤이면 밤마다 그 맛을 상상하다 잠이 듭니다. 차마 먹고 싶다고 졸라보지는 못했지만요.

건들건들한 아저씨 손님들도 나를 힘들게 합니다. 밀렵꾼이나 해적 아저씨들은 나를 끊임없이 괴롭힙니다. 멱살 잡고 윽박질러 돈을 뺏어가고, 머리통 터지도록 매로 때리죠. 다음 날 얼굴이 퉁퉁 부어 눈이 안 떠지기까지 합니다. 억울하고 괴로워요. 한번은 다짜고짜 나를 돌바닥에 내동댕이치더니, 목덜미를 구둣발로 콱 짓밟는 게 아니겠어요? 숨 막혀 캑캑대는 나를 당장 죽여버리겠다면서요. 나는 너무 놀라 몸을 벌벌 떨다 비굴한 표정으로 손이 발이 되도록 싹싹 빌면서 목숨을 구걸했어요. 비참하지만 무섭습니다. 도대체 내가 뭘 잘못한 걸까요? 도와줄 사람이라고는 아무도 없는 길바닥에서 나는 점점 지쳐만 갑니다.

마음 붙일 곳이라고는 도서관뿐입니다. 내가 유일하게 누리는 호사지요. 공부는 비루한 내 삶을 견디게 해주는 따스한 위안입니다. 눈치 보는 일을 멈추고 내 머릿속에 좋은 것을 채워 담는 이 시간이 눈물겹게 고맙습니다. 내가 삶을 멈추지 말아야 할 유일한 이유죠. 언젠가는 나도 '아이스크림을 사 먹는 아이들'처럼 될 겁니다. 그러기 위해 나는 공부할 겁니다. 징그러운 운명의 족쇄에서 탈출하고야 말 것입니다. 나는 번듯한 직업을 갖고 싶어요. 상상해볼 때마다 가슴이 잔뜩 부풀어 오르고, 입꼬리가 쓰윽 올라갑니다. 공부가 아니고서는 방법이 없다는 걸, 나는 잘 알고 있습니다. 울컥 의욕이 치밀어 오르는 걸 느낍니다.

그렇다고 돈 버는 일을 내팽개칠 처지가 못 되니, 가고 싶을 때마다 도서관에 갈 수 있는 건 아니에요. 시장 바닥에서 억울한 꼴 당하면 책을 읽고, 아이스크림을 팔다 서러울 때 공부합니다. 그래도 곧 학교에 들어갈 수 있다는 믿음으로 하루하루를 버티고 있습니다. 그런데 어째 나아져야 하는 집안 형편이 갈수록 더 나빠지기만 하는 겁니다. 열세 살이 되면 학교에 들어가 신나게 공부해보리라 마음속으로 정해놓았는데, 어찌 된 영문인지 빚은 눈덩이처럼 불어만 나는 거예요. 어떡하지, 어떡하지 하다가 결국 나는 학교에 가지 못했습니다. 열세 살의 나는 풀이 죽어 학교에 가는 또래 친구들의 뒷모습만 부러운 눈으로 지켜봐야 했습니다. 돈이 없어 아이스크림 못 사 먹는 것도 서러운데, 돈 없다고 학교까지 갈 수 없다니! 단단히 잘못됐습니다. 그렇게 학교는 나에게, 또 하나의 '아이스크림'이 되었습니다.

결국 내가 가야 할 곳은 학교가 아니라 통조림 공장이었습니다. 불어난 빚을 갚으려면 예전보다 돈을 더 많이 벌어야 하니까요. 통조림 공장이라고 해봤자 돼지우리에 조잡하게 만든 곳이었지요. 역겨운 냄새가 콧속을 찌르는 곳에서 나는 하루에 열아홉 시간씩 일합니다. 컨베이어 벨트 속도에 쫓기다 보면 허리 한 번 펴기도 힘들어요. 잠깐만 한눈을 팔아도 통조림이 와르르 쏟아져버리거든요.

공부해야 하는데, 공부하고 싶은데……. 답답함이 밀려듭니다. 나에게는 공부가 절실하게 필요합니다. 그저 남들처럼 평범하게 살고 싶은데, 그마저도 호락호락하지 않네요. 한참 일하고 있으면 이따금 창문 너머로 학교 가는 아이들 소리가 들립니다. 자기들끼리 신나서 뭐라고 지껄여대다가, 늦었는지 우당탕 뛰어갑니다. 그 소리가 너무 듣기 좋습니다. 나도 공장을 박차고 나가 당장 학교에 가고 싶을 만큼요. 그럴 때면 나는 얼른 입을 손으로 틀어막습니다. 터져 나오는 울음을 들키고 싶지 않으니까요.

1888년, 나는 열세 살 잭 런던입니다.

나는 공부하고 싶었습니다.

나는 공부할 수 없었다2.
소피 제르맹 이야기

1776년 프랑스 파리에서 태어난 나는 소피 제르맹(Marie-Sophie Germain)입니다. 나는 하필 여자로 태어나는 저주에 걸려들고야 말았습니다. 이 저주의 규칙은 간단하지요. 여자라면 누구든지 자신의 삶과 꿈을 기대할 수 없다는 거예요. 그런 건 남자들만의 몫이죠. 우리 여자들의 운명은 따로 정해져 있어요. 오직 남자를 위한 삶! 한번 이 저주에 걸려들면 다시 태어나지 않고서는 아무도 이 족쇄에서 벗어날 수 없습니다. 나는 말문이 트이자마자 어머니로부터 신부수업을 받기 시작했어요. 집안일을 거들고, 집안일을 배우고, 평생 집안일 할 준비에 몰두하는 거죠. 아, 틈틈이 남편에게 어떻게 복종할지, 남편에게 버림받지 않고 오래도록 사랑받는 아내가 되기 위한 방법도 배우고요. 남자가 하는 일에 여자가 주제넘게 참견해선 안 된다, 남자가 원하면 옳지 못한 일이라도 재깍재깍 복종해라 등의 가르침은 하도 들어서 달달 외울 지경입니다. 있으되 없는 듯, 한평생 그림자처럼 살아야 한다고 어른들은 입버릇처럼 당부하시죠. 여자가 유일하게 품어야 할 인생의 목표라고요.

겉으로는 새겨듣는 척 하지만 나는 결코 동의할 수 없어요. 그림자라니! 나더러 사람답게 살지 말라는 것과 뭐가 다른지 모르겠어요. 평생을 남자 뒤치다꺼리에만 치여 끝끝내 내 삶의 목표를 찾지 못한다면 내 인생은 얼마나 불쌍해지겠어요. 억울합니다. 어머니처럼 평생을 똑같은 집에서, 변함없는 표정으로, 한결같은 방식으로, 지겨운 감자농사만, 끝이 없는 빨래와 설거지만 허구한 날 해야 한다니. 맥이 빠집니다. 내 마음에는 이미 '내가 해보고 싶은 일'과 '내가 이루고 싶은 꿈'이 단단하게 자리 잡고 있는데요.

나는 수학자가 되고 싶어요. 아버지 서재에서 무심코 수학책을 발견한 어릴 적 이후로 한결같이 품어온 꿈입니다. 나는 수학공부에 점점 깊이 빠져들었고 완벽하게 매료되었어요. 처음 보았을 땐 깜깜했던 내용이더라도 자꾸 들여다보면 새록새록 깨닫는 맛이 좋고, 논리적으로 딱딱 들어맞는 공식이나 증명을 따라 써 내려가다 보면 시간이 후딱 가버려 어느새 아침이 밝기 일쑤예요. 내가 해본 공부는 기꺼이 열중할 만한 아주 재미있는 경험이었지요.

한겨울이 되도록 내가 공부하는 맛에 빠져 집안일 배우는 걸 소홀히 했더니 우리 집이 발칵 뒤집혔어요. 내가 나쁜 길에 빠져들어

훌륭한 귀부인이 되지 못할까 봐 야단법석이었죠. 아버지가 붉으락푸르락하면서 화내는 얼굴은 태어나 처음 보았어요. 아버지는 고개를 절레절레 흔들며 말하셨죠.

"소피, 계집애가 쓸데없이 공부를 해서 도대체 뭘 어쩌자는 게냐?"

결국 내 방 난로와 등잔불까지 모조리 압수해 가버리셨어요. 그래도 나는 순순히 물러날 수 없었어요. 밤이 깊어 모두 잠들기를 기다렸지요. 마침내 집 안이 온통 어두컴컴해졌고, 나는 침실 한구석에서 이불을 몸에 둘둘 말고 수학책을 폈어요. 숨소리를 들킬까 봐 숨도 참았답니다. 온기 싹 가신 한겨울의 방 안은 입김이 호호 불어질 만큼 추웠습니다. 가족들 몰래 꿍쳐둔 양초를 켜 언 손을 녹이고 불을 밝혀 공부했습니다.

밤이면 슬그머니 도둑공부를 하고, 낮에는 집안일 배우는 시늉을 하는 날의 연속이었죠. 그러던 어느 날 나는 밤새도록 빨려 들어갈 듯 신나게 공부한 후에 정신없이 곯아떨어져 있었어요. 난데없이 아버지가 고함을 지르시기 전까지 말이에요.

"세상에, 이럴 수가! 또 공부를 하다니! 넌 어떻게 된 녀석이 부모 말이라면 들어먹지를 않는 게냐?"

아이코, 꼬리가 길면 잡힌다더니. 공부를 다하고 난 뒤 잉크병을 책상에 두고 미처 숨기지 못했지 뭐예요. 아버지는 꽁꽁 얼어붙은 잉크병을 내 눈앞에서 마구 흔들어대셨어요. 그러고는 눈에 힘을 주고 파르르 떨리는 입술로 또박또박 말씀하셨죠.

"절대로, 다시는 공부해선 안 된다."

그러니 나는 기운 없이 고개를 끄덕일 수밖에요. 내가 남자였더라면 이럴 때 혼내시기는커녕, 머리를 쓰다듬어주시지 않았을까요. 눈물이 뚝뚝 떨어졌어요. 한동안 시큰둥하게 집안일만 배워야 했죠. 그래도 하늘이 무너져도 솟아날 구멍이 있다는 말이 맞나 봐요. 수학자들이 우리 도시에 모여 학교를 세운다는 믿어지지 않는 놀라운 소식이 들려왔으니까요. 초점 잃은 내 눈에서 다시 반짝반짝 빛이 나기 시작했어요. 공부할 수 없어 우울하게만 지내고 있었는데, 절호의 기회가 나에게 굴러 들어오다니! 가슴이 벅차올라 날아갈 것 같았어요.

그리고 지금, 나는 비참함의 극단을 맛보고 있어요. 바보같이 왜 기대했을까. 여자면서, 여자인 주제에, 여자 따위가! 사방팔방으로 입학방법을 알아보니, 그 학교는 여자를 뽑지 않는다는 거예요. 그러시겠지. 남자 꽁무니 졸졸 쫓아다니며 심부름이나 해야 마땅한 여자를 어떻게 그렇게 대단한 학교 교실에 앉히시겠어. 한때의 설렘은 나 혼자만의 몽상이었습니다.

잘못되어도 단단히 잘못됐어요. 단지 여자라는 이유만으로 이런 차별을 당연하게 받아들여야 한다니요. 내가 바꿀 수 있는 게 아무것도 없다는 사실에 분통이 터지고 스스로 초라해집니다. 그동안 밤잠 못 자며 숨죽여 해온 공부는 다 뭐가 되는 걸까요. 내가 이제껏 꿈꿔온 수학자라는 꿈은요. 무엇보다도 남자의 소유물이 아니라 당당한 인간으로서 살아가겠다는 내 결심은 이대로 물거품이 되어 버리고 마는 걸까요?

1793년, 나는 열여덟 살 소피 제르맹입니다.

나는 공부할 수 없었습니다.

나는 공부할 수 없었다3.
프레데릭 더글러스 이야기

1818년 미국 메릴랜드에서 태어난 나는 프레데릭 더글러스(Frederick Douglass)입니다. 나는 노예라는 신분으로 태어났습니다. 노예의 인생이란 뻔합니다. 뼈 부러지고 무릎 닳도록 일해봤자 나를 위해서는 단 1초도 살 수 없는 게 노예 신세니까요. 평생 남을 위해 살아야 합니다. 오로지 주인님을 위해 태어나고, 주인님을 위해 길러지고, 주인님에게 부려먹히기 위해 삽니다. 한순간이라도 내 뜻대로 산다면 잘못인거죠. 어쩌면 총살을 당할지도 모릅니다.

같은 노예인 뎀비 형이 그랬습니다. 아주 잠시 부지런히 움직이지 않았다고 사람의 머리를 터뜨려 죽이다니요. 형은 소름 끼치도록 끔찍하게 죽었습니다. 갈가리 산산조각 난 살덩이들이 물속으로 느릿느릿 가라앉았고, 방금 전까지 형이 서 있던 자리에는 피와 뇌수가 둥둥 떠다녔습니다. 제자리에 얼어붙은 우리에게 보여주려는 듯 주인님들은 숨넘어가도록 낄낄거리고 박수를 쳐대며 형의 죽음을 조롱했고요.

나는 하루에 두 번 5분씩 굶어 죽지 않을 만큼의 밥을 받아먹습니다. 배고픈 노예가 길거리에 버려진 음식 찌꺼기를 두고 돼지와 서로 먹겠다고 싸우는 일은 흔했죠. 오직 죽기 직전까지 죽도록 일할 의무만이 나의 몫입니다. 말을 씻기고 여물을 만들고 마구간을 청소하고 땅을 갈아요. 씨앗을 심고 잡초를 뽑고 밀을 거두고요. 신발을 만들고 옷감을 짜고 청소를 합니다. 곳곳에 총을 든 감독관들이 눈을 부라리고 서 있어요. 한눈팔 틈은 조금도 없습니다. 밤이 깊어 피곤에 찌들어서야, 벌레와 쥐가 뒤엉킨 진흙바닥에서 잠을 청하죠. 하루하루가 고달픔의 연속입니다.

그러나 나에게 느닷없는 행운이 찾아들었어요. 내가 다른 집으로 팔려 갔는데, 여주인 올드 부인이 알파벳을 가르쳐주었거든요. 글자 쓰는 법도 조금씩 알려주었고요. 남편인 올드 씨가 이 장면을 목격하기 전까지는요.

“당신, 미쳤어? 저 아이는 노예야! 아무것도 알아선 안 된다고! 노예에겐 절대로 글을 가르쳐선 안 돼! 공부하고 나면 제 뜻대로 살려고 할 거야. 다시는 우리가 시키는 대로 일하지 않을 거라고!”

올드 씨는 몸을 부르르 떨며 벌게진 얼굴로 고래고래 고함을 질렀어요. 나는 망치로 뒤통수를 세게 후려 맞은 기분이었습니다. 더럽고 부당한 비밀을 알아버렸으니까요. 이건 음모였습니다. 주인님들이 우리를 마음대로 부려먹을 수 있는 이유는 ‘우리가 배우지 못했기 때문’이라는 걸 단박에 깨달았어요. 나는 단단하게 결심했습니다.

‘공부라는 걸 반드시 해보자. 절대로 주인님이 시키는 대로 살지 않을 거야. 몰래 공부를 해내고야 말겠다!’

칼날을 품듯 공부할 마음을 몰래 품었습니다. 결단코 들켜서는 안 될 위험한 마음이었어요. 눈치를 챘는지, 주인님은 나의 일거수일투족을 철저하게 감시했어요. 혹시라도 내가 공부할까 봐 더 혹독하게 다그쳤죠. 그럴수록 나는 더 죽을힘을 다해 공부했습니다.

심부름 가는 길마다 몰래 숨어 글자를 읽었고, 잽싸게 일을 끝내놓고 은밀하게 글씨 쓰기를 연습했어요. 주인님 아들 책을 슬쩍 훔쳐 나무 담장이며 벽이며 길바닥에 그대로 베껴 쓰기도 했고요. 까딱 잘못해 걸렸다가는 목숨을 잃게 될 아찔한 순간들이었죠. 나는 저녁을 굶었고, 동네 백인 아이들에게 그 빵을 간식으로 내밀었습니다. 글자를 가르쳐달라고요. 스스로의 삶을 당당하게 준비할 수 있는 백인 아이들을 서러운 가슴으로 지켜보았습니다. 고개를 뒤로 꺾고 나지막하게 울부짖었습니다. 터져 나오는 눈물을 애써 삼켰습니다.

눈치 보며 숨어 하는 공부라 더딜 수밖에 없었습니다. 백인 아이들은 일곱 살에 떼는 글자를 7년의 숨죽인 세월을 바쳐서야 가까스로 읽고 쓸 수 있게 되었습니다. 이제 나도 비로소 제대로 된 공부를 할 준비를 마친 셈입니다. 앎에 목마른 나는 지혜에 흠뻑 젖고 싶습니다. 깊은 지식이 담긴 책을 읽고 싶고요. 그렇지만 그러기 위해서는 먼저 해야 할 일이 있습니다.

탈출! 탈출을 해야 합니다. 노예라는 신분을 뛰어넘어야 비로소 나는 본격적으로 공부할 수 있습니다. 7년을 들여 글자를 배운 이유도 탈출해서 정식으로 공부하고 싶어서였고요. 이곳에서는 더 이상 공부할 수 없습니다. 점점 감시의 눈초리가 심해지고 있어 이제는 몰래 공부할 수도 없습니다. 갈 길이 멀지만 어떻게 가야 할지도 까마득합니다. 추적자에게 뒤를 밟히지 않을 길을 찾아내야 합니다. 뒤쫓아 올 사나운 사냥개의 날카로운 이빨에 온몸을 갈가리 찢길 순 없습니다. 그렇다고 바다에 빠져 죽거나 전갈에 쏘이고 뱀에

물려 서서히 죽어가는 것도 싫습니다. 희뜩희뜩한 어둠 속에서 누가 말을 타고 나타날지, 어디에서 내 머리를 후려칠지, 언제 내 뜨거운 뇌수를 줄줄 쏟아낼지, 아무것도 알 수 없는 위험천만한 길이 되겠지만 나는 지금 출발해야겠습니다.

나는 이날을 위해 오랜 시간 준비해왔습니다. 나는 살아서 자유인이 될 겁니다. 자유인이 되어 반드시 배울 겁니다. 나도 백인 아이들처럼 내 마음대로 제대로 공부할 수 있도록 자유인이 되겠습니다. 그러려면 목숨을 건 탈출길에서 살아남아야 합니다. 제대로 숨쉴 수 없이 호흡이 가빠옵니다. 맥박이 미친 듯 펄떡대고 심장은 제멋대로 쿵쾅댑니다. 더 머뭇거리다가는 평생을 노예로 살게 될 겁니다. 나는 사람답게 살고 싶습니다.

1834년, 나는 열일곱 살 프레더릭 더글러스입니다.

나는 공부하고 싶었습니다.

나는 공부할 수 없었다4.
이우근 이야기

1950년 8월 11일 새벽 3시 50분. 북한군이 전투에 돌입하기를 기다리고 있습니다. 이곳은 전쟁터입니다. 초조한 마음에 뜬눈으로 밤을 꼬박 새우다 스르르 잠들려는 찰나, 별똥별처럼 파란빛 꼬리를 길게 그리는 신호탄이 '파앙!' 소리와 함께 터졌습니다. 놈들이 근처에 잠복하고 있다는 뜻입니다. 아직 아무것도 보이지 않는 캄캄한 새벽입니다.

한 줄기 식은땀이 등줄기를 타고 흘러내렸습니다. 불과 백 미터 앞으로 떼 지어 빠르게 전진해오는 북한군 발걸음 소리가 들립니다. 고민할 겨를도 없습니다. 머뭇거리다가는 즉시 놈들의 총칼이 우리 턱밑을 겨눌 겁니다. 잽싸게 누군가 적들을 향해 수류탄을 던졌습니다. 곧이어 소름 돋는 적막이 흐릅니다. 무섭기 그지없는 고요입니다. 한참의 정적을 깨뜨린 건, 아직 숨이 끊어지지 않은 북한군 부상병의 절규였습니다. 마치 짐승의 울부짖음 같은 처절한 비명입니다.

"아이고, 어머니!"

순간, 그 소리가 내 심장을 칼끝으로 쑤셔대는 듯 섬뜩합니다. 같은 말을 쓰는 한민족이 아닙니까. 가슴이 답답합니다. 하루빨리 전쟁이 끝났으면 좋겠습니다. 학교로 돌아가고 싶은 마음이 굴뚝같습니다. 나는 전쟁이 아니라, 공부를 하고 싶습니다.

나는 본래 군인이 아니었습니다. 나는 서울 동성중학교 3학년 이우근입니다. 어머니는 공부를 곧잘 하던 나를 서울로 유학 보내셨죠. 나는 평범한 중학생이었습니다. 아침에 일어나면 학교에 가고, 학교가 파하면 친구들과 우르르 몰려다니며 노는 게 좋았습니다. 유쾌한 시절이었습니다. 전쟁터 같은 건 꿈에도 생각해본 적 없었습니다. 공부하는 재미도 쏠쏠했습니다. 깨끗한 종이에 연필로 또박또박 글씨를 써 내려가면 덩달아 마음도 고요해지곤 했습니다. 공부하다 보면 마음속에 꿈도 하나둘씩 생겨났습니다. 나는 장차 되고 싶은 것도, 하고 싶은 일도 많았습니다.

느닷없이 북한군이 쳐들어오기 전까지 말입니다. 가족들과 떨어져 서울에 혼자 있다 보니 나는 좀 늦게 피난길에 올랐습니다. 발이 부르트고 진물이 줄줄 나도록 걷고 또 걷다 홀로 대구역에 도착했을 때, 나는 학도병 지원서에 도장을 찍게 되었습니다. 그때도 교복을 입고 있었고, 지금도 교복을 입고 있습니다. 나는 지금 교복 차림으로 전쟁터에 나와 있습니다. 하루빨리 전쟁이 끝났으면 좋겠습니다. 흙먼지로 더럽혀진 교복을 말끔히 털고 학교로 돌아가고 싶습니다. 나는 공부하고 싶습니다. 이대로 접어버리기엔 내 꿈이 너무도 깁니다.

다시 전투가 벌어진 건 아침 6시였습니다. 북한군이 총알을 날려 보내자마자 우리는 정신없이 방아쇠를 당기고 포격을 퍼붓습니다. 비릿한 쇠 냄새가 끊이지 않고 코끝을 맴돕니다. 우리가 총알을 쏠 때마다 놈들의 표정이며, 총상을 입은 몸에서 울컥울컥 솟아나는 피까지 똑똑히 다 보입니다. 잠시 전투가 멈추니 몸이 바짝바짝 타들어가는 것만 같습니다. 차가운 물을 벌컥벌컥 들이켜고 싶습니다. 그러나 전쟁터는 숨 돌릴 틈이 없는 곳입니다. 나를 포함한 다섯 명은 은밀히 적진에 침투하게 되었습니다. 내가 겨우 돌담 뒤에 몰래 숨었을 때, 북한군은 우리가 있는 줄은 까맣게 모르고 기관총을 조립하느라 정신이 팔려 있었습니다. 우리는 수류탄 핀을 슬쩍 뽑고 숨죽여 엿보다가, '하나, 둘, 셋!' 하는 신호에 맞춰 일제히 폭탄을 던졌습니다. 순간 귀를 마비시키는 굉음과 함께 다섯 개의 불기둥이 하늘 높이 확 치솟아 오르고, 적진의 북한군은 처참한 모습으로 전원 즉사했습니다.

"옷자락이라도 들키면 우리는 몰살당한다!"

침투할 때처럼 조심스럽게 우리는 국군 기지에 무사히 돌아왔습니다. 전투의 흐름이 곧장 뒤집어졌고, 북한군은 잠시 총구를 거둬들였습니다. 놈들이 시야에서 사라졌고, 지긋지긋하던 총소리도 멎었습니다. 조용해지자마자 나는 교복 주머니 속 수첩을 몰래 꺼내 들었습니다. 그리고 어머니께 드릴 편지를 정신없이 휘갈겨 쓰기 시작했습니다.

어머니! 나는 사람을 죽였습니다. 수류탄이라는 무서운 폭발 무기를 던져 일순간에 죽이고 말았습니다. 어머니! 적은 다리가 떨어져나가고 팔이 떨어져나갔습니다. 아무리 적이라지만 그들도 사람이라고 생각하니, 더욱이 같은 언어를 쓰고 같은 피를 나눈 동족이라고 생각하니 가슴이 답답하고 무겁습니다. 어머니! 전쟁은 왜 해야 하나요? 저는 무서운 생각이 듭니다. 지금 내 옆에는 수많은 학우들이 죽음을 기다리는 듯 뜨거운 햇볕 아래 엎드려 있습니다. 적은 너무 많지만, 우리는 겨우 일흔한 명뿐입니다. 이제 어떻게 될 것인가를 생각하면 무섭습니다.

어제 저는 손수 내복을 빨아 입었습니다. 그런데 저는 그 내복을 갈아입으며 왜 수의를 생각했는지 모르겠습니다.

어머니! 어쩌면 오늘 제가 죽을지도 모릅니다. 저 많은 적들이 우리를 살려두고 그냥 물러갈 것 같지 않습니다. 어머니! 죽음이 두려운 게 아닙니다. 어머님도 형제들도 다시 못 만날 생각을 하니 조금은 무서워집니다. 하지만 저는 반드시 살아서 돌아가겠습니다. 꼭 살아남겠습니다.

어머니! 이제야 겨우 마음이 안정됩니다. 어머니, 저는 꼭 살아서 다시 어머님 곁으로 가겠습니다. 상추쌈이 먹고 싶습니다. 집 앞 옹달샘에서 차가운 냉수를 한없이 들이켜고 싶습니다. 아! 놈들이 다가오고 있습니다. 다시 또 쓰겠습니다. 어머니, 안녕! 안녕! 아, 안녕은 아닙니다. 다시 만날 테니까요. 그럼.

북한군이 다시 모여드는지 웅성거리는 소리가 들리기 시작했고, 나는 편지를 급하게 마무리했습니다. 적들의 수는 아까보다도 부쩍 늘어났습니다. 놈들은 곧장 흙먼지를 일으키며 총공격에 돌입했습니다. 조금의 여유도 주지 않고 휘몰아치듯 달려들었습니다. 우리도 즉각 총을 들고 반격에 나섰지만, 아뿔싸! 얼마 지나지 않아 실탄이 바닥나고 말았습니다. 놈들은 우리의 다리를 집중 공격했습니다. 다리에 총을 맞고 비틀거리다가 바닥에 고꾸라지면 온몸에 미친 듯 총탄을 투하해 다시는 일어나지 못하도록 만들어놓았습니다. 까맣게 그을린 형들과 친구들의 얼굴이 절절한 공포와 눈물로 뒤범벅이 되었습니다. 나는 적들을 향해 달려 나가며 끊임없이 조준하고 있지만, 내가 당기는 건 빈 방아쇠뿐입니다. 무섭습니다. 두렵습니다. 적의 수류탄이 터질 때마다 땅을 뒤흔드는 진동에 몸이 떨리고, 자욱한 연기와 독한 냄새에 눈앞을 똑바로 볼 수 없습니다.

바로 그때였습니다. 쏟아지는 총알 중 하나가 내 교복을 뚫고 들어와 살을 파고들어 깊숙이 박혔습니다. 나는 허공에 빈 총을 휘저으며 버둥거렸습니다. 버텨보고 싶었습니다. 하지만 이내 작렬하는, 찢어질 것 같은 통증에 나는 온몸으로 비명을 내지르고 말았습니다. 놈들은 기회를 놓칠 새라 나를 향해 총탄을 휘갈깁니다. 나는 넘어지듯 주저앉았습니다. 이러고 있으면 안 되는데……. 점점 의식이 흐려져 생각마저 느려졌습니다. 그래도 한 가지는 확실히 알 것 같습니다. 나는 결코 이곳에서 살아 돌아갈 수 없게 되었음을.

눈앞에 황홀경이 펼쳐지듯 사무치게 그리운 일상의 조각들이 주마등처럼 스쳐 지나갑니다. 학교에서 친구들과 떠들면서 교실로 향하던 기억, 졸린 눈을 비벼가며 선생님 말씀을 열심히 받아 적던 기억, 골방에 틀어박혀 숙제를 하던 기억, 가족들과 둘러앉아 대화를 나누던 기억, 응석을 부리며 어머니 무릎을 베고 누워 잠들던 기억과 나를 보며 마치 세상을 다 가진 것처럼 환하게 웃으시던 어머니 얼굴.

어머니와의 약속을 지키지 못한, 못난 내 가슴이 저릿하게 뜨거워집니다. 그때 또 한 번, 나를 겨눈 기관총의 총구에서 발작하듯 총알이 무수히 쏟아졌습니다.

1950년 8월 11일, 나는 동성중학교 3학년 열여섯 살 이우근입니다. 더 이상 나는 상추쌈을 먹을 수도, 차가운 냉수를 들이켤 수도 없었습니다. 보고 싶은 내 어머니를 살아서는 다시 만날 수 없었습니다.

나는 공부할 수 없었습니다.

우리에게 축복처럼 쏟아진 '공부할 기회'

우리에게 주어진 공부할 기회는 '어쭙잖은 것'이 아닙니다. 여러분의 지금 이 기회는 놀라운 기적과 절묘한 행운이 거듭돼 가까스로 탄생한 '어마어마한 축복'입니다. 앞서 만난 네 명의 주인공들이 몰래 숨어 우리의 하루를 지켜본다고 상상해보세요. 마지못해 학교로 향하고, 심드렁하게 앉아, 꾸역꾸역 게으르게 시간을 때우는 우리 모습에 이들은 엄청난 충격에 빠질 겁니다. 스스로가 한없이 비참해질 것이고, 어쩌면 우리를 저주할지도 몰라요. 누군가는 다리에 힘이 풀려 털썩 주저앉고는 엉엉 소리쳐 울 겁니다. "나에게는 목숨보다 귀했던, 다시 태어나지 않고서는 절대로 가질 수 없었던 축복을 어째서 그따위로 낭비하느냐"라고 말하면서, 나의 멱살을 잡고 마구 흔들어댈 수도 있겠죠. 만약 이들이 글썽이는 눈빛으로 "어째서 그토록 소중한 기회를 낭비하느냐"라고 묻는다면 나는 어떤 궁색한 변명을 내놓을 수 있을까요.

한순간도 잊지 말았으면 좋겠습니다. 공부할 수 있는 건 '축복'입니다. 공부할 수 있는 지금을 '축복으로 여기는 사람'과 '당연하게 여기는 사람'은 결단코 같을 수 없습니다. 마음가짐이 시작부터 다르기 때문입니다. 스타트라인에서 고작 1도만 다른 방향을 향하더라도, 한참동안 걷다 보면 길이 좌우로 완전히 갈리는 것처럼요.

공부할 수 있는 기회가 축복이란 걸 깨달았으면 합니다. 그래서 공부할 특권을 멋지게 발휘하면 좋겠어요. 무엇보다도 공부할 기회를 짓밟힌 사람들의 꿈까지 더불어 안고 달리기를 바랍니다. 그건 우리가 마땅히 짊어져야 할 책임이니까요.

축복을 당연하게 여기는 순간, 하찮게 여기는 순간 축복은 더 이상 축복이 아닙니다. 하찮음도 귀함도 우리의 마음가짐에 달려 있습니다. 저는 여러분이 축복을 귀하게 쓸 줄 아는 사람이 되었으면 좋겠습니다. 그래야 그 축복을 온전하게 누릴 테니까요.

나는 믿습니다. 당신은 틀림없이 '축복을 귀하게 여기는 사람'이 될 것입니다.

Beyond Story

그들의 뒷이야기

잭 런던은 공부하다가 못하다가를 반복하는 우여곡절 끝에 기어이 대학에 들어갔습니다. 그리고 1900년대를 대표하는 스타 소설가가 되었죠. 그는 밑바닥 사람들의 비참한 삶을 다룬 베스트셀러를 연달아 발표했어요. 특히 어린이, 청소년 노동자의 인권을 다루는 데 타의 추종을 불허하는 열정을 쏟았고요. 잭 런던의 소설은 오늘날 의무교육과 무상교육의 탄생에 직간접적인 영향을 끼쳤습니다.

소피 제르맹은 끝내 수학학교에 들어갈 순 없었지만, 날마다 수학학교의 필기노트를 빌려다 공부하고 '르블랑'이라는 남자이름을 쓰는 집요한 열정 끝에, 19세기 유럽의 모든 남자 수학자들을 압도하는 독보적인 일인자가 되었습니다. 프랑스 파리에는 지금도 그녀의 이름을 딴 '소피 제르맹 거리'와 '소피 제르맹 고등학교'가 있을 정도죠. 그녀의 빛나는 업적은 많은 사람들에게 여성교육의 필요성을 일깨워주었습니다.

프레더릭 더글러스는 탈출길에 오르자마자 감옥에 갇혔습니다. 그러나 그는 죽을 고비를 몇 차례 넘기면서까지 자유인이 되기를 포기하지 않았고, 마침내 두 번째 탈출 만에 도망에 성공합니다. 그런데도 더글러스는 자신 혼자만의 자유에 만족하지 않았어요. 노예들의 처참한 현실을 고발하는 책 『노예의 노래(Narrative of the life of Frederick Douglass an American slave)』를 펴냈고, 노예 제도 폐지에 관한 연설과 운동을 활발하게 했습니다. 1860년 미국 대통령 선거에 노예제 폐지를 약속한 후보가 출마하자, 더글러스는 살해 위협을 무릅쓰고 선거운동을 적극 도왔는데요. 그 후보가 바로 '에이브러햄 링컨'이었고, 그는 대통령에 당선된 후 약속대로 노예제도를 전면 폐지했습니다.

이우근을 비롯한 포항의 학도병들은 8월의 작렬하는 태양 아래에서 목숨을 거두었습니다. 당시 북한군은 낙동강 일대를 제외한 한반도 대부분을 점령하고 있었고요. 그러나 어린 학도병들이 포항에서 북한군과 싸우며 3박 4일간 끈질기게 시간을 끌어준 덕분에, 우리 국군은 거침없는 반격을 준비할 수 있었습니다.

잭 런던, 소피 제르맹, 프레더릭 더글러스, 이우근. 이 네 사람은 그저 공부할 수 없었던 사람에만 머무르지 않았습니다.

- 13 -
자신보다 내가 '더 나은 삶'을 사는 게 소원인 사람

자식에게 업신여김을 당하는 순간조차도,
부모는 온전하게 자식 미워할 방법을 알지 못한다.
- 소포클레스 Sophocles, 고대 그리스의 시인

한 여자의 배에서 나와 그 여자의 젖을 먹고 자라,
그 여자의 속을 썩이면서 나이 든 우리가 그 여자마저도 온전히 사랑하지 못한다면,
이 세상 무슨 사랑 따윌 꿈꾸고 말할 자격이 있겠는가.
- 노희경, 드라마 작가

어머니와 단 둘이 사는 소년이 있었습니다. 나쁜 친구들과 어울려 못된 짓을 일삼던 소년은 비가 많이 내리던 날, 달려오는 트럭에 치이는 큰 사고를 당했습니다. 어머니가 가슴을 졸이며 병원으로 한걸음에 달려왔지만, 소년은 두 눈 모두를 잃고 말았습니다. 소년은 자신의 불행을 받아들이지 못했습니다. 깊은 절망과 수렁에 빠져 고래고래 악다구니를 해댔습니다. 마음의 문을 완전히 닫아버렸지요. 그런 아들의 모습을 곁에서 바라보는 어머니는 가슴이 아파 말

없이 눈물만 흘릴 뿐이었습니다.

그러던 어느 날, 누군가 소년에게 한쪽 눈을 기증하겠다는 소식이 전해졌습니다. 하지만 소년은 그 사실조차 기쁘게 받아들이지 못했습니다. 결국 어머니의 간곡한 부탁으로 한쪽 눈 이식 수술을 받았지만요. 한동안 소년은 붕대로 눈을 가리고 있어야 했습니다. 그러는 동안에도 소년은 앞으로 애꾸눈으로 어떻게 살아가느냐고 끊임없이 투정을 부렸습니다. 어머니는 그런 소년의 말을 묵묵히 듣고만 있을 뿐이었지요.

시간이 흘러 소년은 어느덧 붕대를 풀게 되었습니다. 그런데 앞을 본 순간, 소년의 눈에서는 굵은 눈물방울이 뚝뚝 떨어지기 시작했습니다. 그의 눈앞에는 한쪽 눈만을 가진 어머니가 애틋한 표정으로 아들을 바라보고 계셨던 겁니다.

"엄마가 미안하다. 두 눈을 다 주고 싶었지만 내가 장님이 되면 내 몸뚱이가 너에게 짐이 될 것 같아서……."

어머니는 끝내 말을 잇지 못했습니다.

엄마의 소원은 자기 자신보다 내가 '조금이라도 더 나은 삶'을 사는 것입니다. 그럴 수만 있다면 자기 자신은 아무렇지도 않다는 겁니다. 자신이 살아보지 못한 삶을 내가 살고, 자신이 누려보지 못한 것을 내가 누리고, 자신이 가질 수 없었던 것을 내가 가질 수만 있다면 자신은 얼마든지 참고 버티고 견디겠다는 사람, 우리 엄마.

엄마는 내가 사랑하는 것보다도 내 인생을 더 많이 사랑하는 사람입니다.

보약 한 첩을 버리는 순간, 엄마의 마음도 함께 버렸다

제 이야기 하나 들려드리고자 합니다. 고등학생이었던 저는 쓰디쓴 한약이 너무 싫었습니다. 아침마다 엄마가 학교 가는 제 손에 보약 한 봉지씩을 들려 보내고는 하셨는데, 저에게는 너무나도 귀찮은 일이었지요. 안 먹으면 안 되냐고 졸라도 봤는데, 엄마의 단호함을 이길 수 없겠더라고요. 도무지 이길 수 없는 싸움에 저는 편법을 동원하기로 했습니다. 작전은 엄마가 보약을 주실 때 잘 받아 나왔다가, 학교에 도착하자마자 슬쩍 버리는 거였어요. 가끔 보약 잘 챙겨 먹고 있냐고 엄마가 물으실 때마다 시치미만 잘 떼면 들킬 확률 제로의 완전범죄였죠. 딱히 어려울 게 없었습니다.

그러던 어느 날이었습니다. 평소대로 제가 복도를 지나다가 아무렇지도 않게 들고 있던 보약을 쓰레기통에 휙 던져 넣는데 누군가 말을 걸어왔어요.

"내가 잘못 봤나. 먹지도 않은 보약을 왜 통째로 버리는 거지?"

체육 선생님이셨습니다. 완전 낭패였지요. 저는 뜨끔해서 고개를 푹 숙이고 우물쭈물할 수밖에 없었어요. 그렇게 제가 갖가지 핑계를 떠올리느라 정신이 팔려 있을 때, 갑자기 선생님이 쓰레기통 깊숙이 맨손을 쑥 집어넣으시고는 눈이 휘둥그레진 제 앞에 쓰레기를 하나씩 꺼내놓으셨습니다. 구역질 나는 머리카락 뭉치, 물기가 아직도 남아 있는 씹다 뱉은 껌, 퀴퀴한 휴지덩어리에 묻은 노란 가래침, 그리고 제가 좀 전에 버린 보약이 나왔죠. 저는 혼날까 봐 잔뜩 쫄아 있는데 선생님은 아무 말씀 없이 가래침 묻은 보약 봉지를 점퍼 소매로 쓱쓱 닦으셨어요. 그리고 깨끗해진 보약을 제 손에 건네셨습니다.

"네가 버린 건 보약이 아니라 어머니의 마음이다. 다신 그러지 마라."

저는 기어들어가는 목소리로 얼른 대답한 뒤, 선생님이 보시는 앞에서 보약 한 봉지를 다 먹고 나서야 풀려났어요. 그런데 곰곰이 생각해볼수록 맞는 말씀이더군요. 사실 그날 제가 학교에 들고 온 보약은 외할머니가 어머니 몫으로 지어놓겠노라 하신 걸 엄마가 한의원에 바득바득 우겨서 제 약으로 지어오신 거였거든요. 자신의 건강보다 자식의 건강이 우선인 엄마 마음, 내 새끼 잘 되라는 엄마 마음, 그 마음에 매일 아침 제가 남이 뱉어놓은 가래침을 아무렇지도 않게 묻혀왔음을 깨닫고 나니 죄송스러웠습니다. 부끄러웠고요.

저에게는 감히 부모님이 정성 들인 무언가를 짓밟을 자격이 없는데 말입니다. 제가 가졌어야 할 유일한 마음가짐은 '감사함'이어야 마땅했던 겁니다.

엄마는 속고 있다

나는 엄마만 보면 엄살이 늘어납니다. 내가 하루 종일 얼마나 열심히 공부했는지 아느냐는 둥, 숨 쉴 틈이 없어 답답하다는 둥, 수업은 얼마나 많고 진도는 또 얼마나 빠른지 아느냐는 둥, 나누는 대화의 절반 이상이 입버릇처럼 하는 투정이에요. 스트레스 받아 죽겠다고, 피곤하고 힘들고 빡빡해 죽겠다면서 괜스레 엄마 마음만 아프게 합니다. 저도 많이 해봐서 알아요.

그런데요. 솔직히 나 그렇게 공부 안 하잖아요. 하루 종일 앉아는 있었지만 그렇다고 그 시간 다 공부한 거 아닐 테고요. 숨 쉴 틈이야 어떻게든 알아서 잘 만들었잖아요. 수업이 많아도 똑바로 들은 건 몇 과목 없고, 그러니 진도가 빨라봤자 나한텐 별 의미 없고요. 내가 받는 스트레스는 엄마한테 말한 것처럼 '과도한 학업부담에 의한 스트레스'가 아니죠. 공부해야 하는 줄 알면서도 미루고 놀아놓고 뒤늦게 후회하며 받은 스트레스나, 공부 말고 다른 이유로 받은 스트레스가 더 많잖아요. 피곤하고 힘들고 빡빡해진 이유도 뭐 비슷하죠. 저도 다 해봐서 압니다.

그러나 듣는 엄마 입장에서는 곧이곧대로 듣고 믿을 수밖에 없습니다. 나는 주로 '엄마가 눈으로 직접 볼 수 없는 시간'에 대해 거짓말하니까요. 하도 엎드려 잠만 자서 학교에서는 별명이 '나무늘보'이면서, 엄마만 보면 "피곤해", 탈탈 털어도 온종일 똑바로 공부한 시간이라고는 두 시간도 되지 않는 날에도 엄마만 보면 "내가 공부하느라 얼마나 힘든 줄 알아?", 친구와 싸우고 기분이 나빠져 며칠째 공부는 뒷전이면서도 엄마만 보면 "공부 때문에 스트레스 받아 죽겠어!"

내가 별로 힘들지 않으면서 무심코 내뱉은 힘들다는 말에 엄마는 진짜로 힘들어집니다. 나는 별 뜻 없이 지껄인 말이지만 엄마 마음속에는 온종일 내 말이 빙빙 맴돕니다. 진솔한 고백이라고 착각하세요. 아무리 안 믿는다고 큰소리친대도 엄마는 어쩔 수 없이 '세상에서 내 말을 제일 잘 믿는 사람'이거든요. 내 거짓말에 엄마 마음은 무너져 내리고 녹아버립니다. 내가 힘들어 하고 있을 거란 상상만으로도 마음이 바싹바싹 타들어가는, 엄마는 그런 사람이니까요. 매일매일이 둥지 안에 있던 새끼 새를 처음 날려 보내는 어미 새의 마음이라서요.

더불어 내가 엄마한테 힘들다고 되풀이하다 보면 내 뇌도 그 거

1 2 2

짓말을 진짜로 믿어버려요. 결과적으로 나도 엄마도 둘 다 믿게 되는 거죠. 공부는 똑바로 안 하면서 서로 몹시 힘들게만 되는 겁니다. 어리석은 짓이죠.

저도 말버릇처럼 하던 '힘들다'는 말을 끊고 보니, 참 좋더라고요. 힘들어 죽겠다는 거짓말로 엄마와 나를 속이지 말아야 합니다. 힘들다, 힘들다 할수록 공부할 마음만 사그라들어요. 내가 꾸며낸 거짓말 때문에 마음 아파할 엄마를 위해, 그리고 쓸데없는 스트레스로 고통 받을 나를 위해 힘들다고 말하는 습관을 끊어봅시다.

나는 엄마의 첫 번째 기도 제목입니다. 나는 엄마의 떨칠 수 없는 걱정거리이지만, 나는 엄마를 가장 활짝 웃게 만들 수 있는 사람입니다. 나는 엄마를 세상에서 가장 불행한 여자로도, 세상에서 가장 행복한 여자로도 만들 수 있습니다. 내 몫의 인생은 스스로 책임질 줄 알아야 합니다.

엄마도 아빠도, '내 부모 노릇'은 처음이라서

나는 내가 완벽하리라고 기대하지 않습니다. 잘해보려는 의욕이 앞서지만 좀 서툴고 미숙하거든요. 모든 것이 낯설잖아요. 열다섯

이 처음이었던 것처럼 열여섯도, 열일곱, 열여덟도 다 처음이라서요. 나는 내가 뭘 좀 잘못하더라도 나를 몰아세우거나 원망하지 않아요. 완벽하지 못하더라도 '다음에는 더 잘하겠지' 하면서 넘어가 줍니다. 나 자신이 내 맘에 쏙 드는 건 아니지만, 잘해보려고 하다가 서툴러서 실수했다는 걸 잘 알고 있으니까요.

그런데 그건 엄마나 아빠도 마찬가지가 아닐까요? 엄마아빠도 부모 노릇 잘하는 법을 가르쳐주는 학교를 졸업한 것도 아니잖아요. 연습 없이 덜컥 나를 낳았습니다. 나를 낳은 순간부터 엄마도 아빠도 처음 해보는 일투성이에요. 서툴러서 속상하고 실수도 많이 해요. 엄마아빠도 나처럼 처음이니까요. 내가 우리 집 첫째가 아니더라도 아이들마다 특성이 너무 제각각이라 내 엄마 노릇, 내 아빠 노릇은 엄마아빠에게 처음이에요.

내가 한 살 한 살 나이를 먹을수록 열다섯 살짜리 나, 열여섯, 열일곱, 열여덟 살짜리 나의 엄마아빠 노릇은 매해 엄마아빠에게도 처음이에요. 뭘 어떻게 해줘야 할지 감 잡기도 어려운데, 나는 점점 머리가 커져 말도 잘 안 듣습니다. 물론 잘하고 싶은 의욕은 많습니다. 그런데 어떻게 해줘야 부모 노릇 잘하는 건지 잘 모르겠다는 겁니다. 우왕좌왕하고 갈팡질팡할 수밖에요. 어설프고 미숙해서 빈틈이 자꾸만 생겨납니다. 야무지게 키워보고 싶지만, 실수만 연발할 뿐, 완벽할 수 없어요.

그러나 나는 엄마아빠한테 완벽함을 기대합니다. 내 부족함을 언제나 채워주고 매 순간 내가 서운하지 않게 대해주기를 바랍니다. 내가 말하지 않은 것도 척척 알아주고, 그때그때 내 기분도 알아채주기를 기대해요. 내게 필요한 모든 순간마다 엄마아빠가 그 자리에 있어주기를 원합니다. 조금만 그러지 못하면 나는 엄마를 미워하고 아빠를 원망합니다. 내 부모 노릇을 완벽하게 해줬으면 좋겠는데, 내 마음에 들지 않을 때면 미워하고 원망하다가 한평생 엄마아빠가 일구어놓으신 삶을 마음속으로 뭉개고 깎아내리기까지 해요. 정작 엄마아빠는 완벽함은커녕 내 부모 노릇이 버겁기만 한데요. 처음 하는 일을 잘해내는 사람은 아무도 없습니다. 나도 내 맘에 쏙 들지 않는데, 어떻게 엄마아빠라고 내 맘에 쏙 들겠습니까.

덧붙여 엄마아빠는 내 부모 노릇뿐만 아니라 자신의 삶도 살고 있습니다. 나처럼 엄마도 처음 겪는 마흔다섯, 마흔일곱에 힘이 부쳐요. 아빠도 마흔아홉, 쉰하나가 낯설고 어렵기만 합니다.

혹시 내 맘대로 정해놓은 '엄마아빠에 대한 기대치'가 너무 높았던 게 아니었을까요. 내 멋대로 '엄마아빠라면 이 정도는 해줘야지' 해놓고 나 혼자 실망하고 미워했던 건 아니었을까요. 엄마아빠를 조금만 더 이해해주세요. 엄마도 내 엄마 노릇이 처음이고 아빠도 내 아빠 노릇이 처음이라서, 잘해보고 싶은 의욕은 앞서지만 마음처럼 잘되지 않아서 속상해하고 있으니까요.

내가 완벽하지 않은 내 자신을 대하듯이 엄마아빠가 가끔 내 기대에 조금 미치지 못하더라도 미워하거나 원망하지 말기로 합시다. 완벽함이라는 잘못된 기대치로 인해 가장 힘들어질 사람은 결국 나 자신이거든요.

아버지가 벌어오신 돈의 의미

아버지의 등에서는
늘 땀 냄새가 났다

내가 아플 때도
할머니가 돌아가셨을 때도
어머니는 눈물을 흘렸지만
아버지는 울지 않고
등에서는 땀 냄새만 났다

나는 이제야 알았다
힘들고 슬픈 일이 있어도

아버지는 속으로 운다는 것을

그 속울음이

아버지 등의 땀인 것을

땀 냄새가 속울음인 것을

– 하청호, 「아버지의 등」

아버지가 벌어오신 돈에는 아버지가 속으로 울어낸 땀 냄새가 짙게 배여 있습니다. 아버지라고 돈 버는 일이 어찌 즐겁기만 하시겠습니까. 어찌 그리 쉬운 일이겠습니까.

아버지는 출근하는 순간, 아버지가 아니라 직장인입니다. 온종일 일하고 회의하느라 피곤하지만 제 시간에 퇴근하지 못하고 불 꺼진 회사에 남아 밤늦게까지 야근해야 할 때도 많습니다. 아버지는 걱정거리가 많습니다. 아버지가 아무렇지 않은 척, 괜찮은 척하는 데 선수라서 내가 모를 뿐입니다. 그러나 아버지는 속으로까지 그러지는 못합니다. 몸과 마음이 지쳐버린 퇴근시간, 넥타이를 풀어헤친 아버지가 먹먹한 눈빛으로 창밖을 바라보는 얼굴을 나에게 보여주지 않았을 뿐입니다. 아버지는 언제까지고 나에게만큼은 든든한 아버지이고만 싶으니까요.

공부는 나만 열심히 하면 되는 일이지만, 회사 일은 그렇지가 않습니다. 아버지는 자기 잘못이 아니어도 윗사람이나 부하직원, 거래

처 책임까지도 억울하게 뒤집어쓸 수 있습니다. 나는 공부 좀 못한다고 학교에서 잘리지 않지만, 아버지는 아주 사소한 잘못을 하거나 업계 전망이 나빠져도, 나쁜 상사에게 부당하게 찍혀도 일자리를 잃을 수 있습니다. 아버지는 나보다 신경 쓸 게 아주 많습니다.

회사에는 모셔야 할 사장님과 눈치 봐야 할 윗사람이 존재합니다. 재미없는 윗사람 농담에 억지로 웃기도 하고, 사장님 기분이 혹시라도 나쁘시지는 않은지 순간순간 살피면서, 아버지는 자기 몫의 일까지 척척 해내야 합니다. 아버지가 벌어오신 돈은 큰소리 떵떵 치면서 받아온 게 아닙니다. 먹기 싫은 술도 억지로 마시고, 윗사람 잘못까지 억지로 뒤집어쓰고, 부당하게 따지지도 못하고, 자존심은 푹푹 꺾이고, 공허한 마음을 달랠 길이 없어 속으로만 삭히며 힘겹게 벌어오신 '귀한 돈'입니다. 나는 아버지 자존심값으로 먹고, 자고, 입고, 배우는 못된 놈입니다.

장사하는 아버지도 일상의 고달픔은 마찬가지입니다. 오죽하면 '장사하러 나가는 길에는 간도 쓸개도 다 빼놓고 가야 한다'는 말이 있겠어요. 아버지 기분인들 어떻게 항상 좋기만 하겠습니까. 온종일 손님들을 상대하면서 웃고 있기란 쉽지 않은 일입니다. 울컥하는 순간도 수두룩하죠. 자존심 상하게 무시해가면서 트집을 잡아 기껏 팔아놓은 물건을 환불해달라는 사람이 있지를 않나, 잠깐 머무는 사이에 가게를 엉망진창으로 어질러놓는 손님이 있지를 않나,

내 자식만한 녀석들이 반말을 찍찍 내뱉지를 않나. 마음 같아서는 머리통이라도 한 대 콱 쥐어박으면 속이 다 시원하겠지만 아버지는 손님들에게 굽실거리기만 합니다. 다 괜찮다면서 해달라는 대로 다 해주고 껄껄 웃어넘깁니다. 손님들 덕분에 우리 식구 밥 먹고 사는 거라면서요. 나는 속상해 죽겠는데, 아버지는 고마운 사람들이라고만 합니다.

그런데요, 아버지. 겉으로 보여주시는 모습 말고, 속으로도 정말 괜찮으신지요. 나이 먹을수록 아버지가 아무도 모르게 속으로 울고 계실 것 같다는 마음을 떨칠 수가 없습니다. 괜찮다고 웃어넘기는 그 순간, 속에서는 참아지지 않는 울음이 터져 나오지는 않으신지요. 아버지, 솔직하게 말씀해주세요. 정말 괜찮으신가요.

나는 아버지 속울음값으로 먹고, 자고, 입고, 배우는 괘씸한 놈입니다.

> 아버지 눈에는 눈물이 보이지 않으나
> 아버지가 마시는 술에는
> 항상 보이지 않는 눈물이 절반이다
> 아버지는 가장 외로운 사람이다
> 아버지는 비록 영웅이 될 수도 있지만

폭탄을 만드는 사람도

감옥을 지키던 사람도

술가게의 문을 닫는 사람도

집에 들어오면 아버지가 된다

- 김현승, 「아버지의 마음」 중에서

나에 대한 기대로 하루를 버티는 사람

아버지는 나를 생각합니다. 남들 다 쉬는 빨간 날, 새벽같이 일어나 떠지지 않는 눈을 비벼가면서. 얼음처럼 차가운 물로 세수를 하면서. 평소와 달리 한산한 거리로 나서면서. 지하철에 앉아 휴일과 관련된 신문기사를 뒤적거리면서. 한숨을 내쉬면서. 내 새끼는 남들 놀 땐 같이 놀 수 있는 직업을 가졌으면…….

아버지는 나를 생각합니다. 찜통같이 무더운 택시 안에서 핸들을 잡고. 온종일 좁은 곳에 앉아 뻐근해진 다리를 손으로 주무르면서. 손님이 없어 아까 다니던 길만 빙글빙글 돌면서. 느닷없이 끼어드는 차 때문에 깜짝 놀라면서. 하마터면 큰 사고가 날 뻔했다고 가슴을 쓸어내리면서. 백미러 옆에 대롱대롱 매달아놓은 내 사진을 보면서. 미지근한 삼각김밥을 우적우적 씹으면서. 내 새끼는 넓은 세상을 누리는 사람이 되었으면…….

아버지는 또 나를 생각합니다. 입김이 하얗게 불어지는 한겨울 공사장에서. 빨갛게 불어 터진 손등에 따끔따끔한 연고를 바르면서. 아찔하게 높은 철골 위로 올라가면서. 높은 곳에서 내려다보이는 근사한 건물들을 바라보면서. 떨리는 마음으로 위험천만한 작업을 하는 중간중간. 내 새끼는 따뜻하고 안전한 삶을 살았으면…….

남들이 볼 때 나는 그저 그런 학생들 중 하나일지도 몰라요. 학교에서 나는 존재감이 별로 없을 수도 있어요. 그러다 보면 나조차 나를 그렇게 생각해버릴지도 모르죠. 그러나 아버지에게만큼은 그렇지가 않습니다. 나는 우리 아버지가 '등이 휠 것 같은 삶의 무게'를 견디게 하는 힘입니다. 아버지를 하루하루 버티게 하는 에너지입니다. 아버지 가슴을 묵직하게 채우는 버팀목입니다. 나 때문에 등이 휠 것 같은 아버지는, 그렇지만 또 나 때문에 살아요. 아버지 당신은 살아보지 못한 삶을 내가 살고, 아버지 당신은 누려보지 못한 것을 내가 누리고, 아버지 당신은 가져보지 못한 것을 내가 가지는 것. 이것이 아버지의 소원입니다. 그럴 수만 있다면 자신은 얼마든지 참고 버티고 견디겠다는 사람.

내 아버지.

아버지는 내가 펼쳐나갈 인생을 떠올릴 때 목소리가 커지고 생기가 돕니다. 아버지는 나에 대한 기대로 하루를 살거든요. 나에 대한 기대만으로 힘을 냅니다.

그러니까 내가 그것을 빼앗아버리면 안 돼요. 내가 뭔데 아버지에게서 감히 그걸 뺏습니까. 내 자식 잘되라는 부모 마음을.

하루빨리 아버지께 돌려드리세요. 나에 대한 기대를. 그래야 아버지가 고단한 하루를 버티실 수 있습니다. 아버지의 순간순간이 찬란하게 빛날 수 있어요. 나 때문에 힘들고 피곤해 죽겠으면서, 나 하나만으로 번쩍번쩍 빛날 수도 있는 사람.

내 아버지.

하루빨리 아버지께 돌려드리세요. 내가 아버지로부터 빼앗아버렸던 나에 대한 기대를. 원래 자리에. 아버지 가슴 깊숙이.

우리는 날마다 조금씩 고아가 되어간다

한 고등학생이 엄마가 돌아가시고 난 후 인터넷에 올린 글입니다.

> 엄마는 돌아가셨는데 엄마가 냉장고에 해놓은 음식은 그대로이고, 안방에 엄마 냄새도 그대로이고. 우리 엄마는 돌아가셨는데.

냉장고에 있는 반찬을 차마 먹지를 못하겠어서 몇 달을 그대로 두다가 결국 상해서 썩어도 버릴 수가 없더라. 집 안 곳곳 엄마 손길이 있어서 청소도 못하겠고, 안방 침대에 가서 눕는 것도 아까워서. 옆에 앉아서 멍하니 베개만 바라보다가.

제일 미치겠는 건 엄마 냄새가 점점 사라져.

고아가 될 운명을 타고나지 않은 사람은 아무도 없습니다. 우리는 결국에 모두 다 고아가 될 겁니다. 엄마아빠가 이미 돌아가셨든지, 아직 돌아가시지 않았든지 둘 중 하나일 수밖에 없어요. 엄마아빠가 돌아가시지 않을 수는 없죠. 순서만 다를 뿐, 우리 모두는 고아가 될 운명을 피할 수 없습니다.

우리 엄마, 그리고 우리 아빠. 언제까지고 내 곁에 살아계실 수는 없습니다. 죽음은 우리 엄마아빠에게도 어김없이 닥쳐들 테니까요. 그토록 바라고 또 바랐으면서 정작 내가 잘 살아가는지는 제대로 보지도 못하고 돌아가실 겁니다. 나를 남겨놓고 다시는 돌아오지 못할 먼 길에 오르실 거예요. 자기 자신보다 내가 더 나은 삶을 사는 게 소원이었던 우리 엄마도, 당신의 속울음으로 나를 먹이고 입히고 가르치시던 우리 아버지도, 끝내 내 곁을 떠나십니다.

"아버지……."

투박한 아버지의 손을 붙잡습니다. 나를 먹이고 재우고 입히고 가르치시던 손입니다. 서늘하게 식어버린 아버지 손에 내 가슴이 먹먹해집니다.

"아버지, 미안해요……."

아버지 팔을 내 얼굴에 가져다 댑니다. 잘 움직여지지 않는 팔에는 힘이 하나도 없습니다. 나를 힘껏 끌어안아주던 팔, 내가 조금이라도 자랑할 만한 일이 있으면 달려가 안기던 팔입니다. 언제까지나 내 편이 되어줄 아버지가 한 뼘씩 사라져갑니다.

"아버지, 사랑합니다……."

아버지 가슴에 가만히 내 귀를 대봅니다. 아무런 소리도 들리지 않습니다. 묵직하게 내 마음을 울리던 아버지의 기대가 멎었습니다. 봄볕 같던 사랑도 함께 멈췄습니다. 그제야 나는 아버지가 돌아가셨음을 알겠습니다. 내 눈에서 뜨거운 눈물이 쏟아집니다.

"엄마! 눈 좀 떠봐요! 내 말 들려요? 엄마!"

내가 얼마나 힘든 줄 알아? 엄마는 아무것도 모르면서 맨날 또 저래! 내가 투정 부릴 때마다 엄마는 한 뼘씩 사라져갑니다.

"제발, 한 번만 눈 좀 떠봐요! 응?"

자기 자신보다 내가 조금이라도 더 나은 삶을 사는 게 소원이었던 사람이 영영 내 곁을 떠납니다.

"이렇게 가버리면 나는 어떡하라고, 엄마……, 엄마!"

나를 위해 눈물을 쏟던 엄마의 기도가 멈춥니다. 나는 떨리는 손으로 삽을 쥐고 엄마가 누워계신 땅속 깊이 흙을 뿌려드립니다. 엄마를 쓸쓸한 무덤 속에 묻어드립니다. 불쌍한 우리 엄마. 엄마는 끝끝내 내가 자기보다 나은 삶을 사는지 아닌지도 지켜볼 수 없을 겁니다.

세상의 벽에 부딪쳐 쓰라리고 속상한 밤, 아무리 "엄마!" 하고 울부짖어도 대답을 듣지 못하는 날이, "아버지, 제가 오늘 드디어 해냈어요!"라고 외쳐봐도 아버지 입꼬리가 귀에 걸릴 수 없는 날이, 매일 하루씩 가까워지고 있습니다. 나는 그제야 후회하게 될 겁니다. 그리워하게 될 거예요. 나를 보며 환하게 웃어주던 엄마아빠를.

내가 얼마나 나쁜 자식이었는지 스스로 되물을 때마다 나는 괴로워질 겁니다. 툭툭 내뱉던 내 말버릇과, 내세웠던 내 자존심과, 쓸데없던 내 반항심을 후회하게 될 겁니다. 뒤늦게야 깨달을 거예요. 엄마아빠가 넘치도록 주시던 끈덕진 관심이 얼마나 순수한 사랑이었는지를요. 귀찮던 간섭이 얼마나 진득한 믿음이었는지를요. 엄마아빠가 자기 인생보다도 내 인생을 얼마나 더 귀하게 여겼는지를요. 엄마아빠의 사랑이 나로서는 절대로 갚지 못할 빚이었단 것도요.

언젠가 엄마 냄새가 흔적 없이 사라진대도, 언젠가 아빠가 내 머리를 쓰다듬어줄 수 없대도, 나는 오래도록 그리워할 거예요.

우리 엄마, 그리고 우리 아빠.

사랑하는 내 부모님.

잔소리 뒤의 "……"에 담긴 진짜 의미

나보다 인생 선배인 부모님은 조바심을 냅니다. 자신의 인생을 되돌아보았을 때 조금만 일찍 깨달았더라면 좋았을 것들을 한 번이라도 더 들려주고 싶어서요. 내가 못마땅해서가 아니라, 내가 조금이라도 더 나은 삶을 살았으면 해서요. 공부하라는 엄마아빠의 잔소리는 '귀로 들어야 하는 부분'과 '마음으로 들어야 하는 부분', 이렇게 두 부분으로 되어 있습니다. 그러나 부모님은 '귀로 들어야 하는 부분'을 말씀하시다가도, '마음으로 들어야 하는 부분'을 말하기 직전이 되면 말을 멈춰버리십니다.

그래서 내 귀에는 잔소리가 절반만 들려요. 나머지 절반이 진짜 이야기인데, 그건 귀로 들을 수 없어요. 마음으로만 들리거든요. 엄마아빠가 입 밖에 내지 않으시는 "……"을 마음으로 들을 줄 알아야 합니다. 엄마아빠가 뜨거운 가슴으로 말하는 숨어 있는 이야기를. 잔소리 뒤의 "……"을 듣지 못했다면, 나는 아무것도 듣지 못한 것입니다.

"아들아, 공부해야지……."

"요즘 공부는 좀 어때? 할 만 하니……?"

"……."

"아들아, 아버지가 살아보니까 세상이 만만하지 않더구나. 준비 없이 내던져져보니 고달프고 팍팍한 게 인생이더라. 털썩 주저앉고 싶은 때도 많았지. 아버지는 할아버지를 원망하기도 했단다. 왜 나를 때려서라도 공부시켜주지 않으셨는지.

아버지가 살아보니 인생은 길어. 그에 비하면 공부할 수 있는 시간은 눈 깜짝할 만큼 짧고. 내 아들이 허송세월하다가 하고 싶은 일을 어쩔 수 없이 포기해야 하는 상황에 놓인다면, 조금도 하고 싶지 않은 일을 먹고살기 위해 억지로 하게 된다면, 아버지는 공허함에 가슴 한구석이 뻥 뚫릴 것만 같구나.

너는 내 목숨을 주어도 아깝지 않은 내 아들이니까. 우리 아들은 절대로 아버지처럼 살지 말거라. 멋지게 살아라. 해줄 거라고는 잔소리밖에 없는 못난 아버지라 늘 미안한 마음뿐이란다."

잔소리 뒤의 "……"을 듣지 못했다면, 우리는 아무것도 듣지 못한 것입니다.

"아들아, 공부해야지……."

"요즘 공부는 좀 어때? 할 만 하니……?"

"……."

나는 믿습니다. 당신은 틀림없이 엄마아빠 말씀을 '마음으로 들을 줄 아는 사람'이 될 것입니다.

Beyond Story

"아, 엄마는 맨날 이런 식이야!"

소녀는 수학여행 가기 전날 몹시 들떴습니다. 적어도 가방과 신발만큼은 새 걸로 들고 가고 싶었죠. 그래서 학교가 끝나면 친구들과 백화점에 가기로 약속했습니다. 그래서 아침에 눈뜨자마자 엄마를 찾았습니다.

"엄마! 나 가방이랑 신발 사게 용돈 좀 주면 안 돼?"

"가방도 신발도 멀쩡하기만 하구만 뭘 또 산다고 그러니?"

"아! 또 그래! 용돈 좀 줘요!"

"이번에는 그냥 다녀오면 안 될까? 엄마가 저녁에 맛있는 돈가스 해줄게, 응?"

소녀는 내 맘을 몰라주는 엄마 때문에 화가 머리끝까지 났습니다. 소리를 지르면서 문을 쾅 닫고 학교에 가버렸죠.

"아, 엄마는 맨날 이런 식이야!"

학교가 끝나고 친구들을 따라 백화점을 구경할 때도 엄마는 자꾸만 전화를 걸어왔고 소녀는 짜증이 치밀어 휴대폰을 꺼버렸습니다. 그리고 집에 돌아왔어요. 엄마는 안 계셨고요.

소녀는 아무 생각 없이 텔레비전을 틀었습니다. 그리고 잠시 잊고 있던 휴대폰을 켰지요. 화면에는 지하철에 불이 나서 사람들이 살았네 죽었네 하는 긴급뉴스가 흘러나왔고, 놀라서 들여다본 휴대폰에는 문자 두 통이 와 있었습니다.

'왜 이렇게 전화를 안 받니. 엄마 지금 니 가방이랑 신발 사서 들어가고 있어. 지금 막 지하철 탔다~.'

'미안, 가방하고 신발 못 전해줄 것 같다. 돈가스도 해주려고 그랬는데……. 미안, 내 딸아……. 사랑한다! 내 딸…….'

2003년 대구에서는 참혹한 사건 하나가 터졌습니다. 192명이 사망하고, 148명이 부상당했던 '대구지하철 참사'였습니다. 위의 문자 두 통은 대구지하철 참사 희생자가 돌아가시기 직전 딸에게 보낸 마지막 문자메시지였습니다.

에필로그

믿는다, 나는 믿는다,
나는 너를 믿는다!

여러분께 제 고등학교 체육 선생님을 소개해드리는 것으로 『이토록 공부가 재미있어지는 순간』을 마무리하고 싶습니다.

선생님은 세상에서 가장 환하게 웃으시는 분이었습니다. 살랑살랑 바람 부는 나무그늘 아래 벤치에서 특유의 선글라스를 끼신 선생님은 기말고사를 망쳐버리고 찌푸린 표정으로 씩씩대던 고등학교 1학년짜리 저를 보며 박장대소를 터트리셨죠.

"암마, 인생 끝났냐? 표정 좀 펴라~. 마음 다잡을 기회구만, 뭘."

그러고는 제 표정을 익살맞게 따라 하면서 놀리셨죠.

"마음이 딴 데 가버리면 앉아 있어도 그거 공부 아냐. 책상 앞에 앉을 때마다 틈틈이 읽어봐."

어깨를 툭 치며 책도 불쑥 건네셨습니다. '마음관리'에 관한 책이더군요. 그러고는 뜬금없이, "믿는다! 내가 널 믿고 있을 거다!" 하셨습니다. 당황해서 눈만 끔뻑거리는 저에게 다시 한 번 말에 힘을 주어, "너를 믿고 있겠다고!" 하셨죠.

밑도 끝도 없이 나를 믿어주시겠다니! 도무지 무슨 뜻인지 알 수 없었습니다. 그렇지만 그 책은 참 좋았습니다. 그해 여름, 공부하려고 앉을 때마다 저는 그 책을 읽었습니다. 답답하고 막막할 때마다 읽고 또 읽었습니다. 마음을 가다듬는 데 처음으로 온 힘을 쏟았죠. 공부하기 전, 책을 잠시 읽으면서 마음을 비우는 일이 하나의 루틴이 되었습니다. 잡념이 사라지고 마음이 착 가라앉으면서 지금 이 순간에만 집중할 수 있겠더라고요. 루틴을 반복할수록 성적도 눈에 띄게 좋아졌습니다. 이후 선생님은 비슷한 책을 몇 권 더 주셨고, 저의 루틴에 그 책들도 계속해서 쌓여갔습니다.

선생님은 장난꾸러기셨습니다. 저희가 멍하니 복도를 걷고 있으면 등짝을 '찰싹!' 소리가 나게 때리고 도망가셨고, 교실에 앉아 졸고 있는 친구에게는 등 뒤로 살금살금 다가가 맨살에 얼음장 같은 캔 콜라를 넣어 미끄럼틀 태우셨죠. 폭설로 모두가 학교에 갇혔을 때면 다 같이 눈싸움을 하자고 하셨고, 저희 별명을 싹 다 외워 놓으셨다가 출석을 1번부터 끝번까지 별명으로 부르시기도 했습니다. 그러고 보면 선생님은 늘 저희에게 관심이 많으셨습니다. 허리가 아파 공부를 제대로 하지 못하던 친구를 위해 매일 직접 교실을 찾아와 손수 스트레칭 시범을 보여주며 마사지를 해주셨고, 가르치시는 과목이 체육인데도 수학 문제집이며 영어 문제집을 잔뜩 사다 놓고 틈틈이 풀고 계시곤 했습니다. 물론 "너네한테 잔소리 좀 자세하게 해보려고 푸는 거다, 긴장해라!" 하시며 장난기 가득한 웃음을 날리셨지만요. 붕어빵이며 아이스크림 같은 간식도 즐기셨는데요. 저희가 최대한 먹고 싶은 눈빛으로 바라보면 껄껄 웃으시며 드시던 반쪽을 기꺼이 내주시는 스타일이셨어요.

물론 정신 번쩍 들게 혼난 적도 많았습니다. 제가 허리를 바르게 세우지 않았다, 눈빛이 종이를 뚫을 것 같지 않다, 집에서 해주신 보약을 통째로 버리면 나쁜 놈이다 같은 이유 때문이었습니다. 당시로서는 이게 어디 이 정도로 꾸중을 들을 일인가 싶어 원망스럽기도 했습니다. 급식실에서 반찬 남기다 걸리기만 해도 아주 혼쭐이 났으니까요.

점수 5점, 10점에 지나치게 집착한다고 혼난 적도 많았습니다. 점수 올리려고 공부하지 말고, 공부하는 이유를 제대로 깨달아야 한다고요. 공부하는 일이란 나 자신을 잘 알아가고 지독한 훈련을 견디면서 성장하는 일이라고 입버릇처럼 말씀하셨죠. 영혼이 강한 사람이 되어가는 과정이라고 하셨습니다. 공부는 큰사람이 되기 위해 나를 가다듬는 거라고 하셨어요. 지금이야말로 마음을 키울 수 있는 절호의 기회라고요.

가장 많이 해주신 말은 "나는 너를 믿는다!"였습니다. "그릇이 큰 사람이 되리라고 믿고 있겠다"라는 말씀도 마주칠 때마다 하셨습니다. 선생님의 '믿는다'는 말은 단순히 공부를 열심히 하라는 잔소리와는 달랐습니다. 3년 동안 단 한 번도 이번에는 성적이 좋다, 나쁘다, 어떤 학교에 가라, 무슨 직업이 좋다더라는 식의 말씀은 없으셨거든요. 선생님은 오로지 제가 큰사람이 되기만을 바라셨습니다. 됨됨이 바르고 성품이 굳건한 사람이 되라고만 하셨습니다. 큰사람 되기를 목표로 스스로를 단련하고 성장시키기만을 바라셨습니다. 그게 공부 잘하는 가장 '바른' 길임은 물론이고 가장 '빠른' 길이기도 하다고 누누이 강조하셨고요. 분에 넘치도록 믿어주신 선생님 덕분에 제가 좋은 수능성적을 받고 원서를 넣은 3개 대학에 모두 합격했을 때에도 선생님은 변함없이 말씀하셨습니다.

"나는 믿는다! 네가 그릇이 큰 사람 될 거라는 걸, 내가 꼭 믿고 있을게."

이 책 『이토록 공부가 재미있어지는 순간』에는 제가 선생님으로부터 배운 것들이 참 많이 들어 있습니다. 책상 앞에 앉으면 먹이를 노리는 사냥개처럼 곧장 공부에 달려들 것이 아니라, '먼저 마음을 가다듬어야 한다는 것'도 선생님 덕분에 처음 깨달았고, '공부가 나를 단련시키고 성장시키는 과정이라는 것'도, '라이벌 말고 나 자신과 경쟁해야 한다는 것'도 선생님과의 대화를 통해 하나씩 배웠던 것들입니다. '다른 사람들의 꿈이 이루어지도록 돕는다!'라는 제 사명선언문도 선생님의 큰사람 지론에서 비롯되었으니, 저는 아직 선생님 그늘에서 한 발자국도 벗어나지 못한 셈입니다.

장장 8년간 준비한 책입니다. 살랑살랑 바람 부는 나무그늘 아래 벤치에서 특유의 선글라스를 끼신 선생님이 엉덩이 밑에 깔고 앉아 계시다가, 마음 다잡기가 필요한 후배 손에 이 책을 불쑥 건네시는 장면을 상상하며 써 내려왔습니다. 10년 전 그날, 선생님으로부터 건네받은 마음관리 책이 제 삶을 통째로 바꾸어놓았단 걸 줄곧 떠올렸습니다.

누군가의 인생에 조그마한 불씨가 되기를 바라며 책을 준비했습니다. 그러던 어느 날은 선생님과 저, 이 책을 읽은 후배, 세 명이 모여 밤새 치킨을 먹으며 대화를 나누는 기분 좋은 꿈도 꿨습니다.

그리고 며칠쯤 지났을까. 믿을 수 없는 소식을 들었습니다. 선생님께서 돌아가셨다는 청천벽력 같은 비보였습니다.

너무도 젊은 나이에, 이렇게 황망하게 가시리라고는 상상도 못해 본 일이었지요. 제가 그릇이 큰 사람 될 때까지 믿고 계시겠다고 먼저 말씀해놓으셨으면서, 기다려주지도 않고 떠나셨습니다.

한 살, 한 살 나이를 먹을수록 처음 마음을 지키기가 너무도 어렵더군요. 그럴 때마다 '나는 그릇이 큰 사람 되기로 우리 선생님과 약속했다'는 생각 하나로 마음을 다잡곤 했는데, 이제는 바꿀 수도 무를 수도 없는 약속으로 못을 박아놓고 돌아오지 못할 길을 가셨습니다. 저처럼 자기 마음 하나 다잡지 못해 발만 동동 구르는 많은 후배들에게도 선생님의 가르침이 오래도록 필요할 텐데 말입니다.

부끄럽게도 그러지 못할 때가 더 많았지만, 저도 옳고 바른 사람으로 성장해 선생님을 기쁘게 해드리고 싶었습니다. 그래서 먼 훗날 "짜식아, 거 봐라. 내가 예전에 뭐라 그랬냐? 내가 믿고 있는다 했지!" 하는 칭찬을 한번 받아보고 싶은 욕심이 있었습니다. 선생님을 세상에서 가장 환하게 웃게 해드리고 싶었습니다. 인생을 되돌아볼 만큼 나이를 먹고 나면, 제가 그릇이 큰 사람이 된 건지 아직 아닌지 선생님이 직접 판단해주시리라는 기대였지요.

이제 저에게는 덩그러니 숙제만 남았습니다. 제가 잘했는지 못했는지 검사해줄 선생님은 계시지 않습니다. 그러니 선생님이 내주고 가신 숙제가 얼마나 까마득한 숙제가 될지, 저로서는 알 도리가 없습니다. 저는 다만, 제가 감당할 수 없을 정도로 늘 넘치게 믿음을 부어주셨던 선생님의 모습을 떠올리며 큰사람 되기 위한 '마음 닦기'에 게으르지 않겠다고 다짐할 따름입니다.

이것이 저에게 남겨진 숙제입니다.

선생님의 "난 믿는다! 내가 믿고 있을게!" 하시던 나지막한 음성이 지금도 귓가에 아른거립니다. 이 책의 마지막을 써 내려가는 지금, 너무도 간절하게 선생님이 보고 싶습니다.

선생님께 배운 대로 이번에는 제가 믿겠습니다. 지금 이 글을 읽고 있는 당신을 제가 믿습니다. 한 번뿐인 인생에 뜻을 품은 당신을 믿습니다. 뿌리 깊은 결심을 만들 당신을 믿습니다. 영혼이 강한 사람이 되려는 당신을 믿습니다. 참 좋은 순간을 누리게 될 당신을 믿습니다. 자신과의 경쟁에서 이기는 사람이 될 당신을 믿습니다. 지금, 여기에 온전히 존재할 당신을 믿습니다. 좋은 습관을 가꿔나가고, 오늘 하루를 귀하게 쓸 당신을 믿습니다. 되게 할 방법을 찾아낼 당신을 믿습니다. 선생님과 부모님을 뜨겁게 사랑할 당신을 믿습니다. 큰사람으로 우뚝 설 당신을 믿습니다.

가끔은 흔들리고 휘청거릴 때도 있겠지만, 그럴수록 스스로를 다독여 멋지게 일어설 당신을 믿습니다. 무엇보다도 한 번뿐인 자신의 삶을 열렬하게 사랑할 당신을 믿습니다. 치열하게 성장을 멈추지 않을 당신을 믿습니다.

나는 믿습니다. 당신은 틀림없이 그런 사람이 될 것입니다.

나는 당신의 공부할 마음을 믿습니다. 내가 믿고 있겠습니다.

나는 두 사람을 떠올리며 이 책을 써왔으니까요.

내 마음 속 선생님, 그리고 바로 당신.

나에게 처음으로 공부할 마음의 중요성을 일깨워주셨고,

내 공부할 마음이 흐트러질 때마다 정신 번쩍 들게 꾸중하셨으며,

결국에는 내가 공부의 재미를 깨닫게 하셨던,

故 심재근 선생님 영전에 부족한 이 책을 바칩니다.

참고 도서 목록

| PART 4 | 12. 아무나 공부할 수 있는 건 아니었다

잭 런던, 권택영 옮김, 『야성의 부름』, 민음사, 2010

잭 런던, 정주연 옮김, 『밑바닥 사람들』, 궁리, 2011

잭 런던, 곽영미 옮김, 『잭 런던 단편선』, 궁리, 2011

잭 런던, 이한중 옮김, 『불을 지피다』, 한겨레출판, 2012

토마스 아이크, 소병규 옮김, 『잭 런던: 모순에 찬 삶과 문학』, 한울, 1992

김수경, 『세상 모든 수학자의 수학 이야기』, 꿈소담이, 2007

마이클 J. 브래들리, 안수진 옮김, 『달콤한 수학사 3』, 일출봉, 2007

박안나, 『소피 제르맹』, 살림어린이, 2008

이오안 제임스, 노태복 옮김, 『현대수학사 60장면 1』, 살림Math, 2008

린 M. 오센, 이혜숙 옮김, 『수학을 빛낸 여성들』, 경문사, 2012

송성수, 『한권으로 보는 인물과학사』, 북스힐, 2012

프레더릭 더글러스, 안유회 옮김, 『노예의 노래』, 모티브, 2003

강준만, 『미국사 산책 2』, 인물과사상사, 2010

정상환, 『검은혁명』, 넥서스, 2010

사이먼 마이어, 제레미 쿠르디, 이현주 옮김, 『위대한 연설 100』, 쌤앤파커스, 2010

에드워드 험프리, 홍선영 옮김, 『위대한 명연설』, 베이직북스, 2011
프레더릭 더글러스, 손세호 옮김, 『미국 노예 프레더릭 더글러스의 삶에 관한 이야기』, 지식을만드는지식, 2011
강준만, 『미국은 드라마다』, 인물과사상사, 2014
김만규, 『학도병아 잘 싸웠다』, 학도의용군 6·25 참전 기념사업회, 1974
박양호, 『한국전쟁의 실상과 학도병 이야기』, 화남, 2009
백선엽, 『내가 물러서면 나를 쏴라』, 중앙일보사, 2010
이수광, 『왜 우리는 역사에 빠져드는가』, 소울메이트, 2012
부창옥, 『한국전쟁 수첩-어느 학도병의 참전일기』, 한그루미디어, 2012
정철수, 『나의 청춘: 한 학도병이 걸어온 길』, 채륜, 2013
유차영, 『끝나지 않은 전쟁』, 21세기군사연구소, 2014

부록

공부 의욕을 불러일으키는
힐링 포토카드

○ 점선을 따라 자른 뒤 책상맡에 붙여두세요. 공부할 마음이 흔들리지 않도록 매 순간 읽고 마음속 깊이 새겨보세요.

○ 점선을 따라 자른 뒤 책상맡에 붙여두세요. 공부할 마음이 흔들리지 않도록 매 순간 읽고 마음속 깊이 새겨보세요.

오랫동안 공부는 늘 '가진 자들만의 특권'이었죠. 꿈꿀 자유, 희망을 품을 자격 없는 사람 수가 언제나 압도적으로 많았어요.
지금 이 순간에도 마찬가지입니다.

- 『이토록 공부가 재미있어지는 순간』 중에서

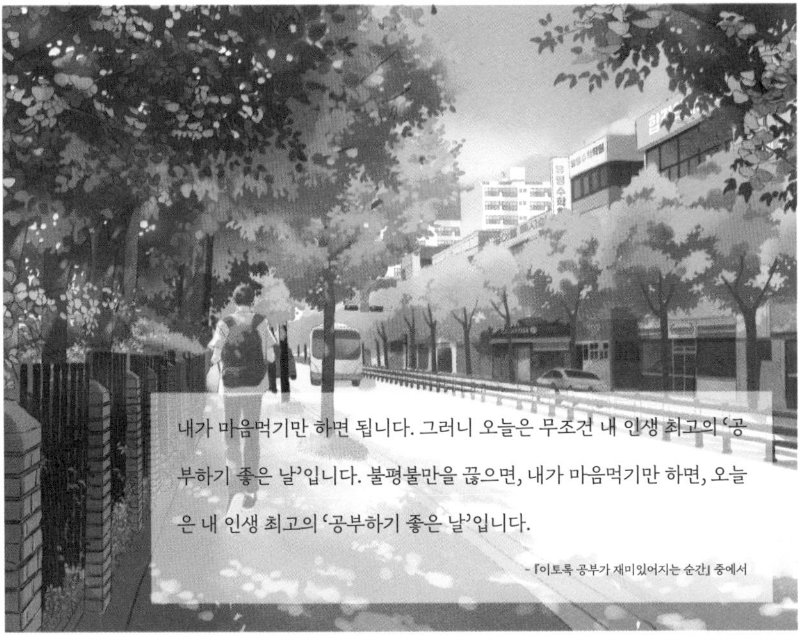

내가 마음먹기만 하면 됩니다. 그러니 오늘은 무조건 내 인생 최고의 '공부하기 좋은 날'입니다. 불평불만을 끊으면, 내가 마음먹기만 하면, 오늘은 내 인생 최고의 '공부하기 좋은 날'입니다.

- 『이토록 공부가 재미있어지는 순간』 중에서

○ 점선을 따라 자른 뒤 책상맡에 붙여두세요. 공부할 마음이 흔들리지 않도록 매 순간 읽고 마음속 깊이 새겨보세요.